Asta
Sekke
BLACK CLOVER
Ausflüchte
32

Yuno

Gruppe: Goldene Morgendämmerung — Magietypus: Wind

Astas Kindheitsfreund und Rivale. Wie dieser hat er das Ziel, König der Magier zu werden. Der Naturgeist Sylph untersteht seiner Kontrolle.

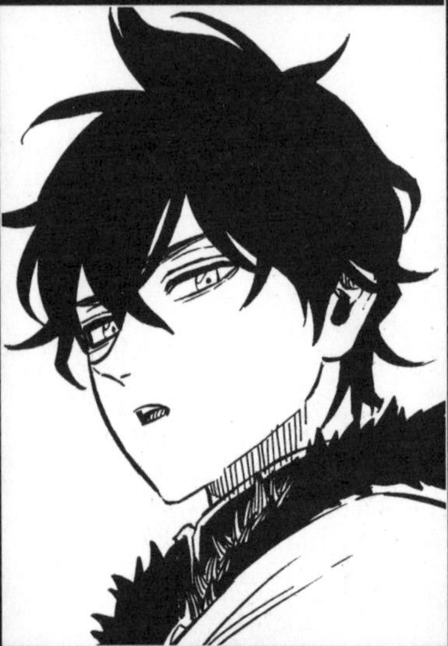

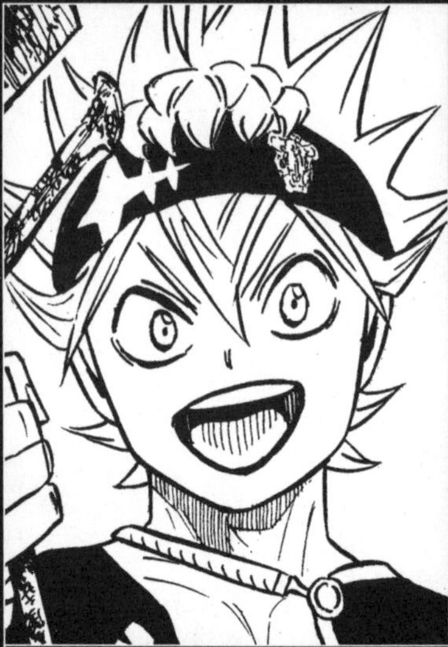

Asta

Gruppe: Schwarzer Stier — Magietypus: Nicht vorhanden (Antimagie)

Er hat zwar keinerlei magische Kraft, versucht aber mit seinem durchtrainierten Körper und seiner Beharrlichkeit König der Magier zu werden. Seine Waffen sind Schwerter aus Antimagie.

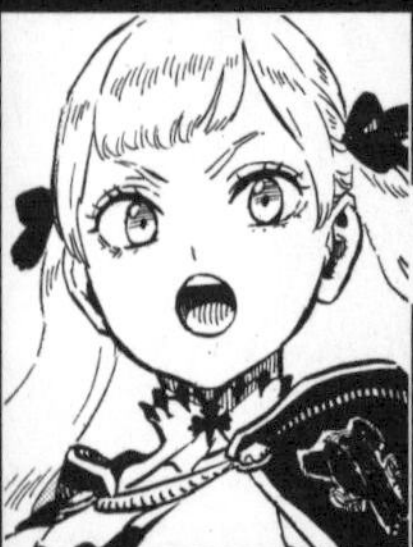

Noelle Silva

Gruppe: Schwarzer Stier
Magietypus: Wasser

Stammt aus der königlichen Familie. In unzähligen Kämpfen entfaltete sie ihr Talent. Ist in Asta verliebt.

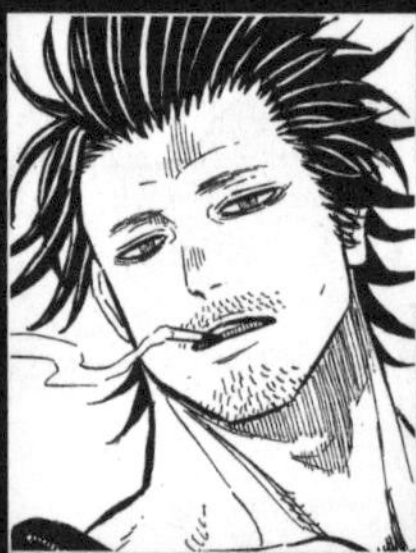

Yami Sukehiro

Gruppe: Schwarzer Stier
Magietypus: Dunkelheit

Er sieht grimmig aus und ist ein ziemlicher Haudegen, wird von seinen Ordensmitgliedern aber geliebt. Kettenraucher.

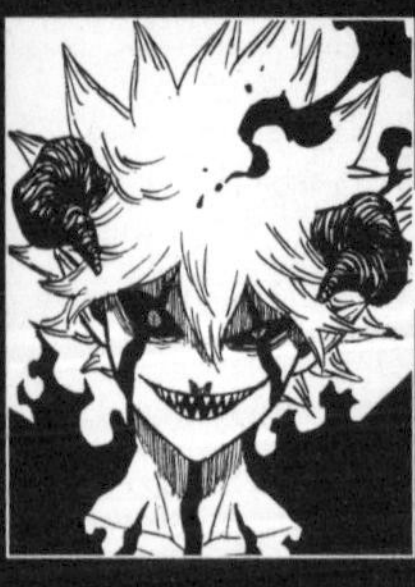

Liebe

Teufel

Der Teufel, der im Grimoire mit dem fünfblättrigen Kleeblatt eingeschlossen ist. Sein Vertrag mit Asta stellt die beiden gleich.

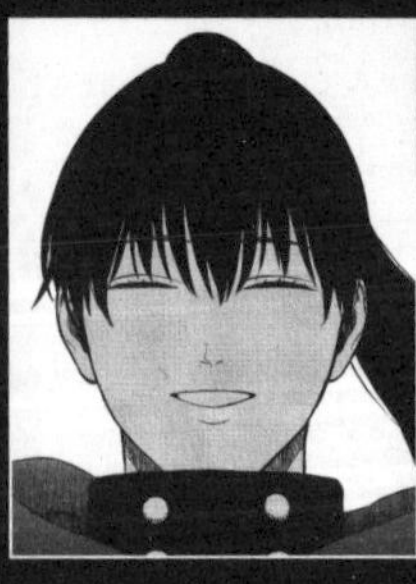

Nacht

Gruppe: Schwarzer Stier
Magietypus: Schatten

Vizeanführer des Schwarzen Stiers. Kann Teufel kontrollieren und im Zustand der Teufelsvereinigung kämpfen.

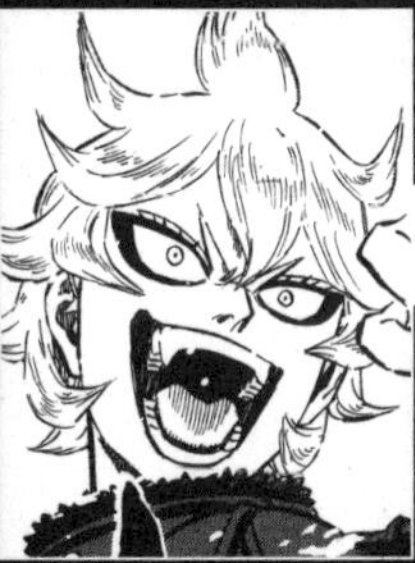

Mereoleona Vermillion

Gruppe: Roter Löwe
Magietypus: Feuer

Anführerin der Royal Knights. Ist für ihren wilden Charakter und ihre große Kampfkraft bekannt.

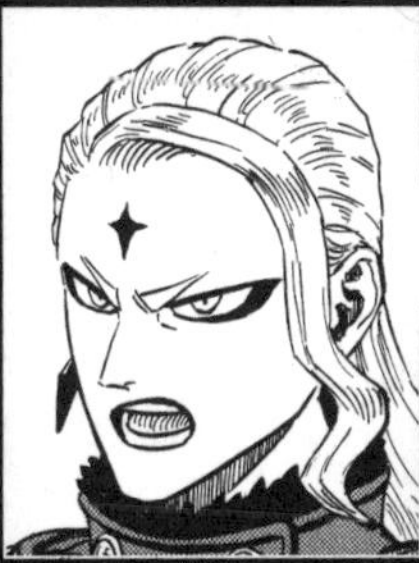

Fuegoleon Vermillion

Gruppe: Roter Löwe
Magietypus: Flammen

Ordensanführer mit starkem Gerechtigkeitssinn. Mimosas Cousin und Leopolds älterer Bruder.

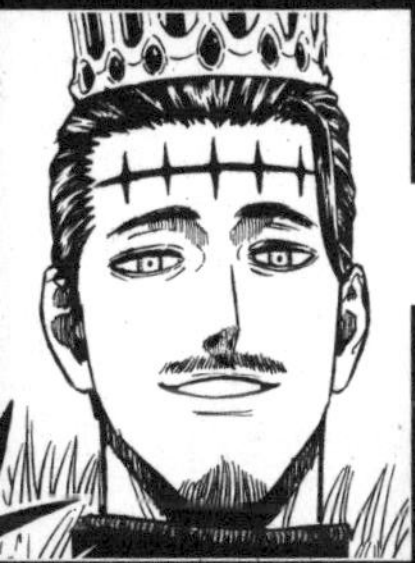

Dante Zogratis

Magietypus:
Körper & Schwerkraft

Anführer der »Dunklen Triade«, die das Königreich Spade beherrscht. Für ihn ist Boshaftigkeit die höchste Tugend.

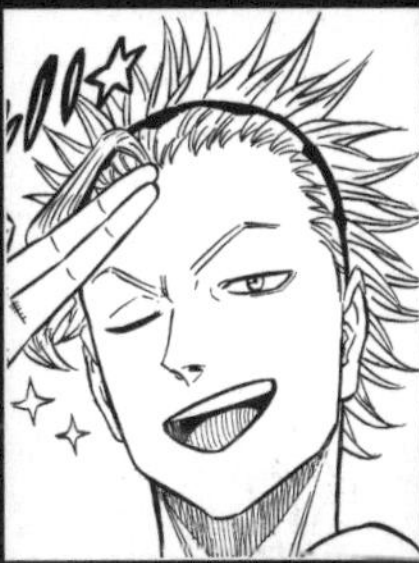

Sekke Bronzazza

Gruppe: Grüne Gottesanbeterin
Magietypus: Bronze

Hat bei der Aufnahmeprüfung gegen Asta verloren, kam dann aber bei der Grünen Gottesanbeterin unter. Niederträchtig und eitel.

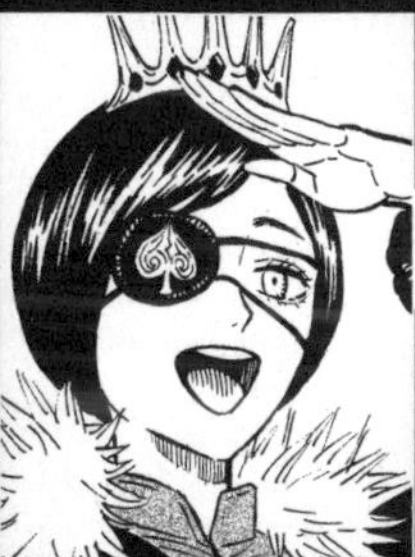

Vanica Zogratis

Magietypus:
Blut & Talisman

Trägt den Teufel Megicula in sich, der eng mit Lolopechkas und Noelles Schicksalen verknüpft ist. Mitglied der »Dunklen Triade«.

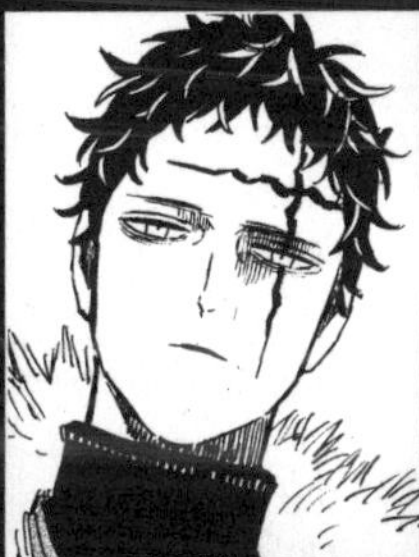

Zenon Zogratis

Magietypus:
Knochen & Raum

Mitglied der »Dunklen Triade«. Hat die Goldene Morgendämmerung mit seiner gigantischen Kraft ganz allein ausgelöscht.

Was bisher geschah:

Eine Welt, in der nur Magie zählt …

Die Waisenkinder Asta und Yuno, die am selben Tag vor der Kirche des Dorfes Hage ausgesetzt wurden, möchten das höchste Ziel eines jeden Magiers erreichen und König der Magier werden. Dafür trainieren sie tagein, tagaus. Nachdem sie mit 15 Jahren endlich ihre Grimoires, Zauberbücher, die die magische Kraft erhöhen, erhalten haben, nehmen sie an der Eignungsprüfung für die Ritterorden teil. Die neun Ritterorden sind dem König der Magier unterstellt. Yuno, der eine große magische Kraft besitzt, wird im elitären Orden »Goldene Morgendämmerung« aufgenommen, wohingegen Asta, der keinerlei magische Kraft besitzt, im »Schwarzen Stier« landet, einer berüchtigten Chaostruppe. Beide haben also den ersten Schritt gemacht, um ihrem Ziel, König der Magier zu werden, ein wenig näher zu kommen.

Yuno und Langris stehen Zenon gegenüber. Finral kommt ihnen zu Hilfe, aber selbst die vereinten Kräfte der Brüder reichen nicht aus und der Gegenangriff scheitert. Doch als alles verloren scheint, offenbart Yuno ein zweites Grimoire, und mit seiner neu gewonnenen Kraft gelingt schließlich der Sieg über Zenon! Doch zu früh gefreut, denn das Schlimmste kommt noch: Scharen an Teufeln rotten sich zu einem riesigen Haufen zusammen. Um das geballte Böse zu besiegen, bündeln die Mitglieder des Schwarzen Stiers all ihre Kräfte und starten einen Generalangriff gegen den neuen gigantischen Feind!

INHALT

BLACK ✽ CLOVER

32

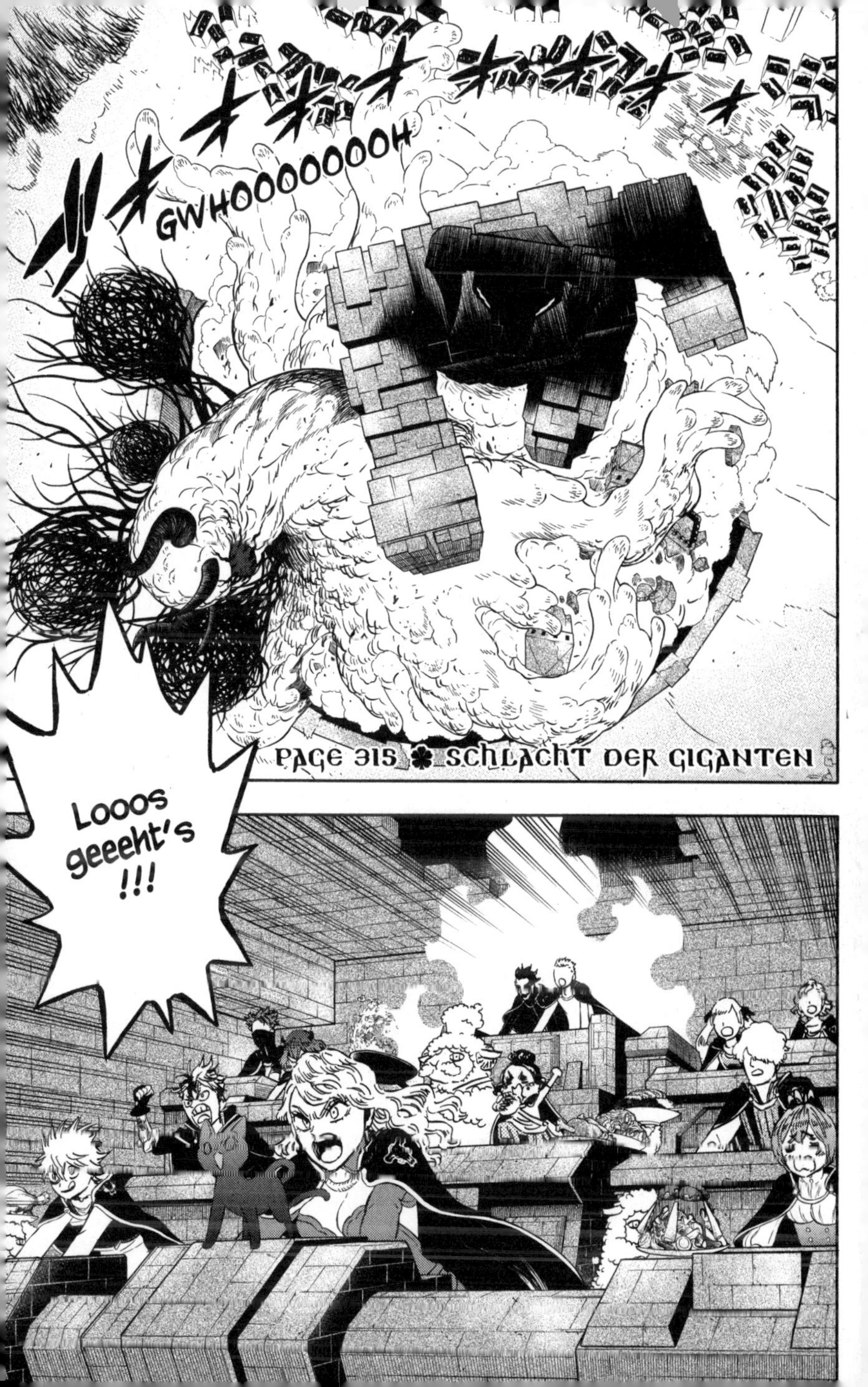
GWHOOOOOOOH
PAGE 315 SCHLACHT DER GIGANTEN
Looos geeeht's !!!

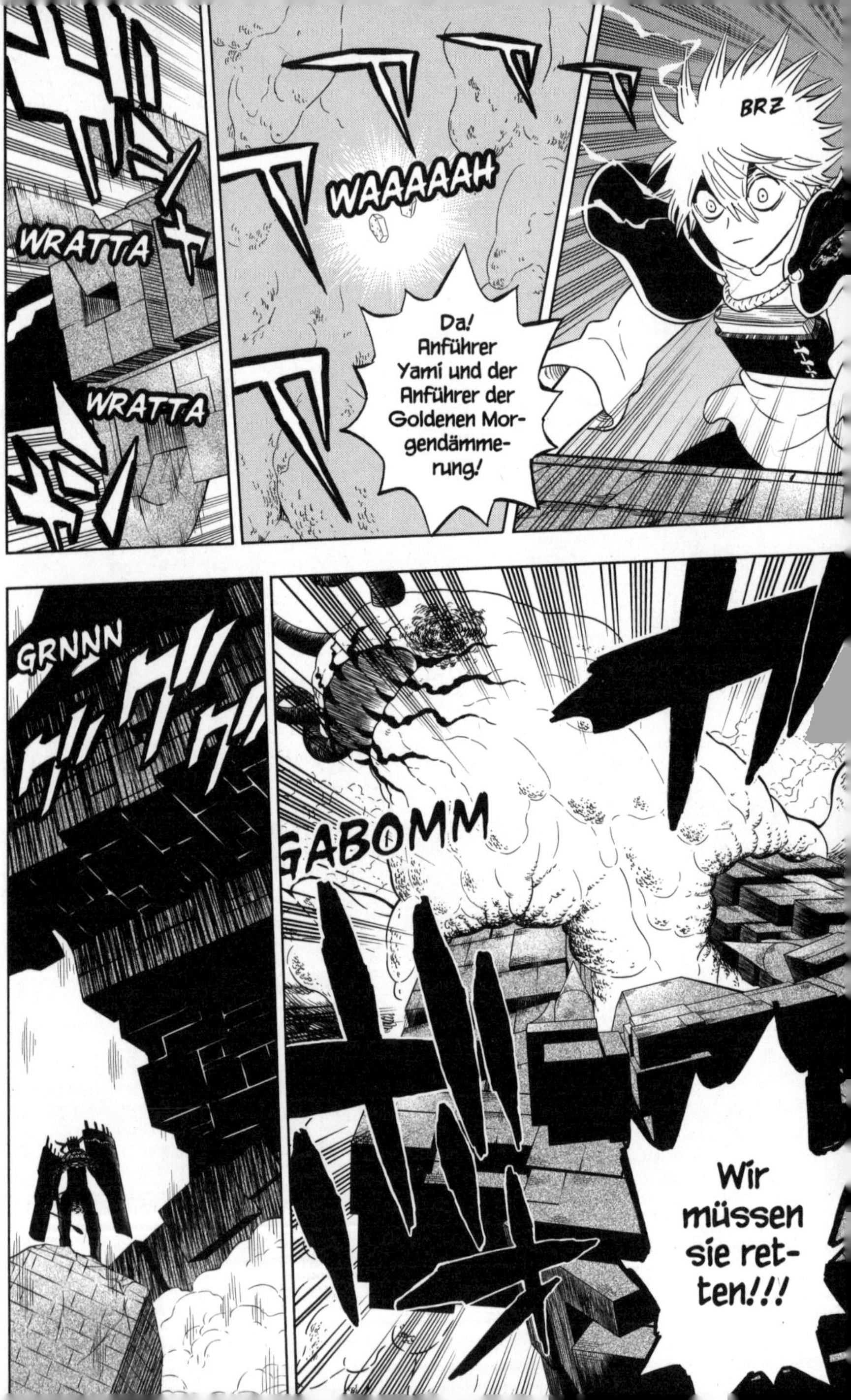
BRZ
WAAAAAH
Da! Anführer Yami und der Anführer der Goldenen Morgendämmerung!
WRATTA
WRATTA
GABOMM
Wir müssen sie retten!!!
GRNNN

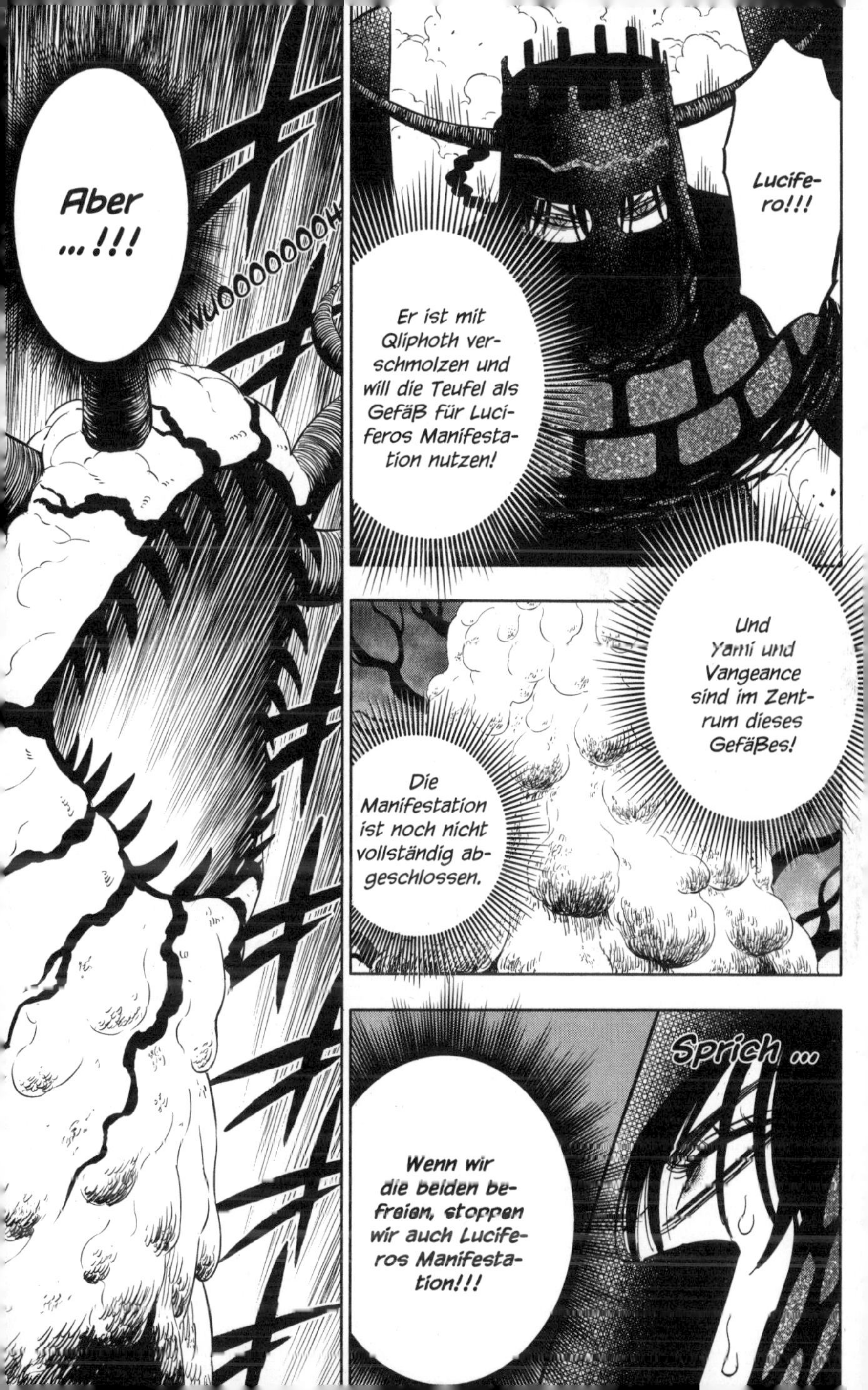
Lucifero!!!
Er ist mit Qliphoth verschmolzen und will die Teufel als Gefäß für Luciferos Manifestation nutzen!
Und Yami und Vangeance sind im Zentrum dieses Gefäßes!
Die Manifestation ist noch nicht vollständig abgeschlossen.
Sprich ...
Wenn wir die beiden befreien, stoppen wir auch Luciferos Manifestation!!!
Aber ...!!!
WUOOOOOOOOH

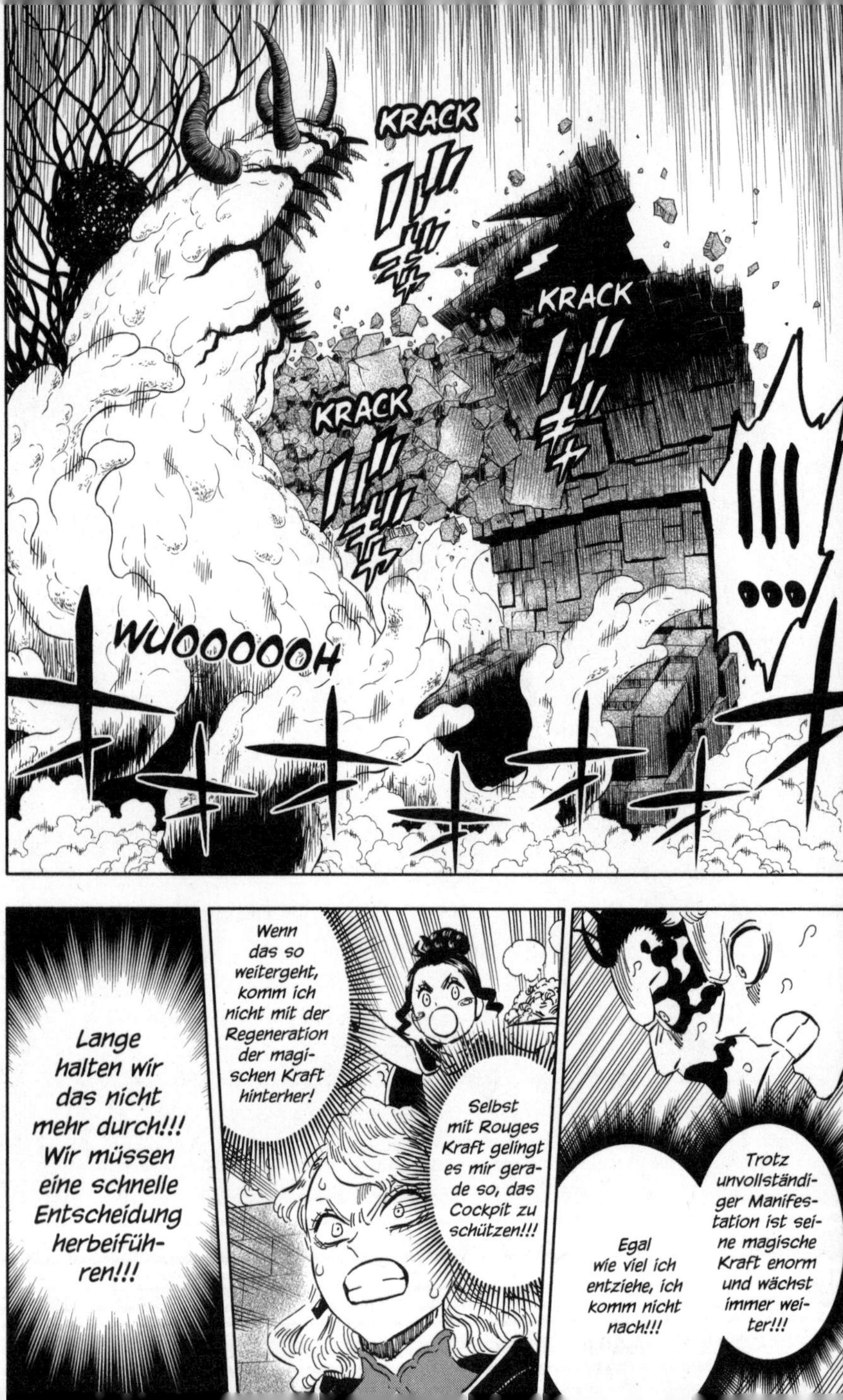
KRACK
KRACK
KRACK
WUOOOOOH
!!!...
Trotz unvollständiger Manifestation ist seine magische Kraft enorm und wächst immer weiter!!!
Egal wie viel ich entziehe, ich komm nicht nach!!!
Wenn das so weitergeht, komm ich nicht mit der Regeneration der magischen Kraft hinterher!
Selbst mit Rouges Kraft gelingt es mir gerade so, das Cockpit zu schützen!!!
Lange halten wir das nicht mehr durch!!! Wir müssen eine schnelle Entscheidung herbeiführen!!!

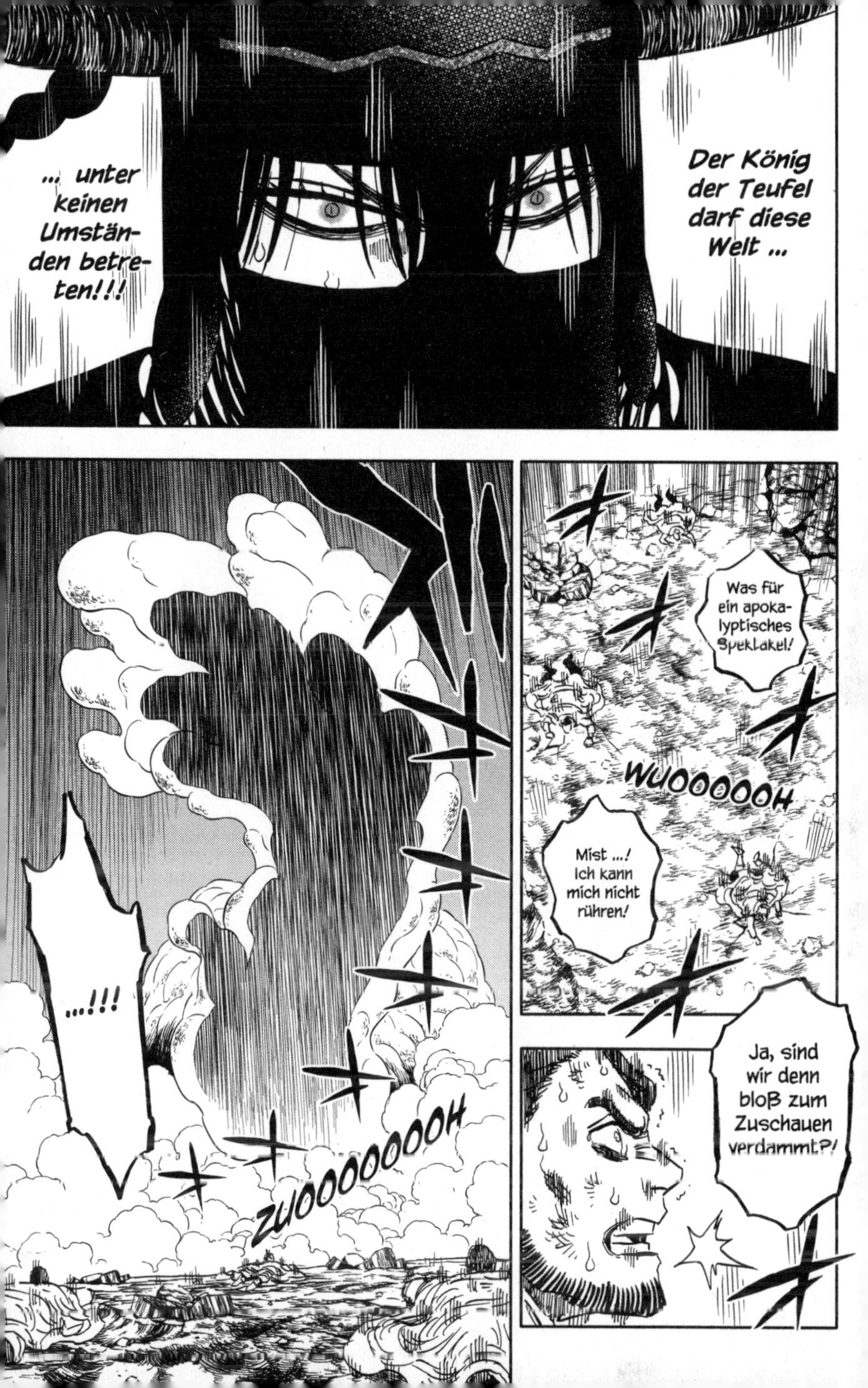

Der König der Teufel darf diese Welt ...
... unter keinen Umstän-den betre-ten!!!
Was für ein apoka-lyptisches Spektakel!
WUOOOOOOH
Mist ...! Ich kann mich nicht rühren!
Ja, sind wir denn bloß zum Zuschauen verdammt?!
...!!!
ZUOOOOOOOOH

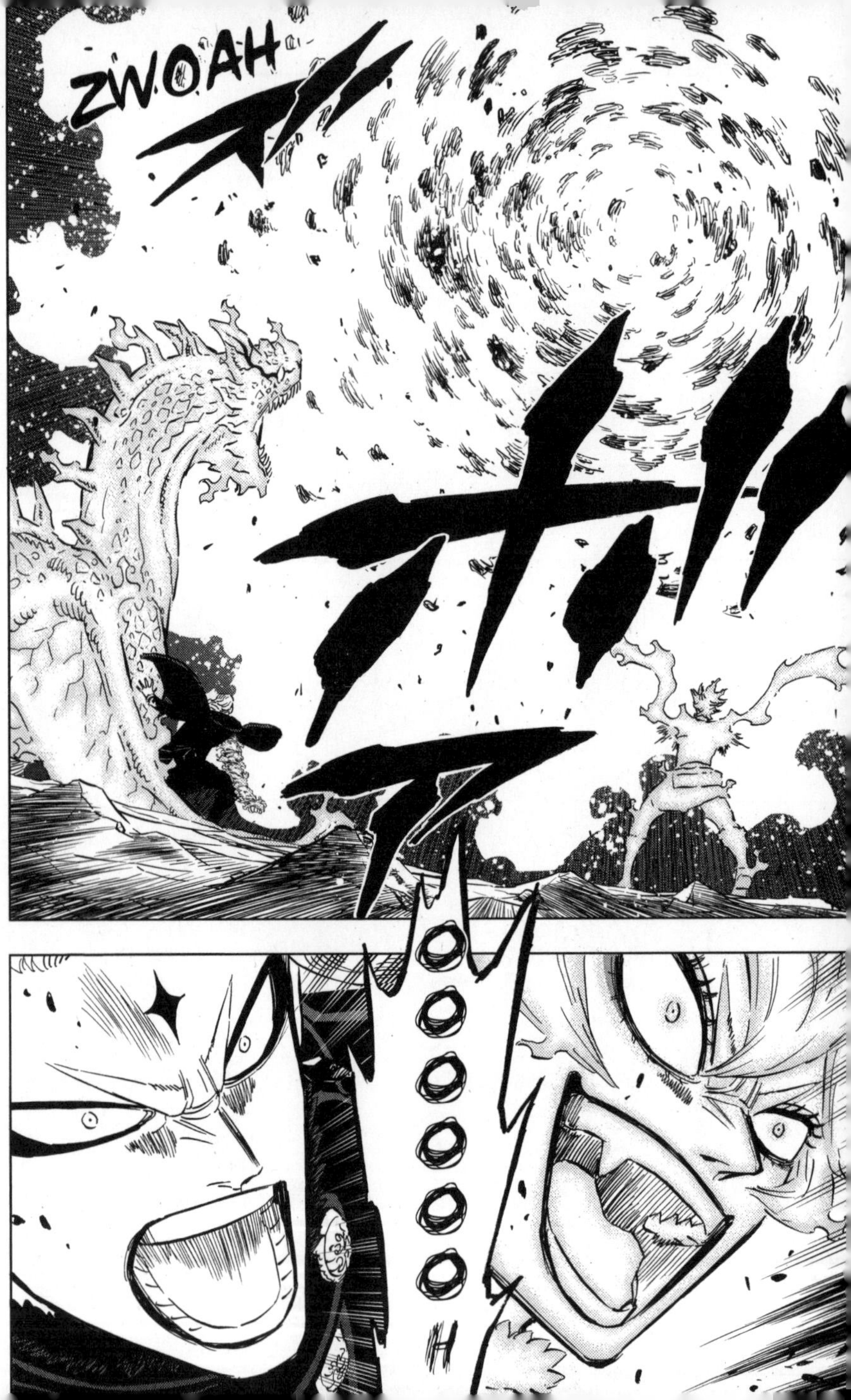
ZWOAH
OOOOOOOH

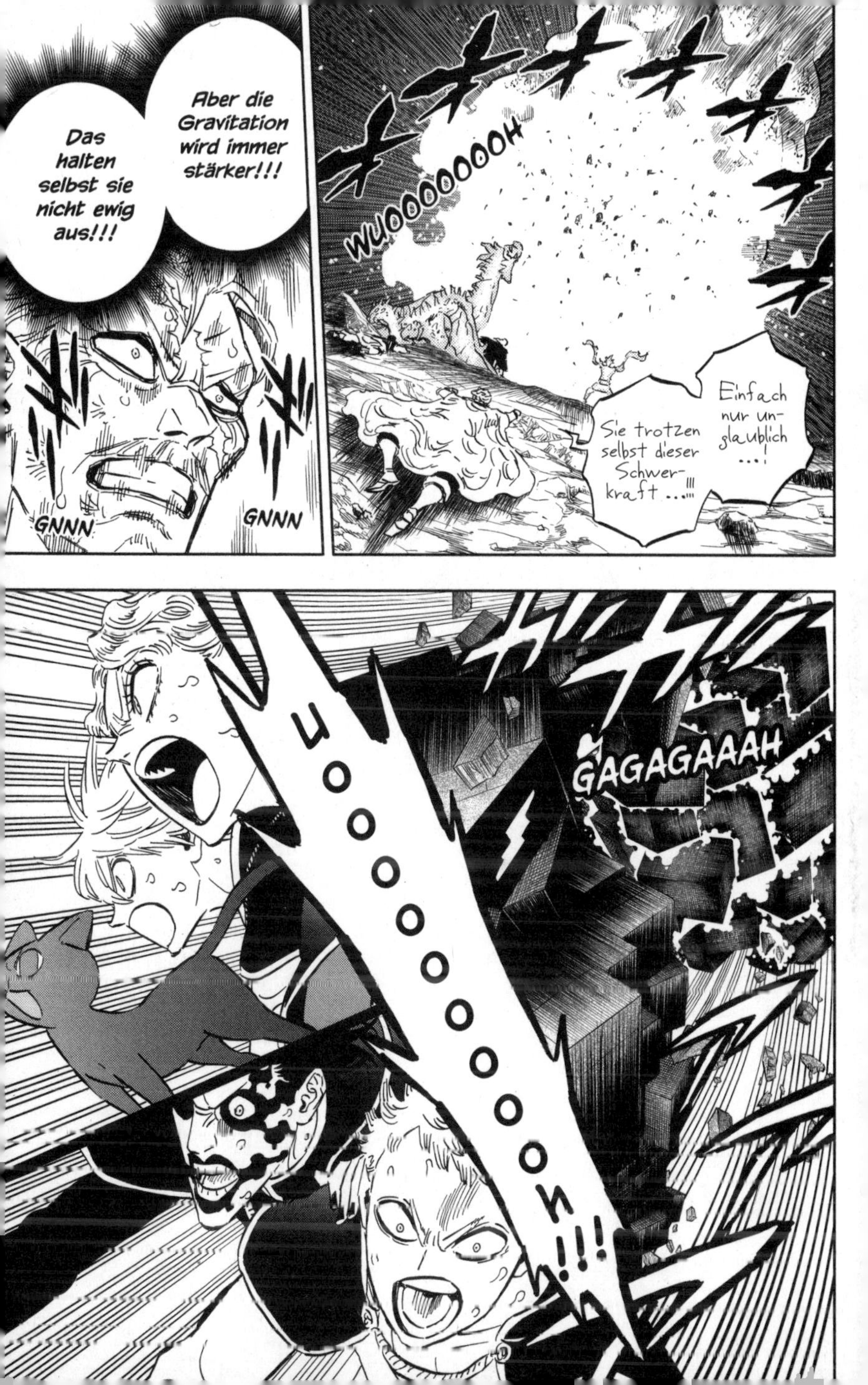

Aber die Gravitation wird immer stärker!!!
Das halten selbst sie nicht ewig aus!!!
GNNN
GNNN
WUOOOOOOOH
Einfach nur unglaublich ...!
Sie trotzen selbst dieser Schwerkraft ...!!!
GAGAGAAAH
UOOOOOOOOOOOH!!!

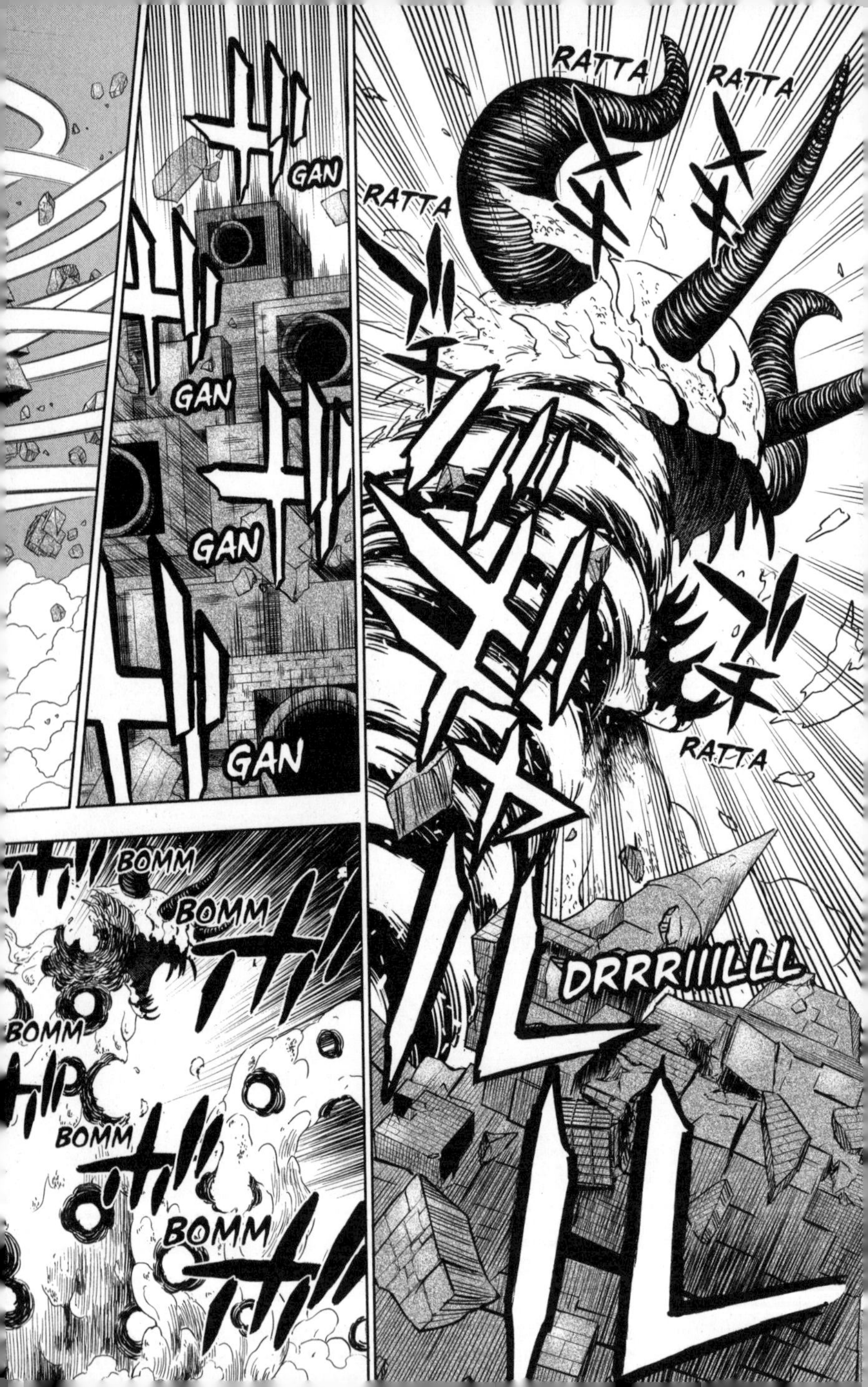

RATTA
RATTA
RATTA
RATTA
DRRRIIILLL
GAN
GAN
GAN
GAN
BOMM
BOMM
BOMM
BOMM
BOMM

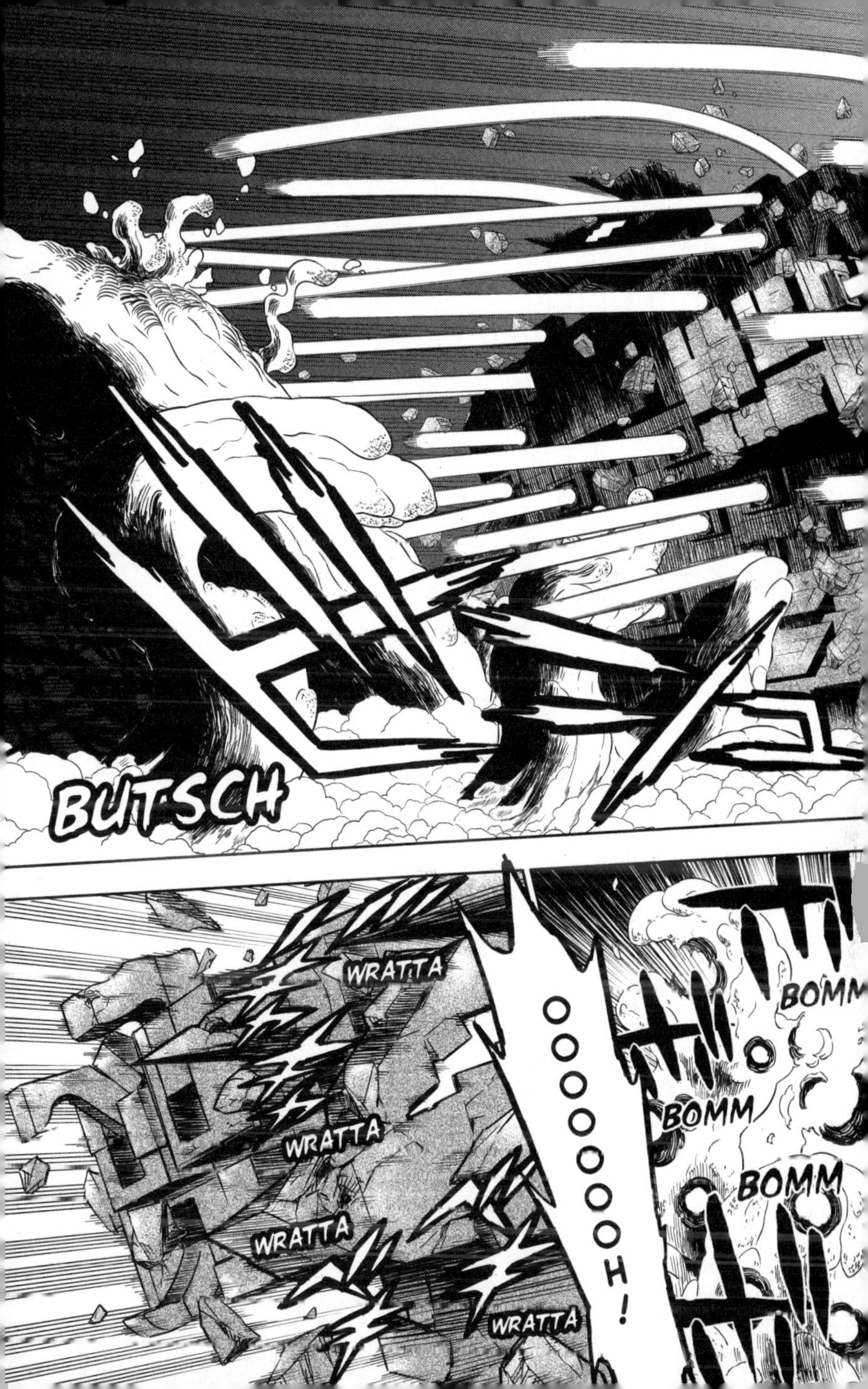
BUTSCH
WRATTA
WRATTA
WRATTA
WRATTA
OOOOOOOOH!
BOMM
BOMM
BOMM

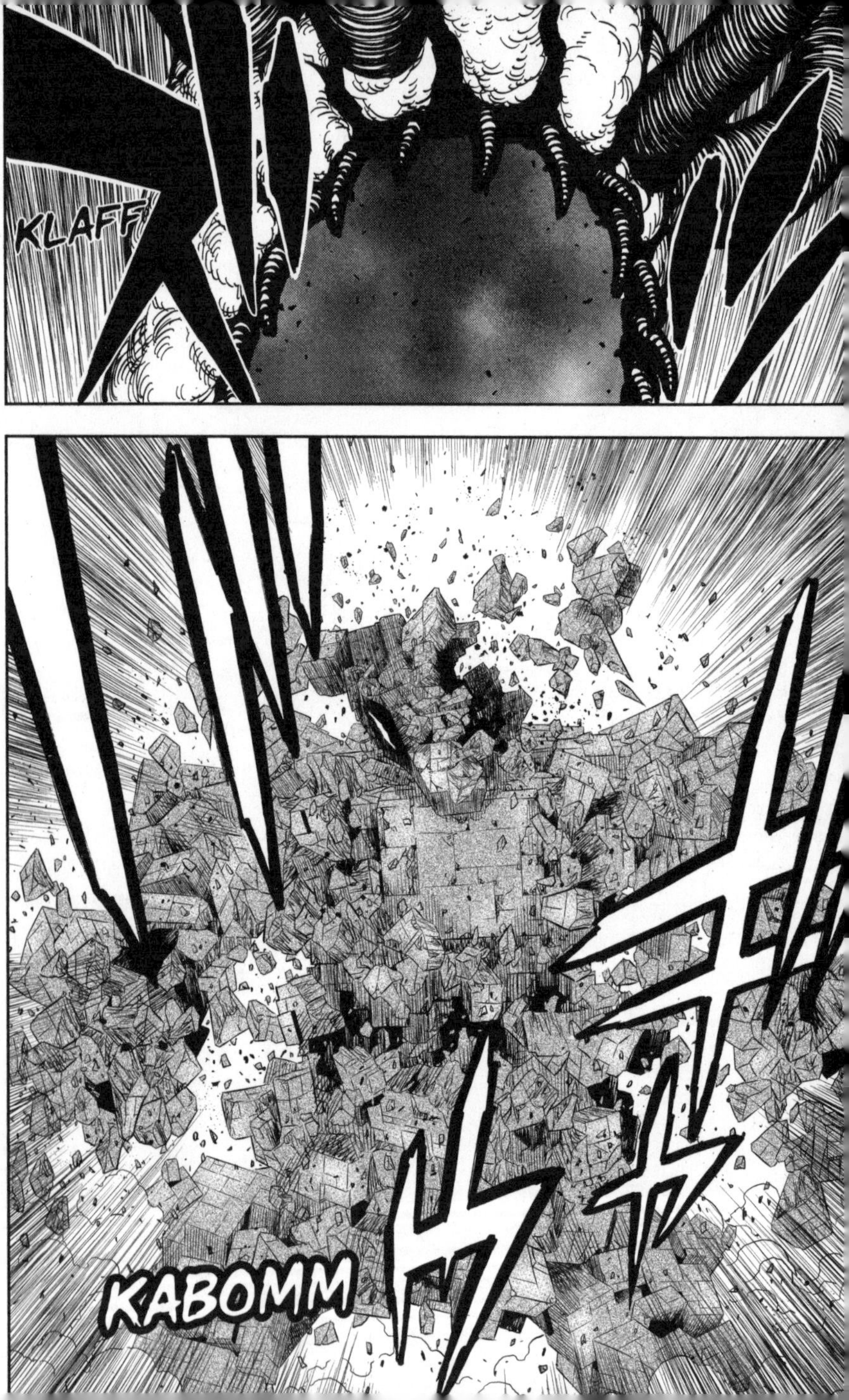
KLAFF
KABOMM

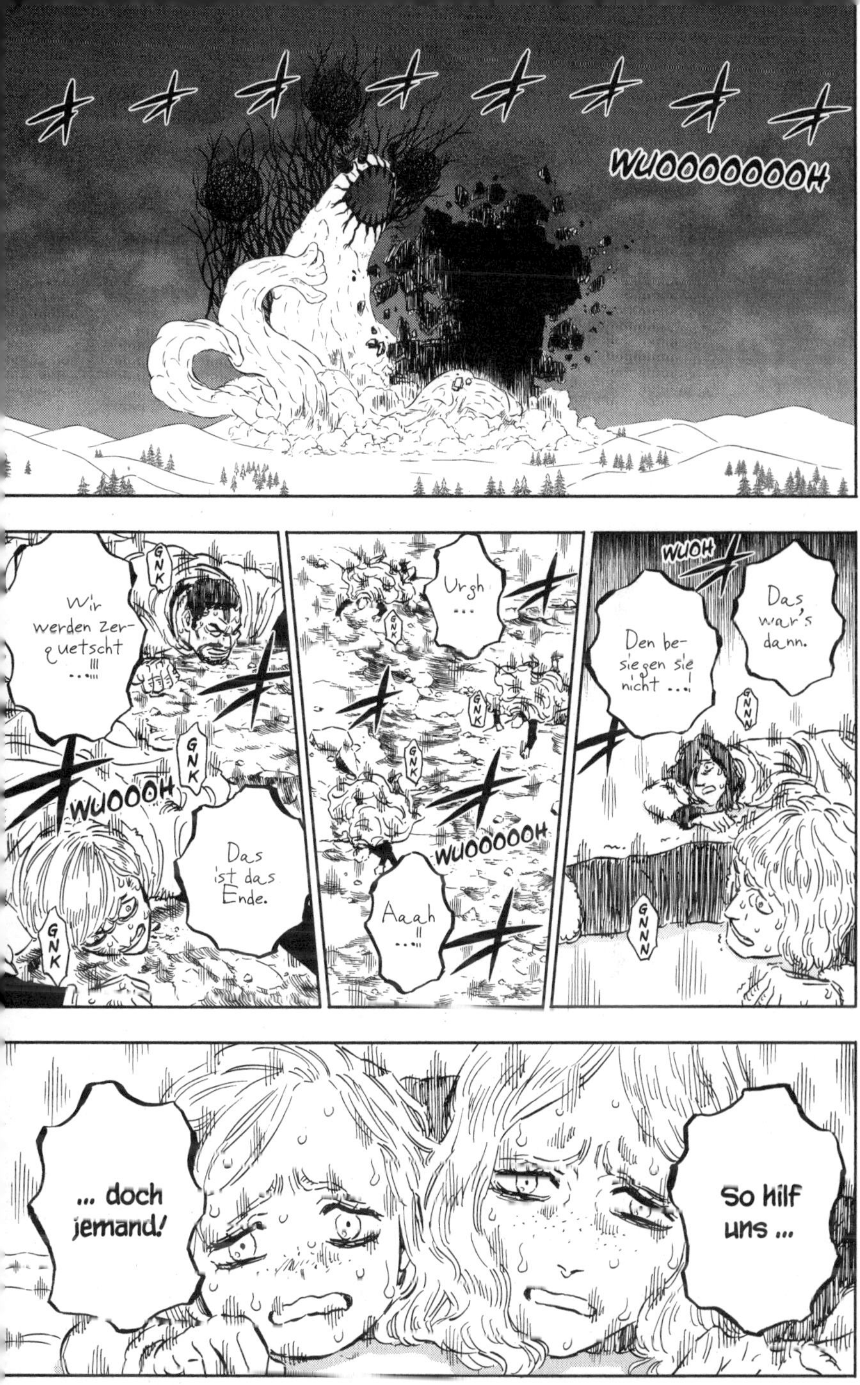
WUOOOOOOOOH
WUOH
Das war's dann.
Den besiegen sie nicht ...!
GNNN
GNNN
Urgh ...
GNK
GNK
GNK
WUOOOOOH
Aaah ...!!
Wir werden zerquetscht ...!!!
GNK
GNK
WUOOOH
Das ist das Ende.
GNK
So hilf uns ...
... doch jemand!

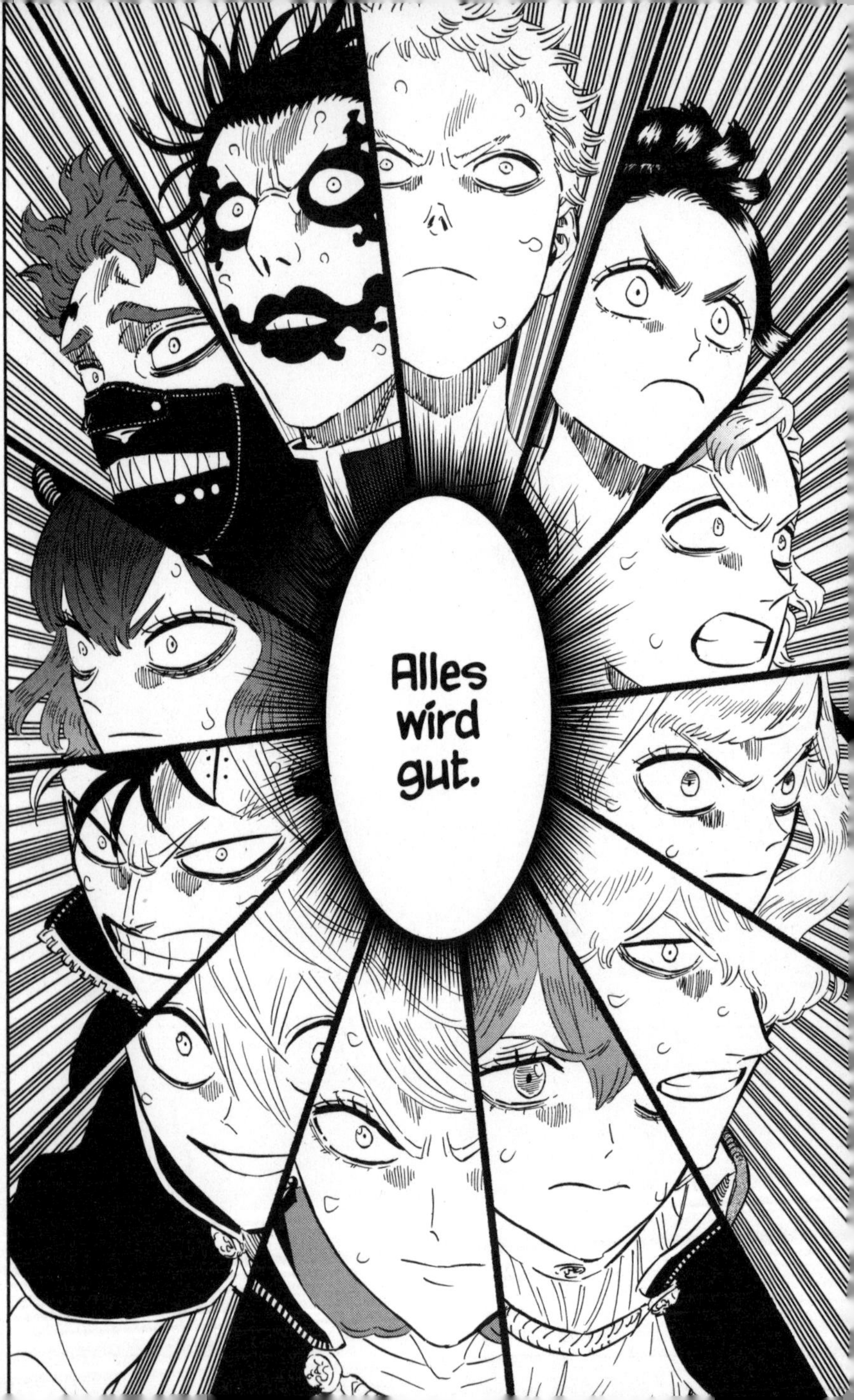
Alles wird gut.

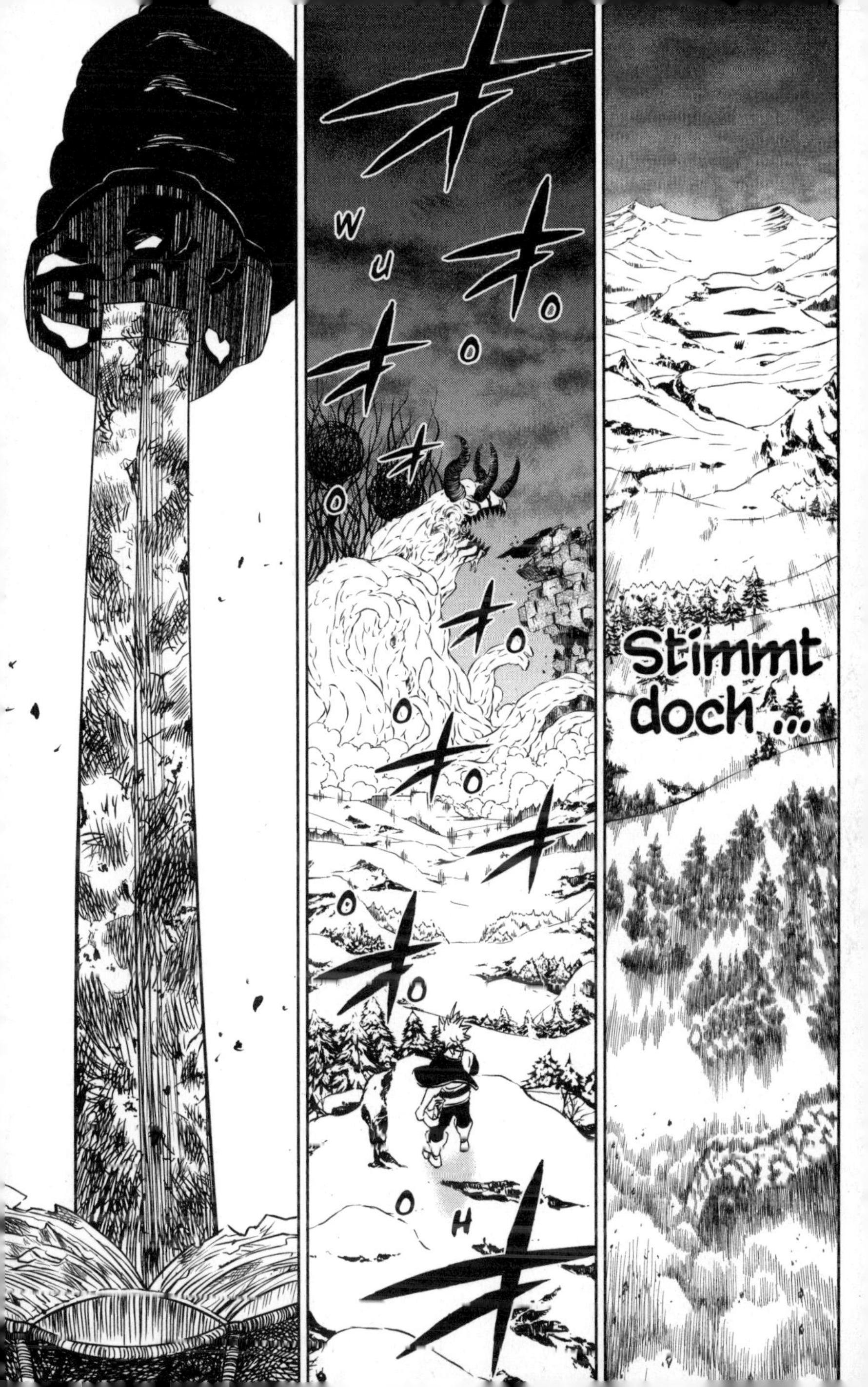
Stimmt doch ...
WUOOOOOOOOOH

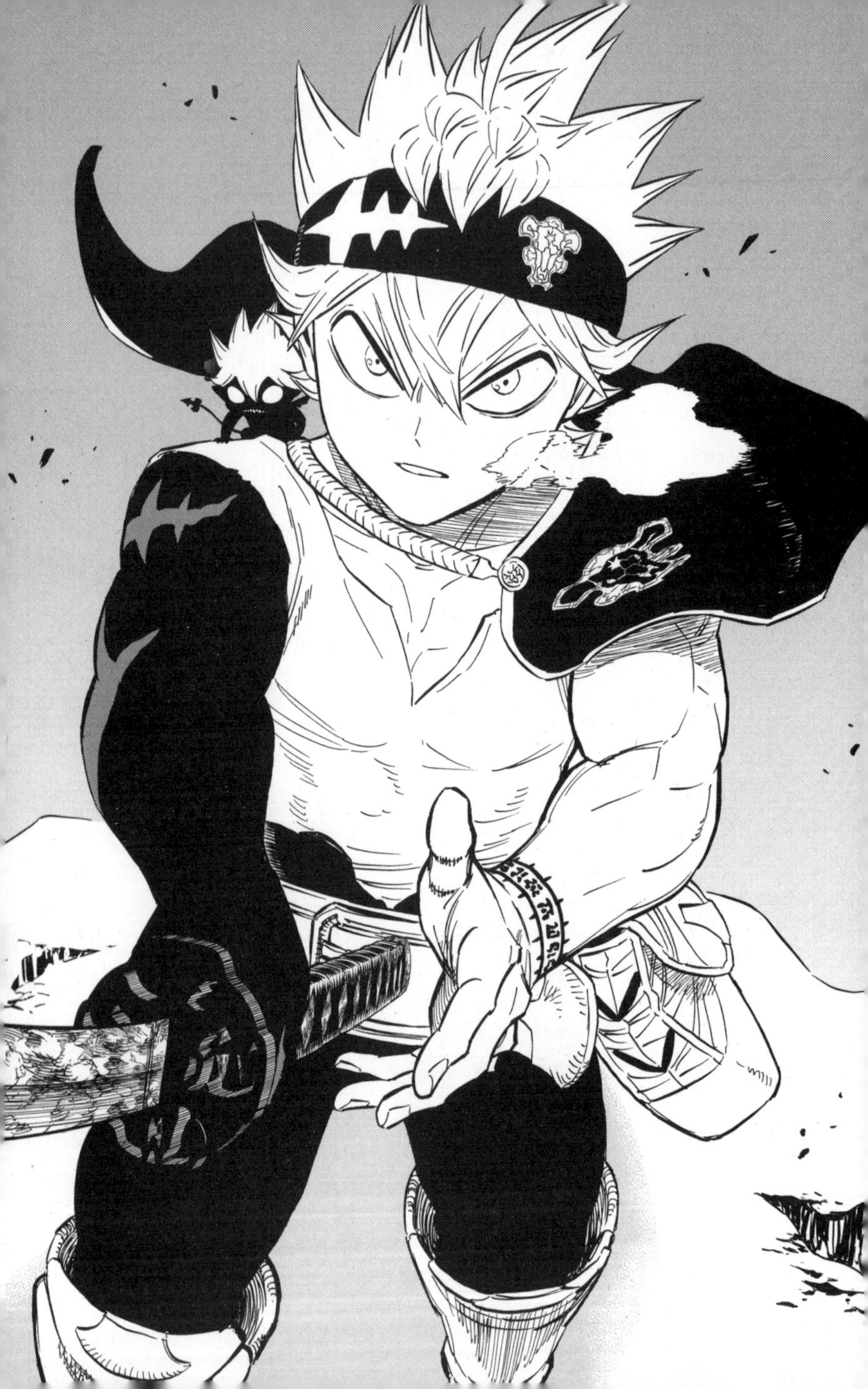

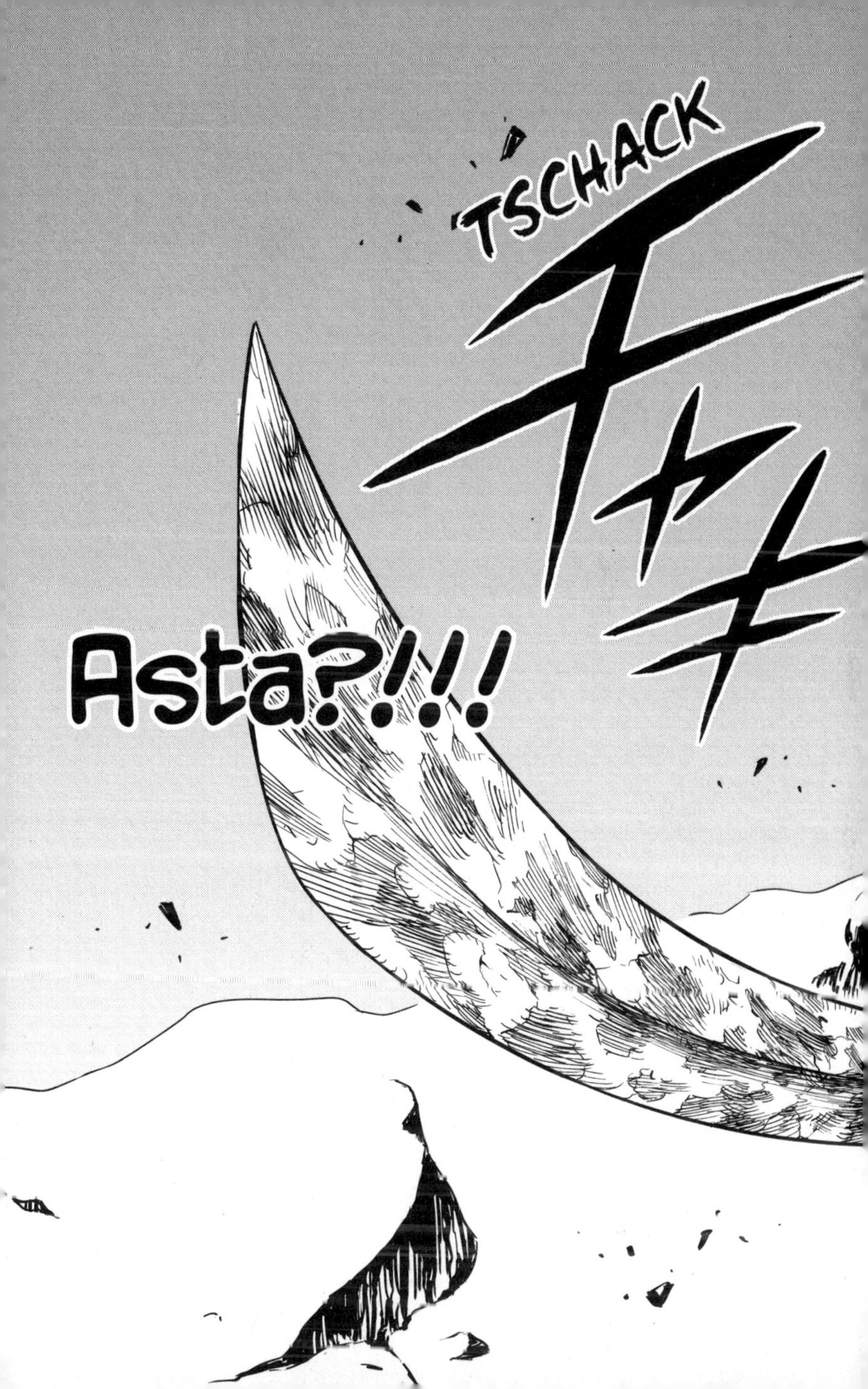
TSCHACK
Asta?!!!

Der Schwarz-Weisse Bilderorden

In diesem Bereich werden Leserzeichnungen abgedruckt! Danke für eure zahlreichen Einsendungen! Sie geben mir Kraft!

Noelle und Nacht. Der Schwarze Stier ist in guten Händen!

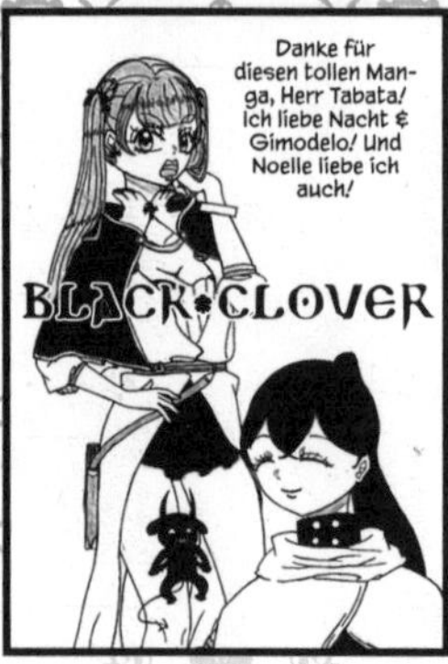

Konomi Tachibana aus Osaka

Auch Teufel spielen gern im Schnee!

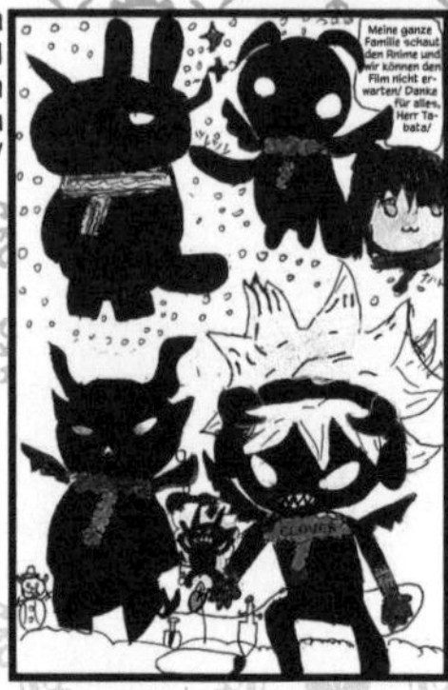

Kiyoma aus Tokyo

Pinguin aus Kyoto

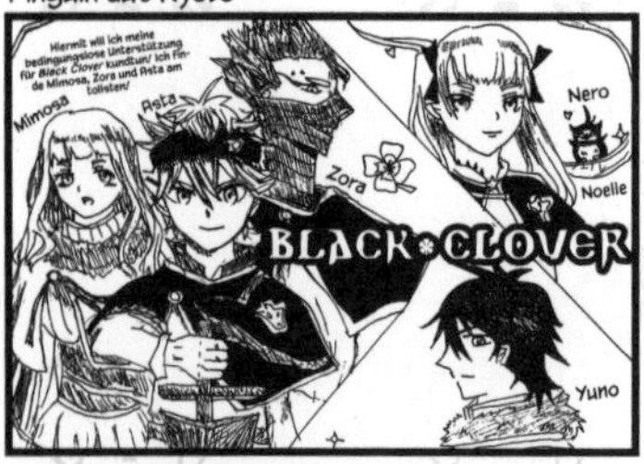

Auf ihren Schultern lasten die Geschicke des Königreichs Clover.

Yuno im Wunderland ...?

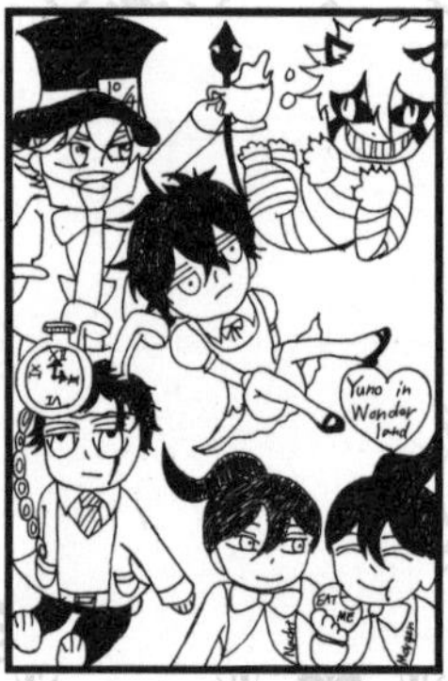

Von Sagittarius

Gehorche dem Teufel und glaube an ihn!

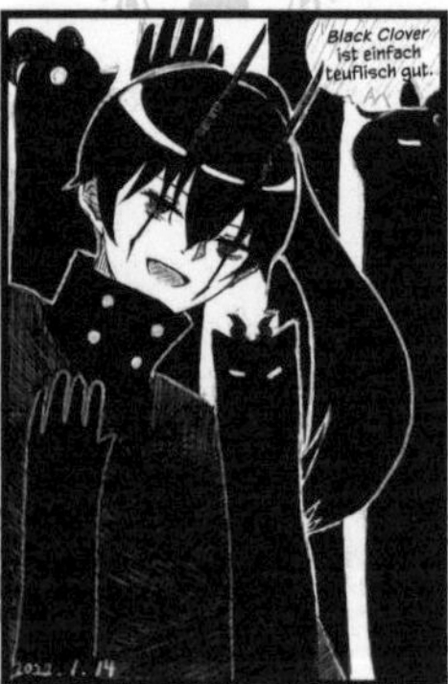

Zitronensäure aus Saitama

Verbrannter Marshmallow aus Fukuoka

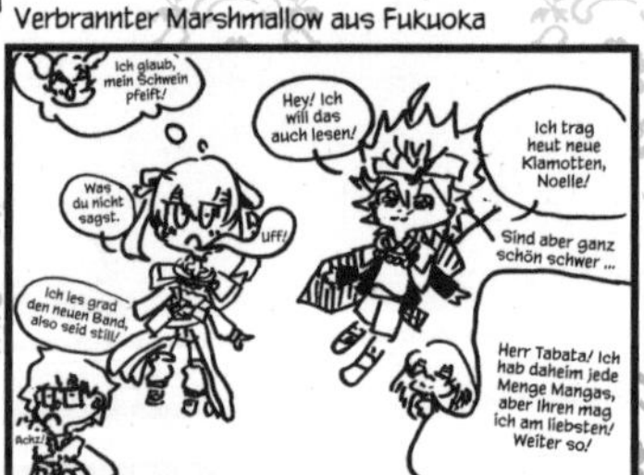

Asta in neuem Zwirn – ob er damit Eindruck bei Noelle schinden kann ...?!

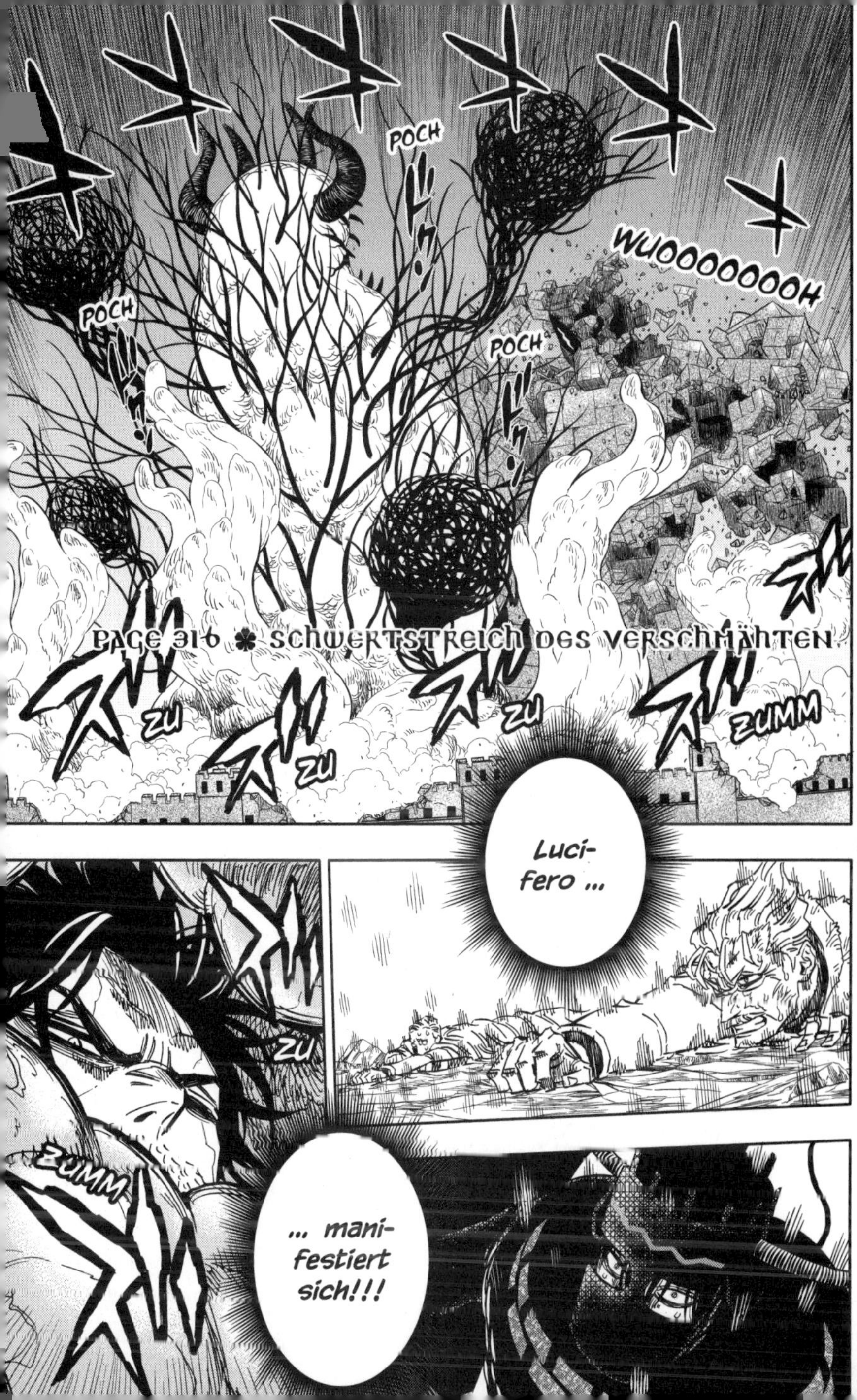

WUOOOOOOOOH
POCH
POCH
POCH
PAGE 316 ✤ SCHWERTSTREICH DES VERSCHMÄHTEN
ZUMM
ZU
ZU
ZU
Luci-
fero ...
ZU
ZUMM
... mani-
festiert
sich!!!

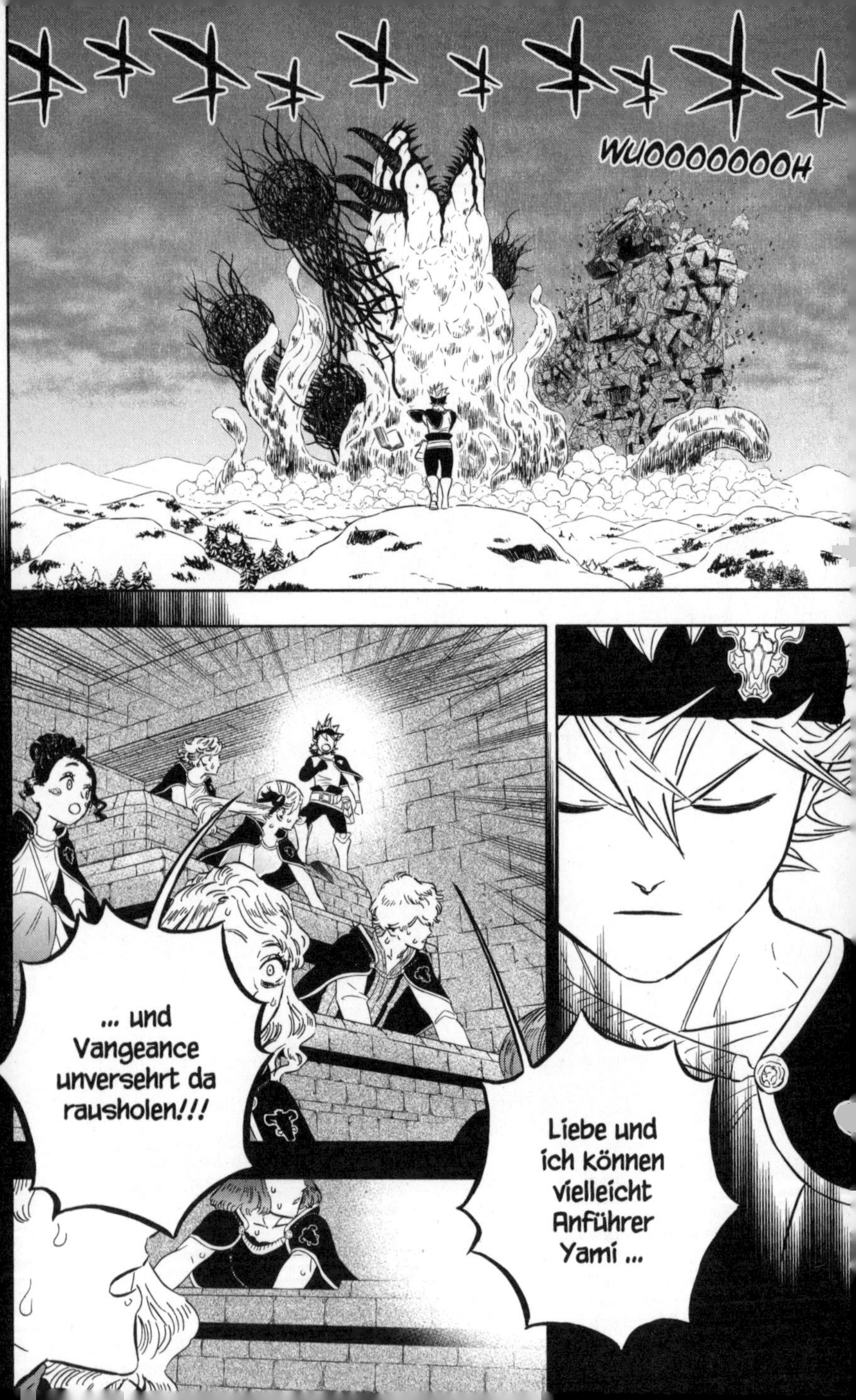
WUOOOOOOOH
Liebe und ich können vielleicht Anführer Yami ...
... und Vangeance unversehrt da rausholen!!!

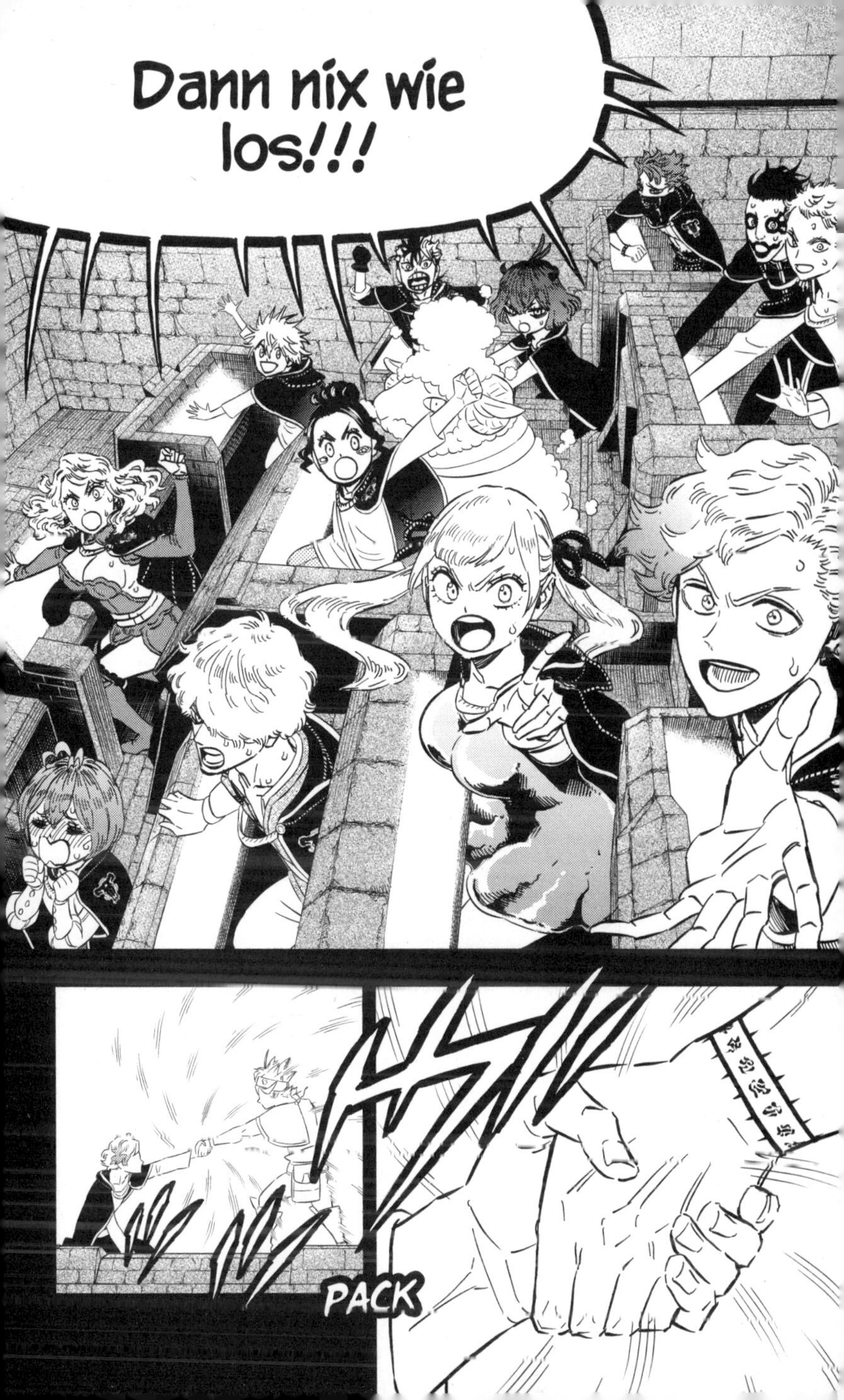
Dann nix wie los!!!
PACK

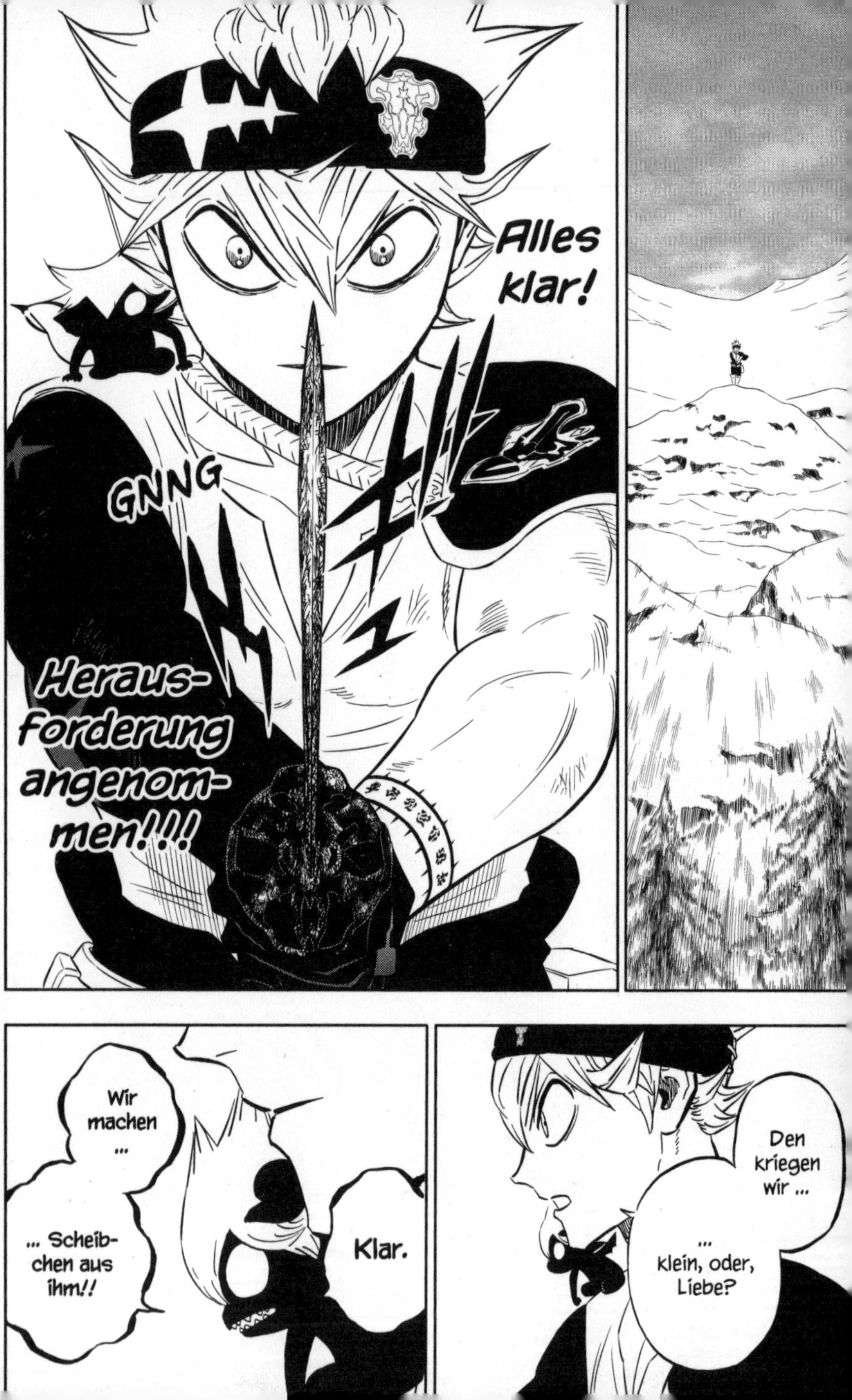
Alles klar!
GNNG
Heraus-forderung angenom-men!!!
Den kriegen wir ...
... klein, oder, Liebe?
Klar.
Wir machen ...
... Scheib-chen aus ihm!!

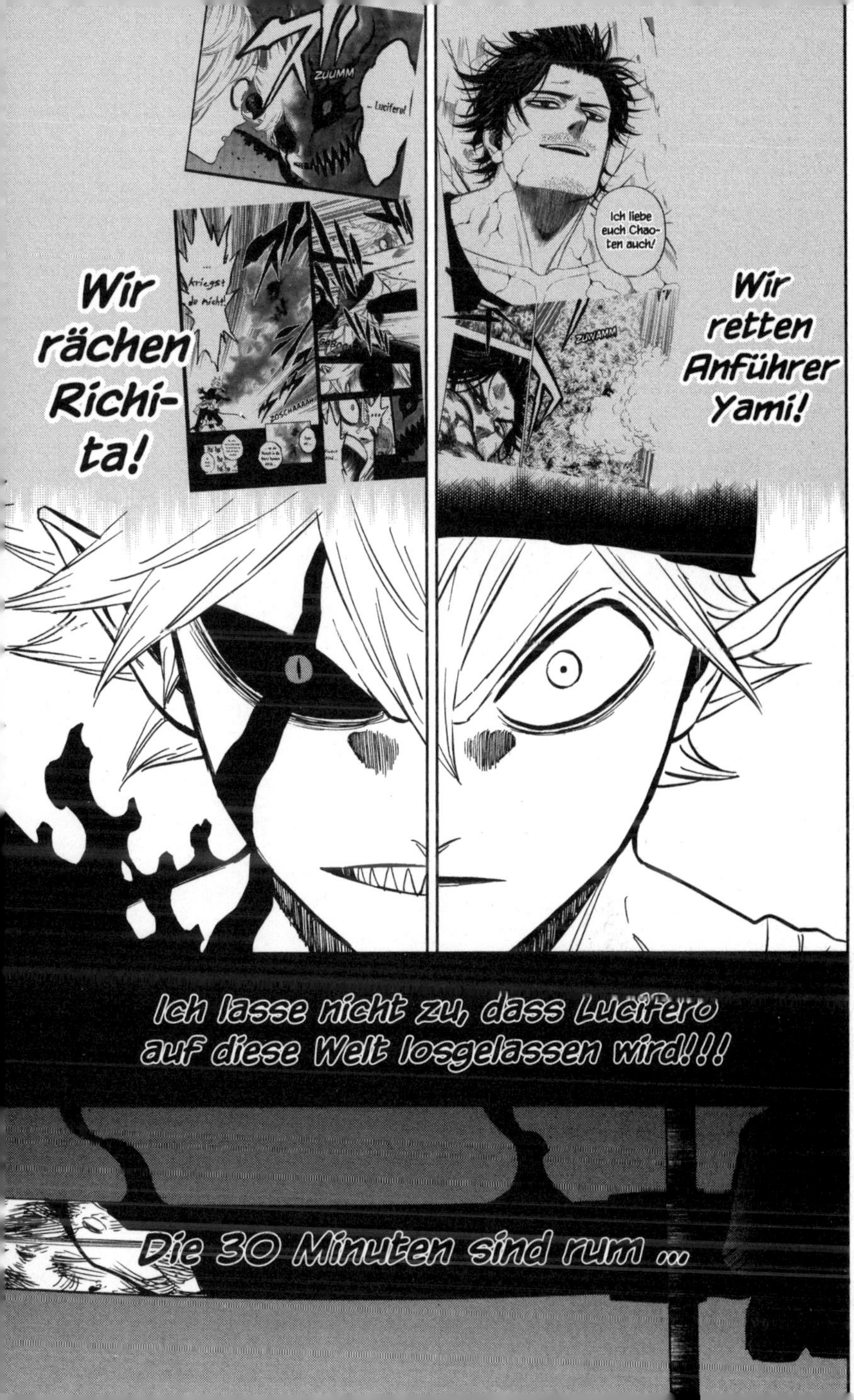
ZUUMM
... Lucifero!
Ich liebe euch Chaoten auch!
... kriegst du nicht!
ZUWAMM
ZOSCHAAAAH
Wir retten Anführer Yami!
Wir rächen Richita!
Ich lasse nicht zu, dass Lucifero auf diese Welt losgelassen wird!!!
Die 30 Minuten sind rum ...

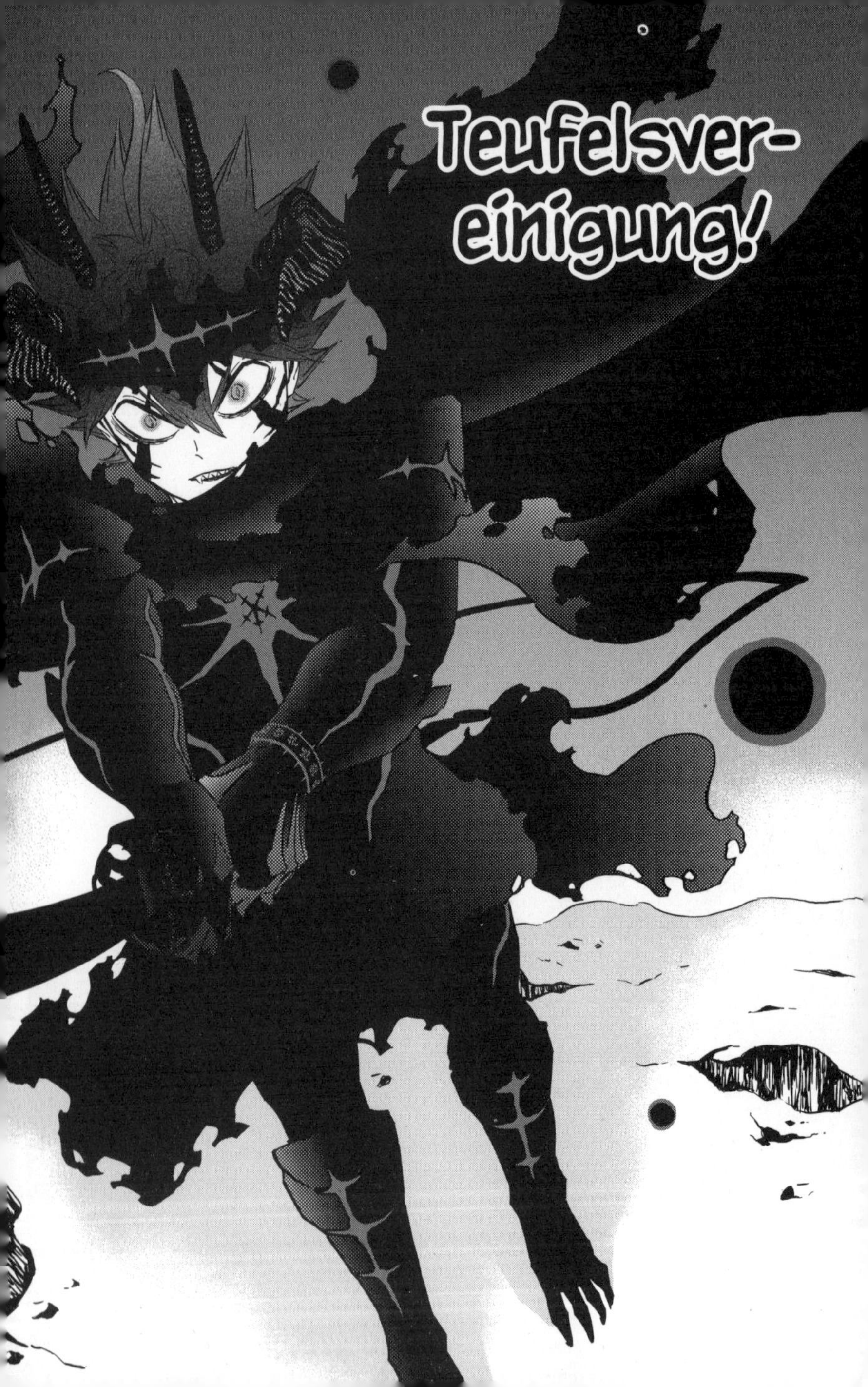
Teufelsver-
einigung!

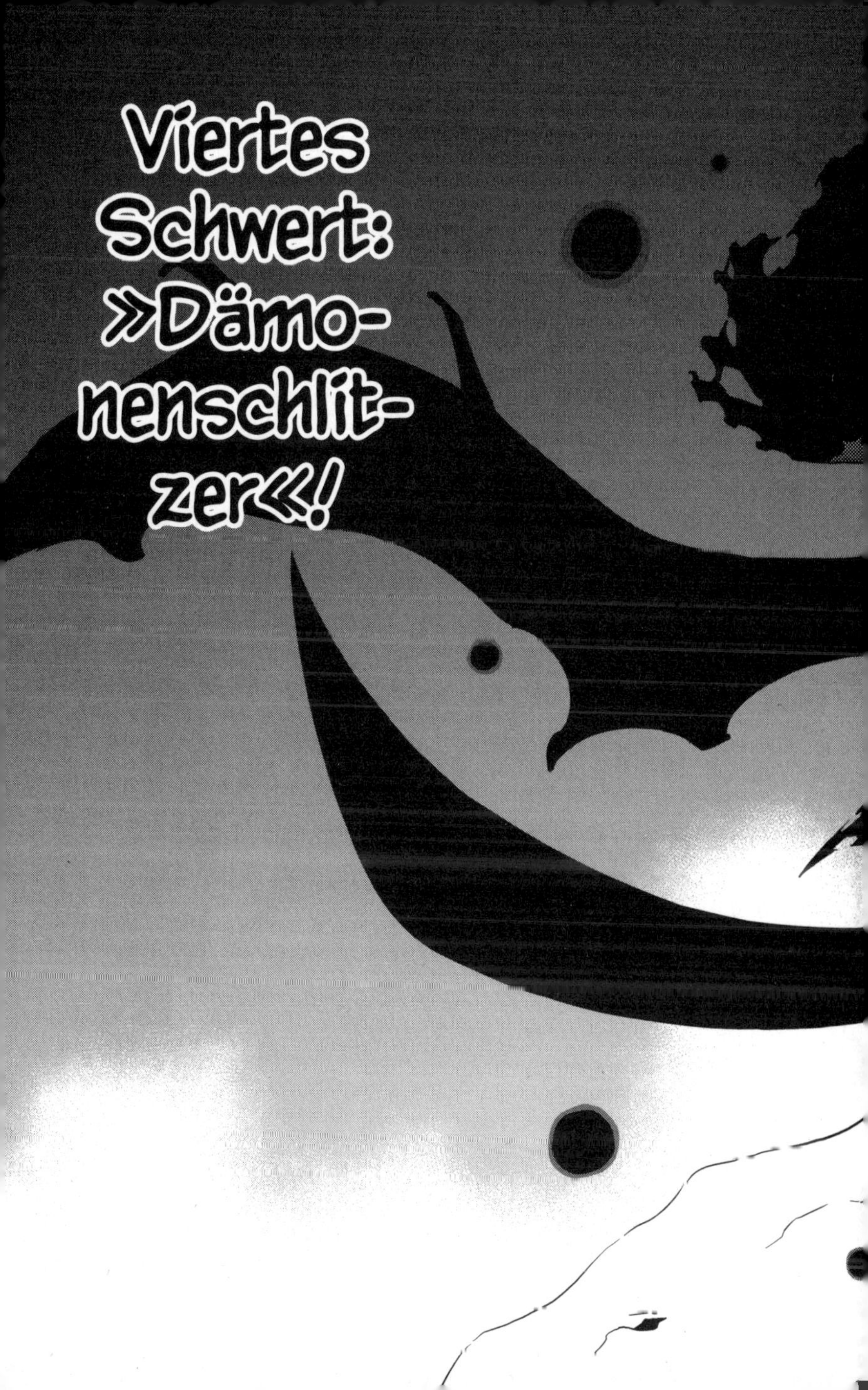
Viertes Schwert: »Dämonenschlitzer«!

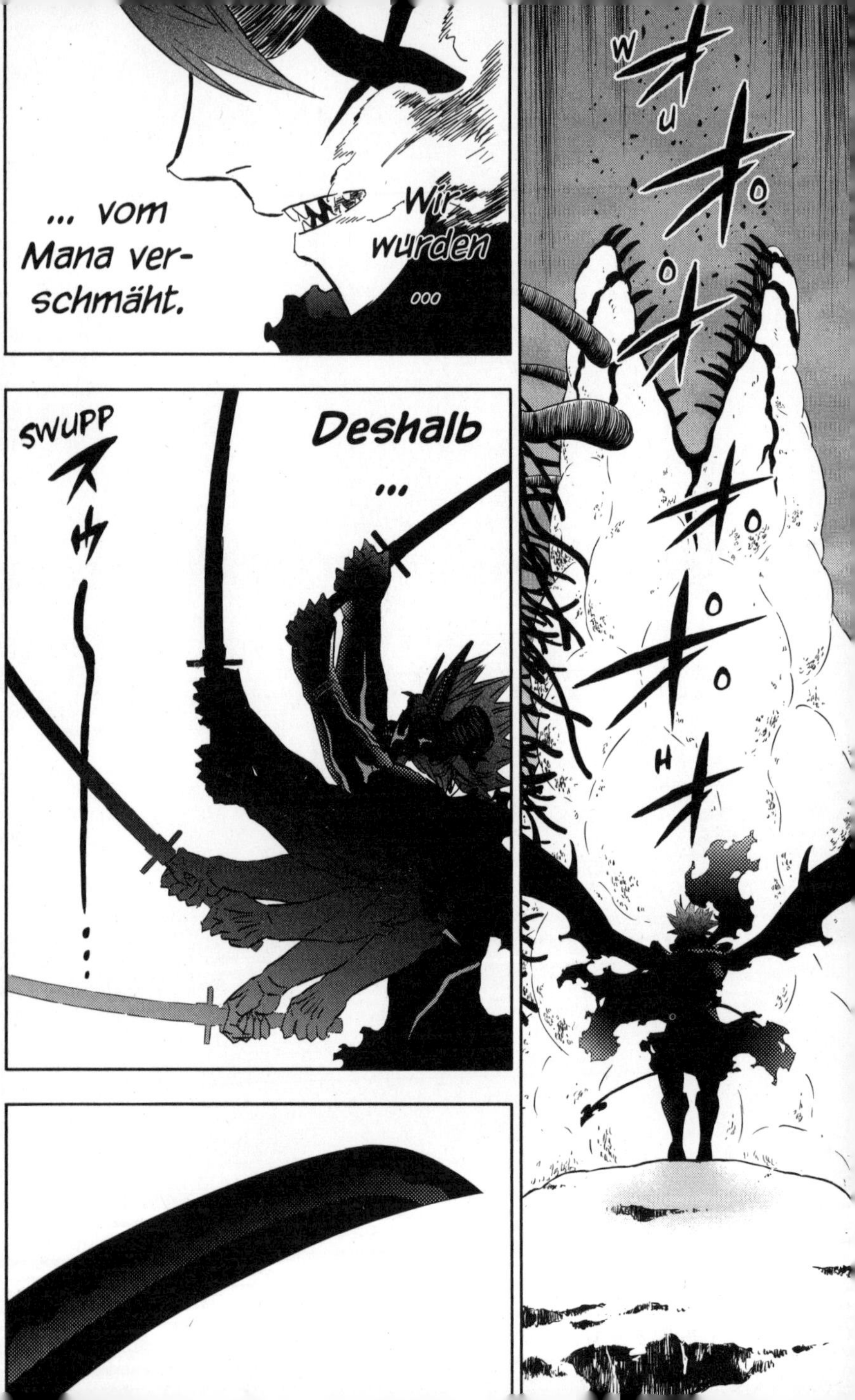
WuoooooH
Wir wurden ...
... vom Mana verschmäht.
Deshalb ...
SWUPP

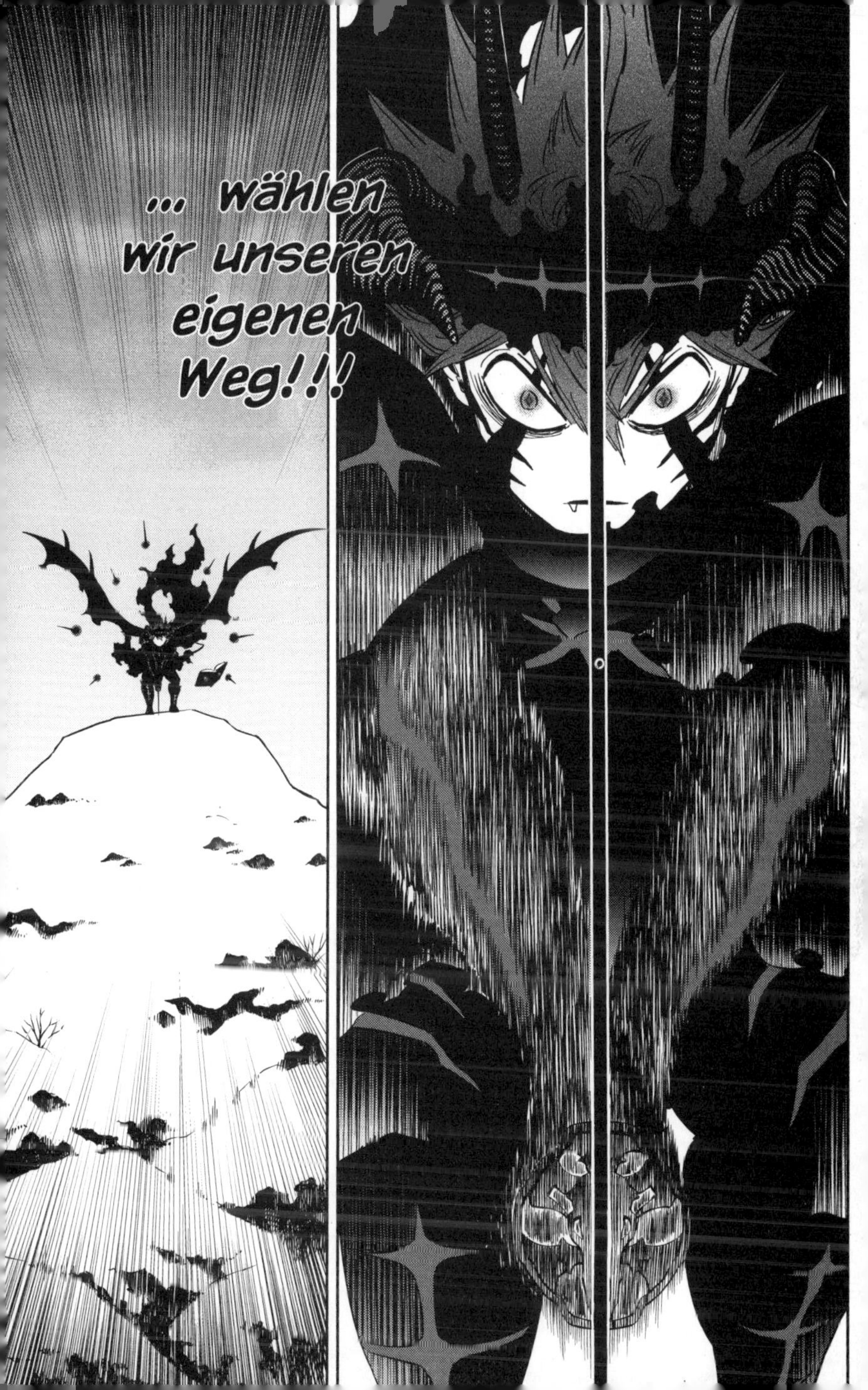
... wählen wir unseren eigenen Weg!!!

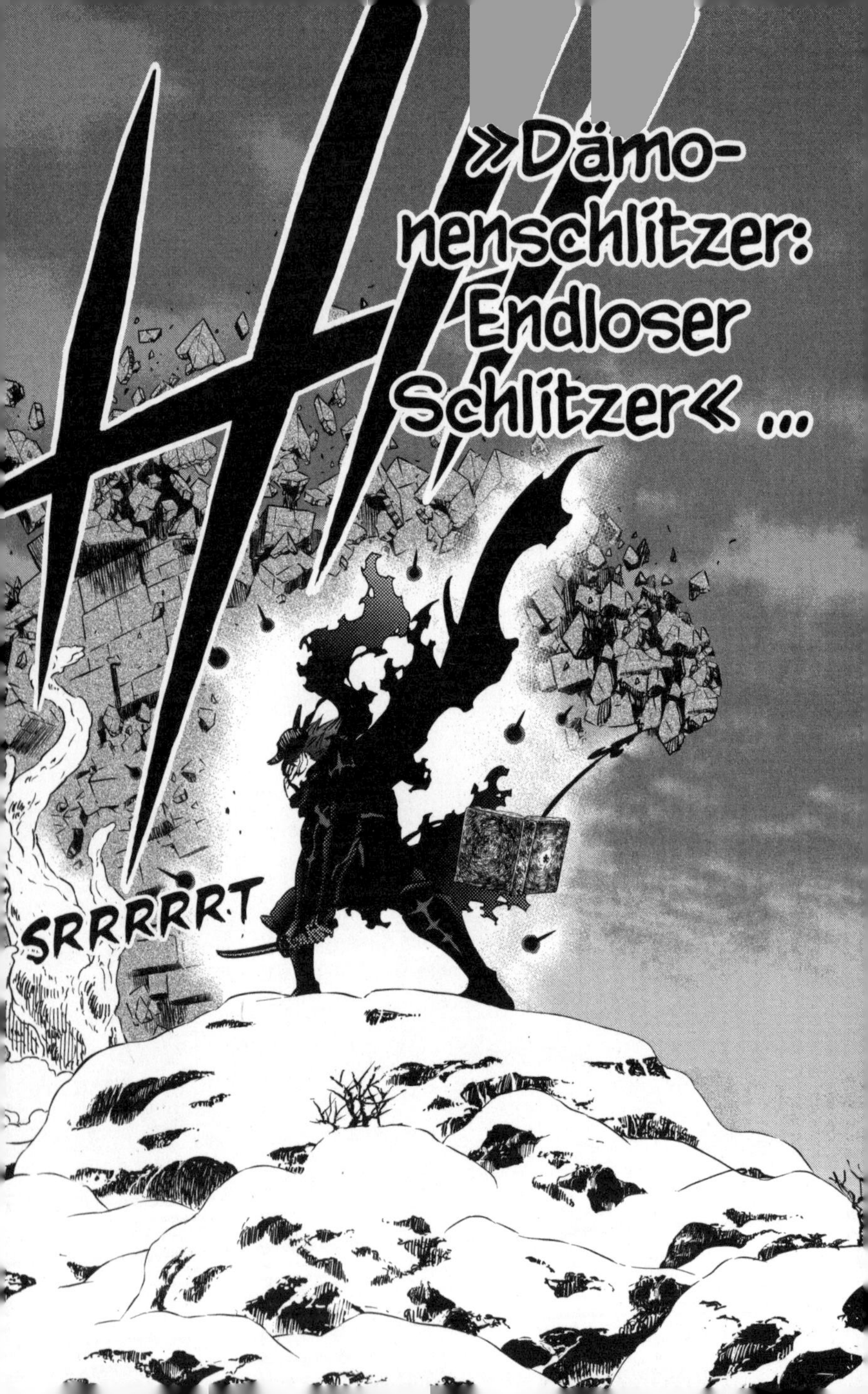
»Dämo-
nenschlitzer:
Endloser
Schlitzer« ...
SRRRRRT

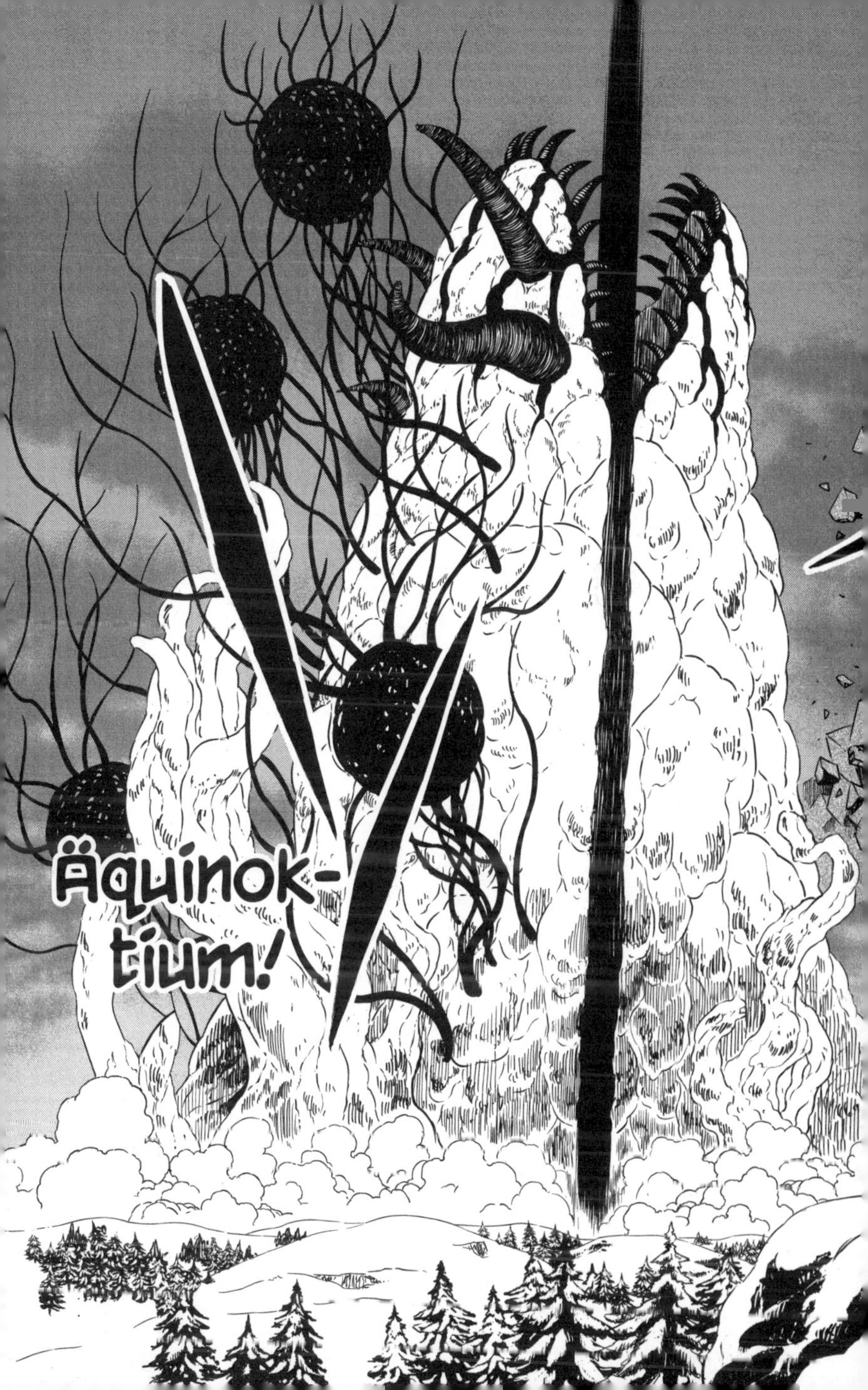
Äquinok-
tium!

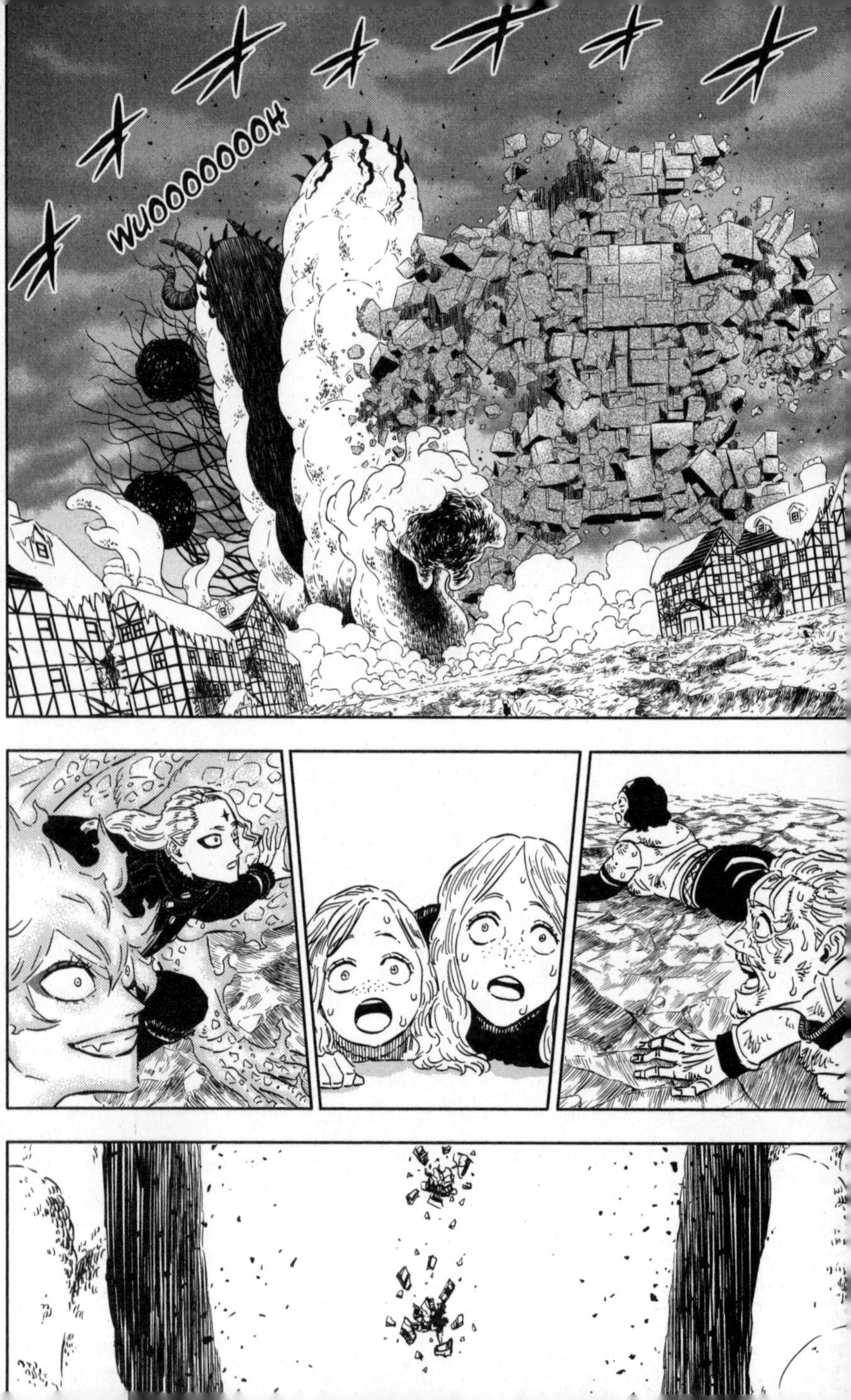
WUOOOOOOOOH

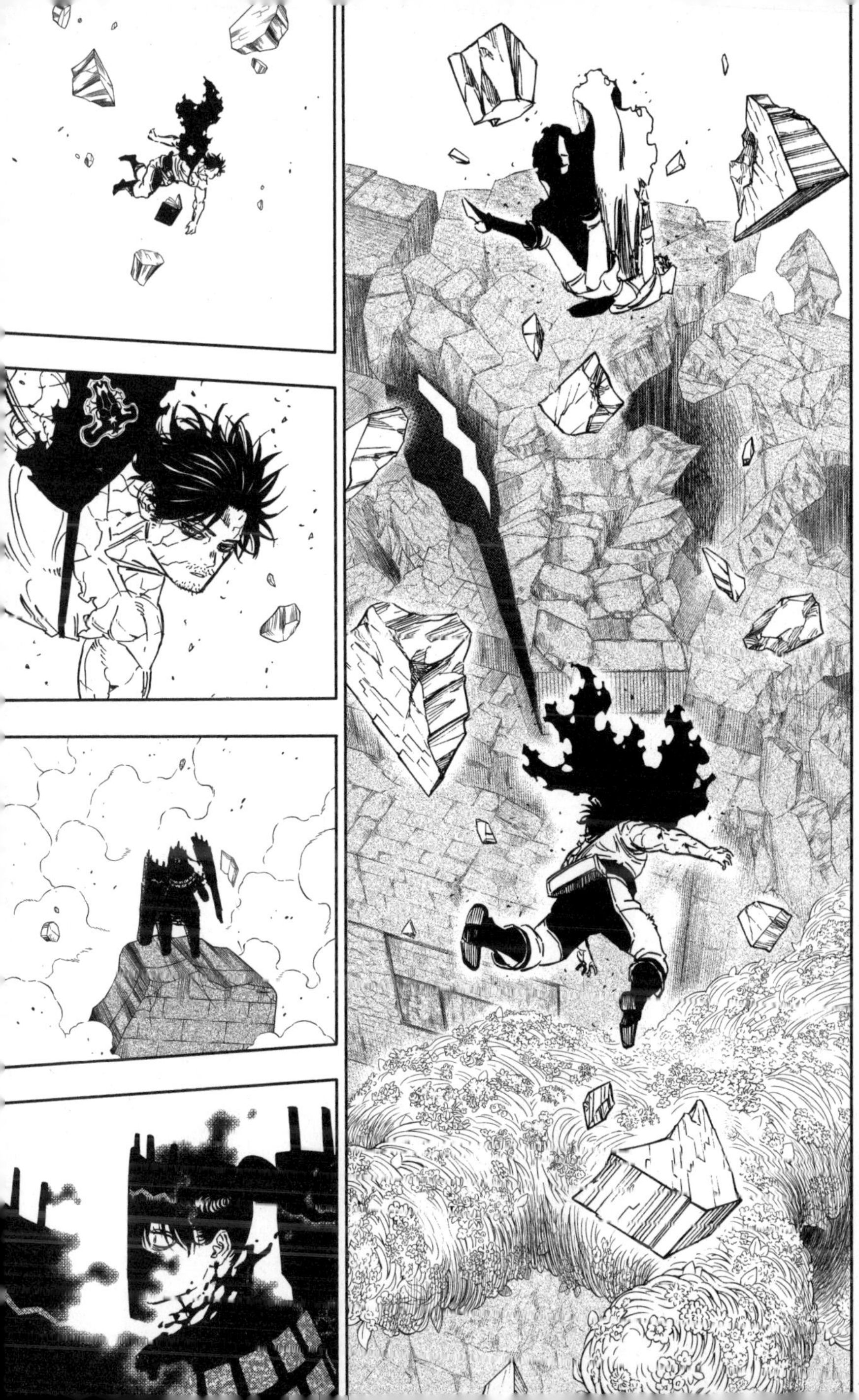

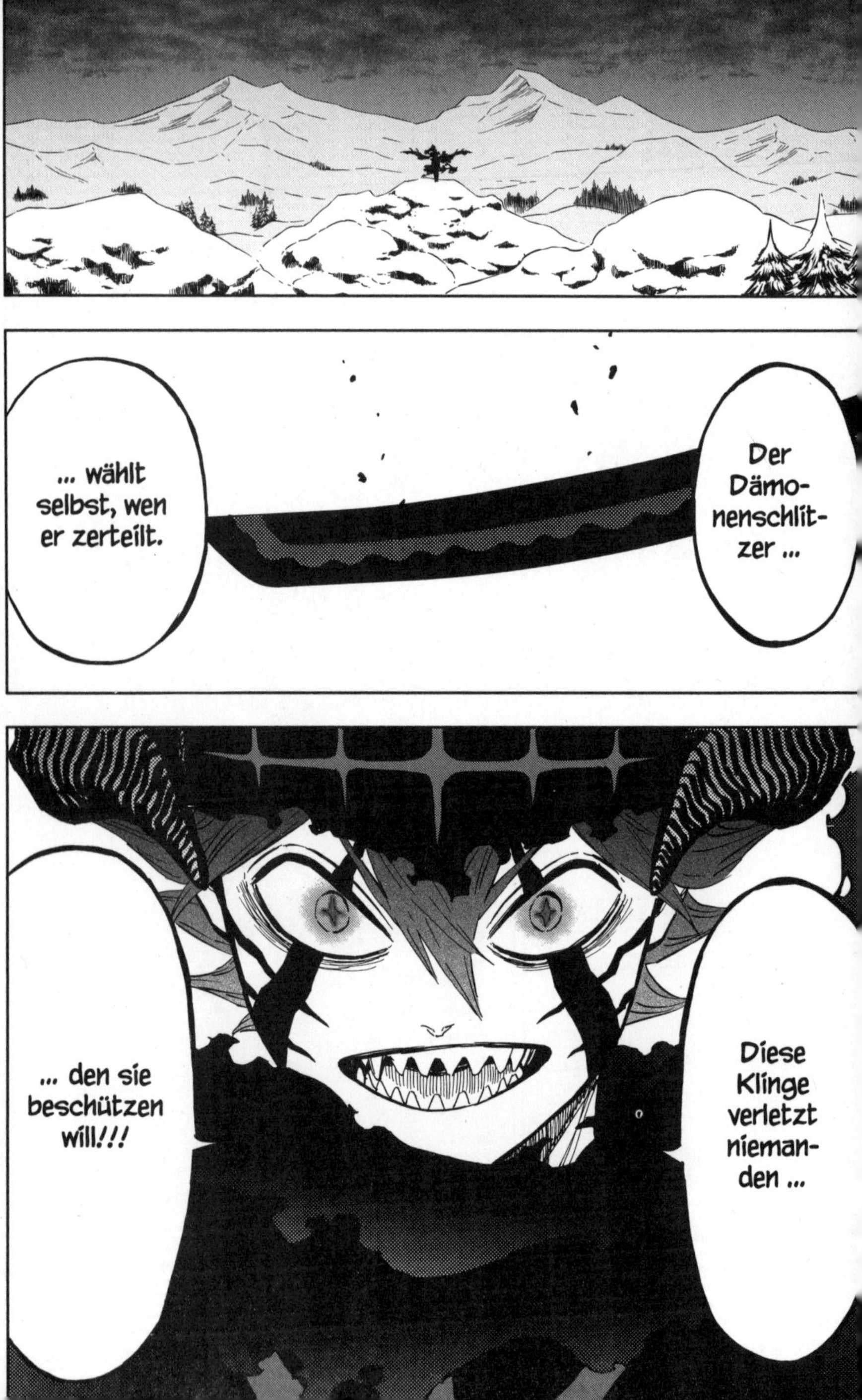
Der Dämonenschlitzer ...
... wählt selbst, wen er zerteilt.
Diese Klinge verletzt niemanden ...
... den sie beschützen will!!!

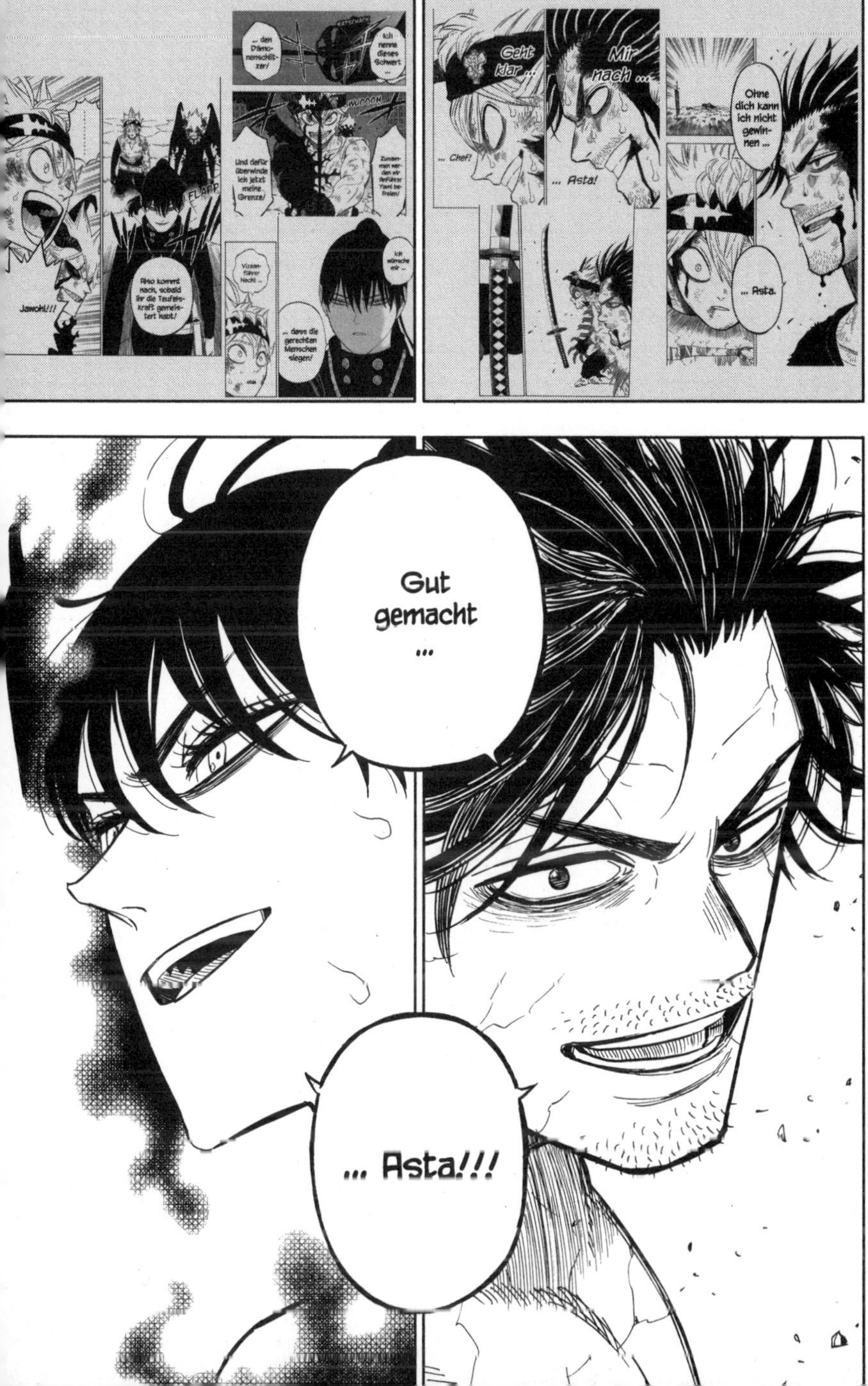
Ohne dich kann ich nicht gewinnen ...
... Asta.
Mir nach ...
... Asta!
Geht klar ...
... Chef!
Ich nenne dieses Schwert ...
... den Dämonenschlitzer!
KATSCHACK
WUOOOH
Zusammen werden wir Anführer Yami befreien!
Und dafür überwinde ich jetzt meine Grenze!
Ich wünsche mir ...
... dass die gerechten Menschen siegen!
Vizeanführer Nacht ...
FLAPP
Also kommt nach, sobald ihr die Teufelskraft gemeistert habt!
Jawohl!!!
Gut gemacht ...
... Asta!!!

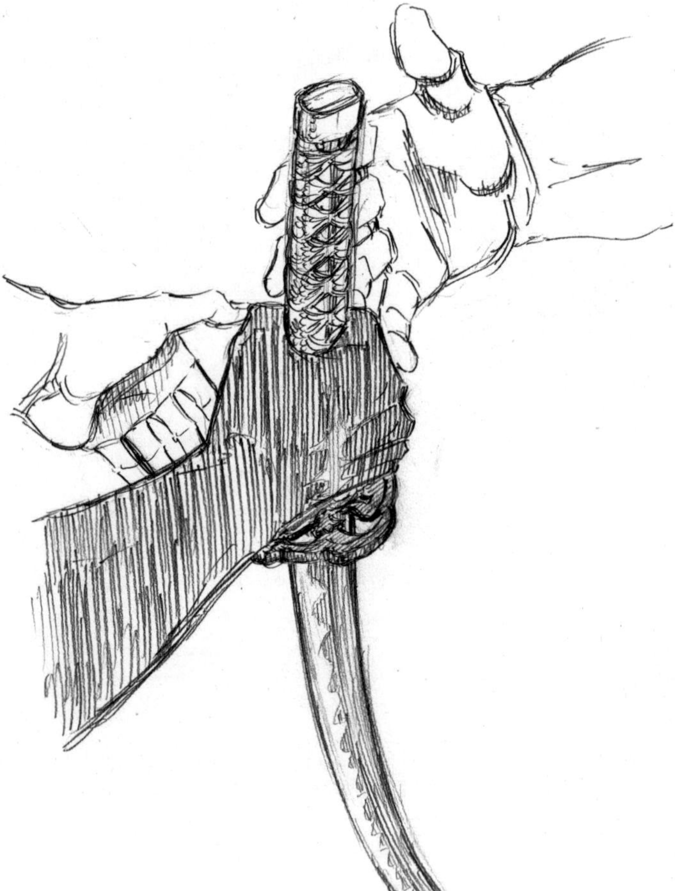

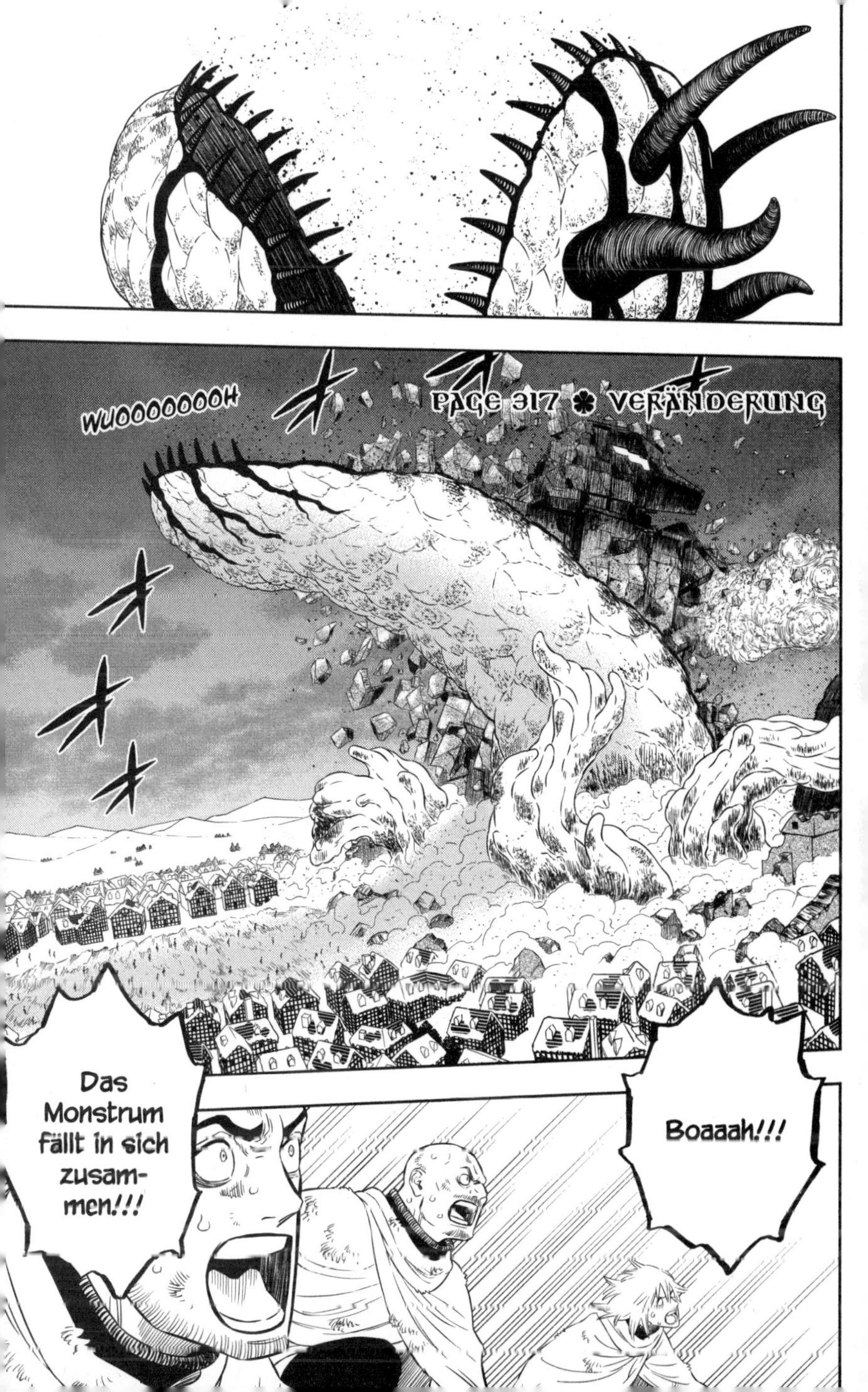
WUOOOOOOOH
PAGE 317 ✿ VERÄNDERUNG
Boaaah!!!
Das Monstrum fällt in sich zusam-men!!!

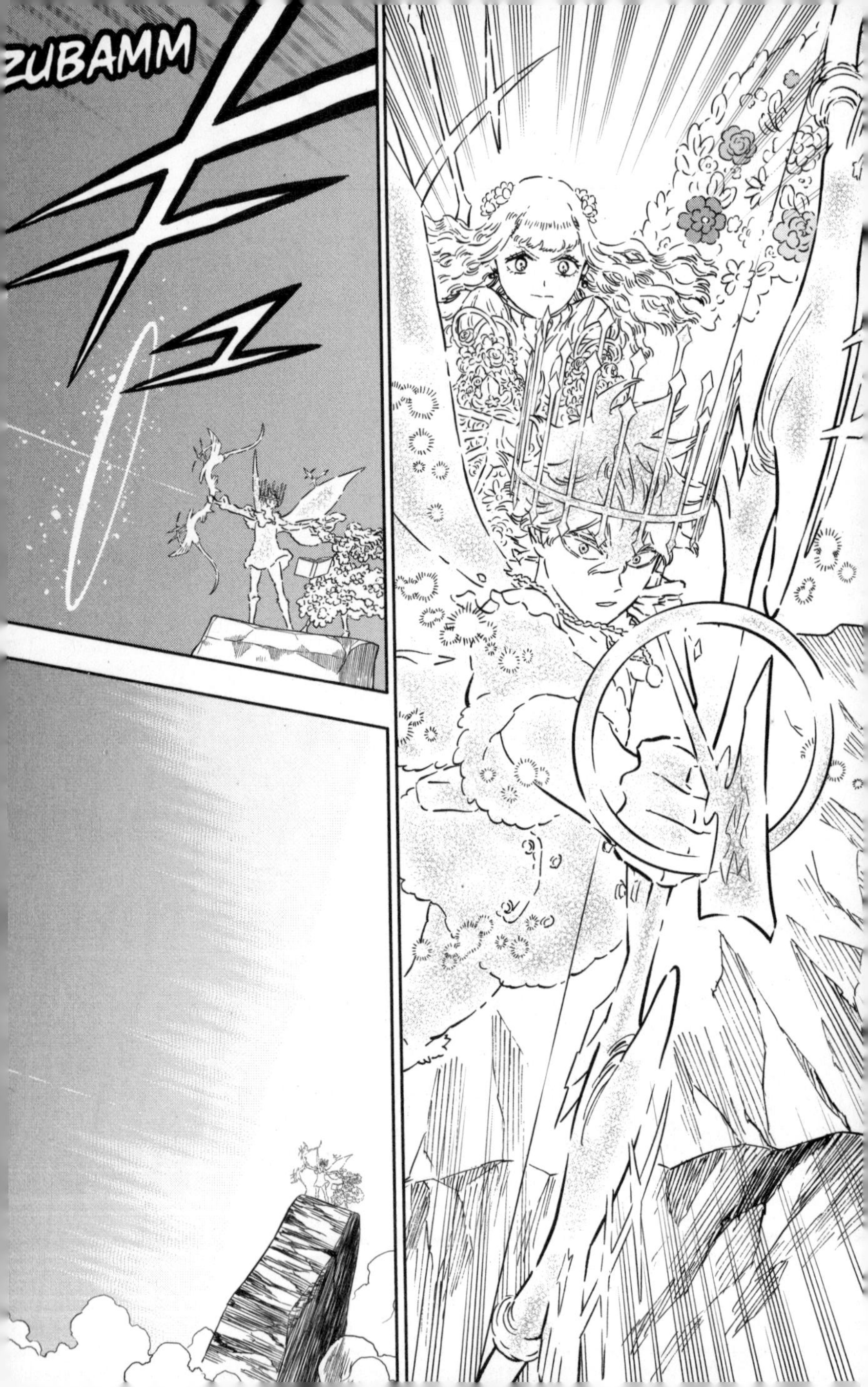
ZUBAMM

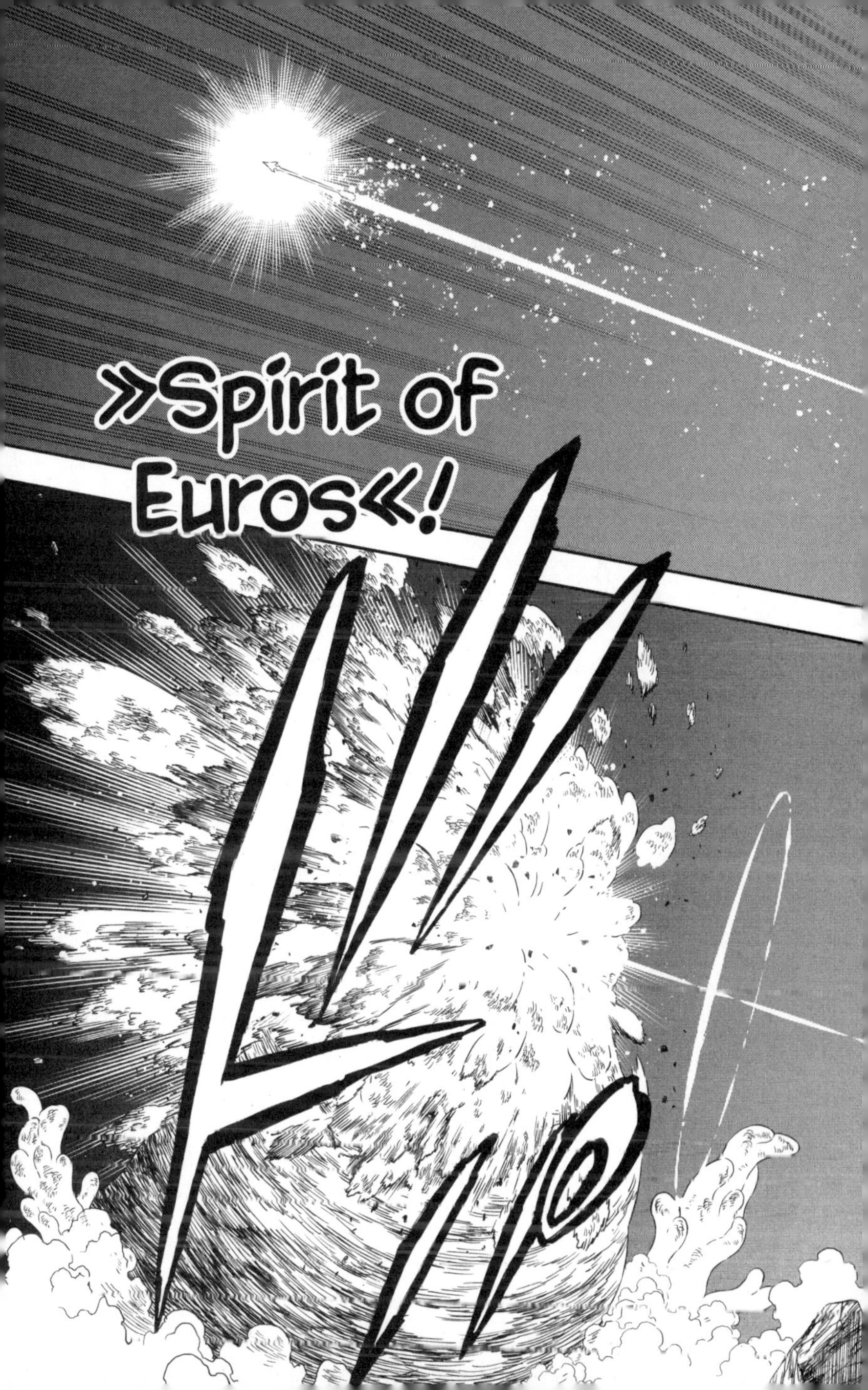
»Spirit of Euros«!

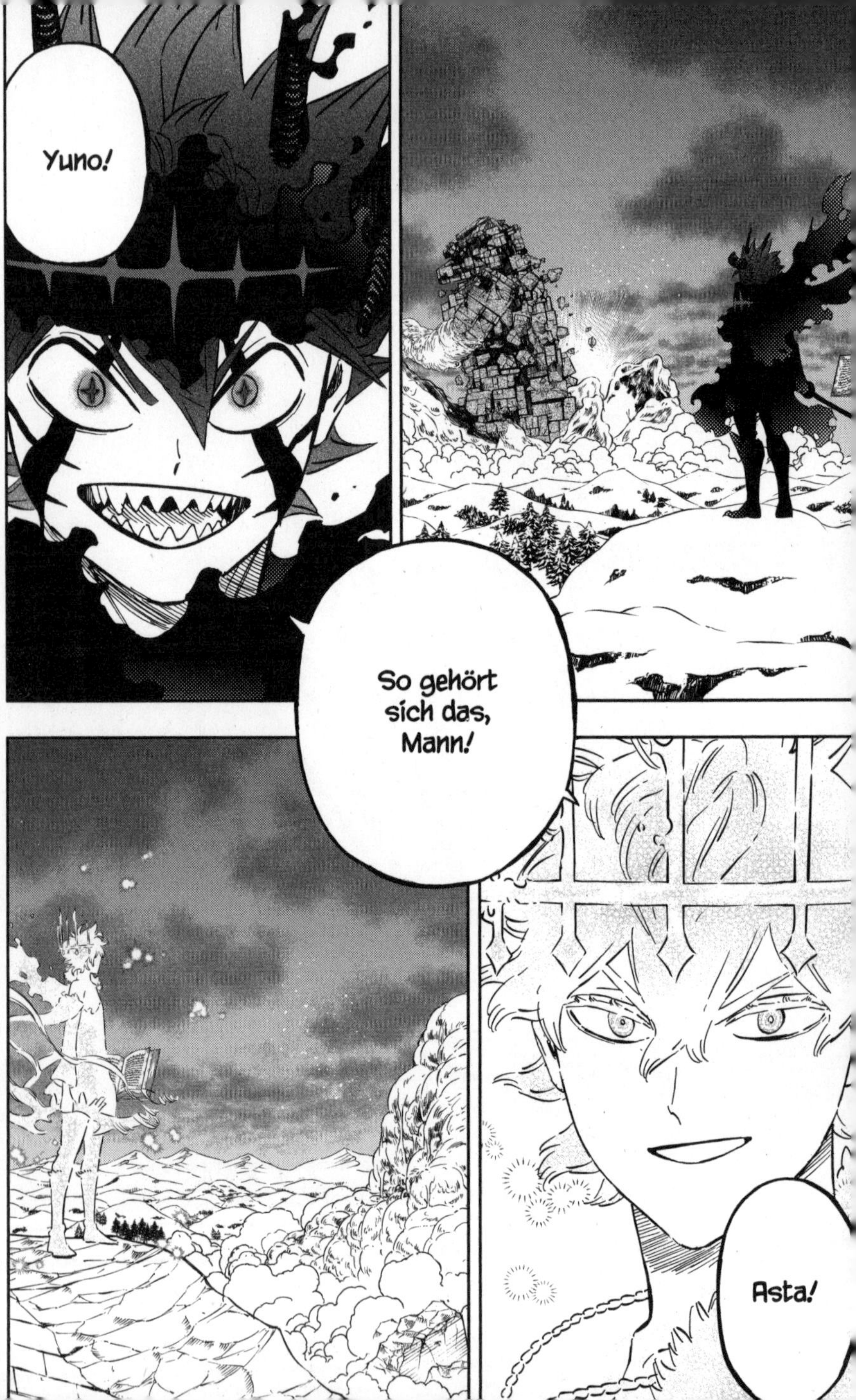
Yuno!
So gehört sich das, Mann!
Asta!

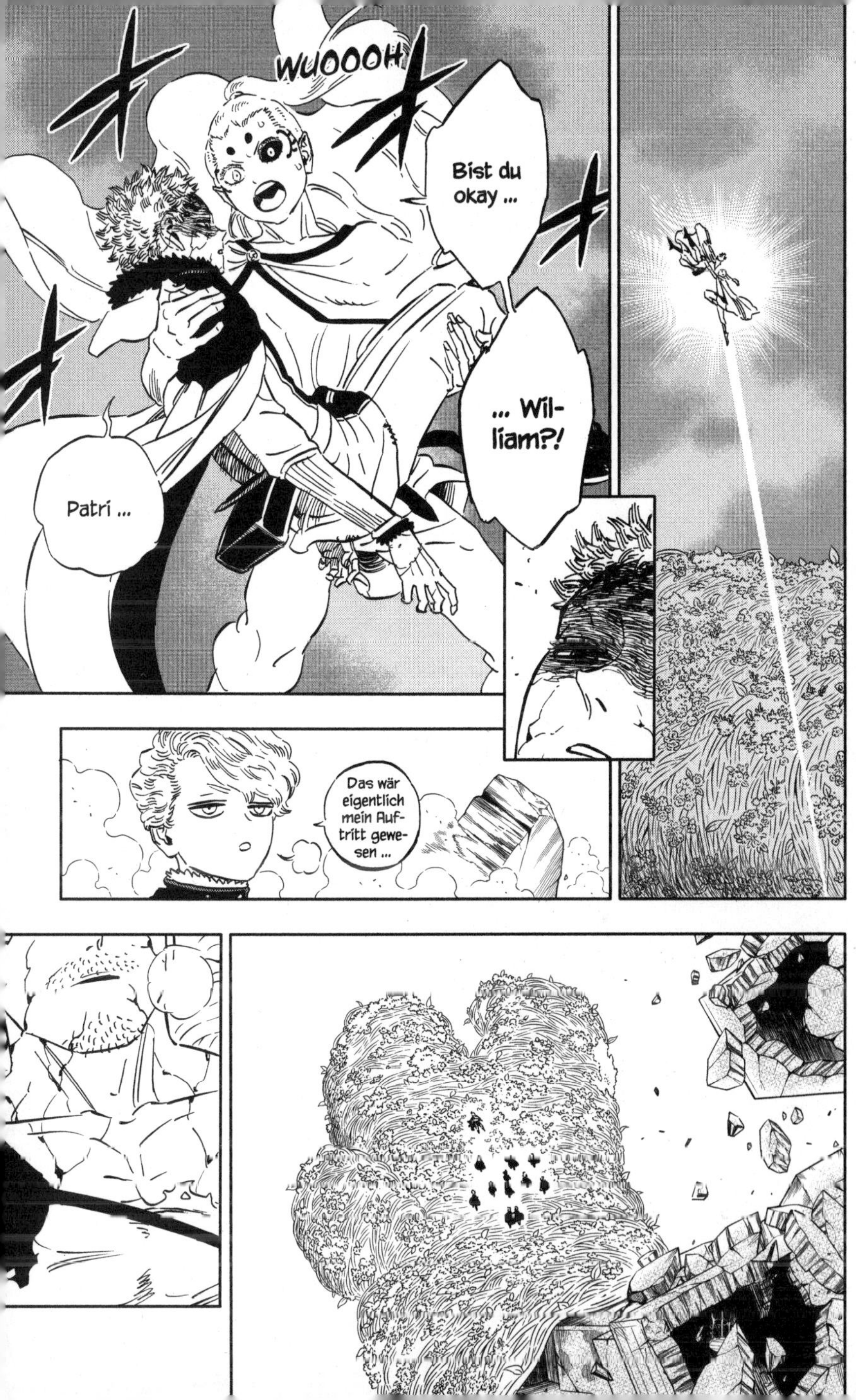
WUOOOH
Bist du okay ...
... Wil-
liam?!
Patri ...
Das wär
eigentlich
mein Auf-
tritt gewe-
sen ...

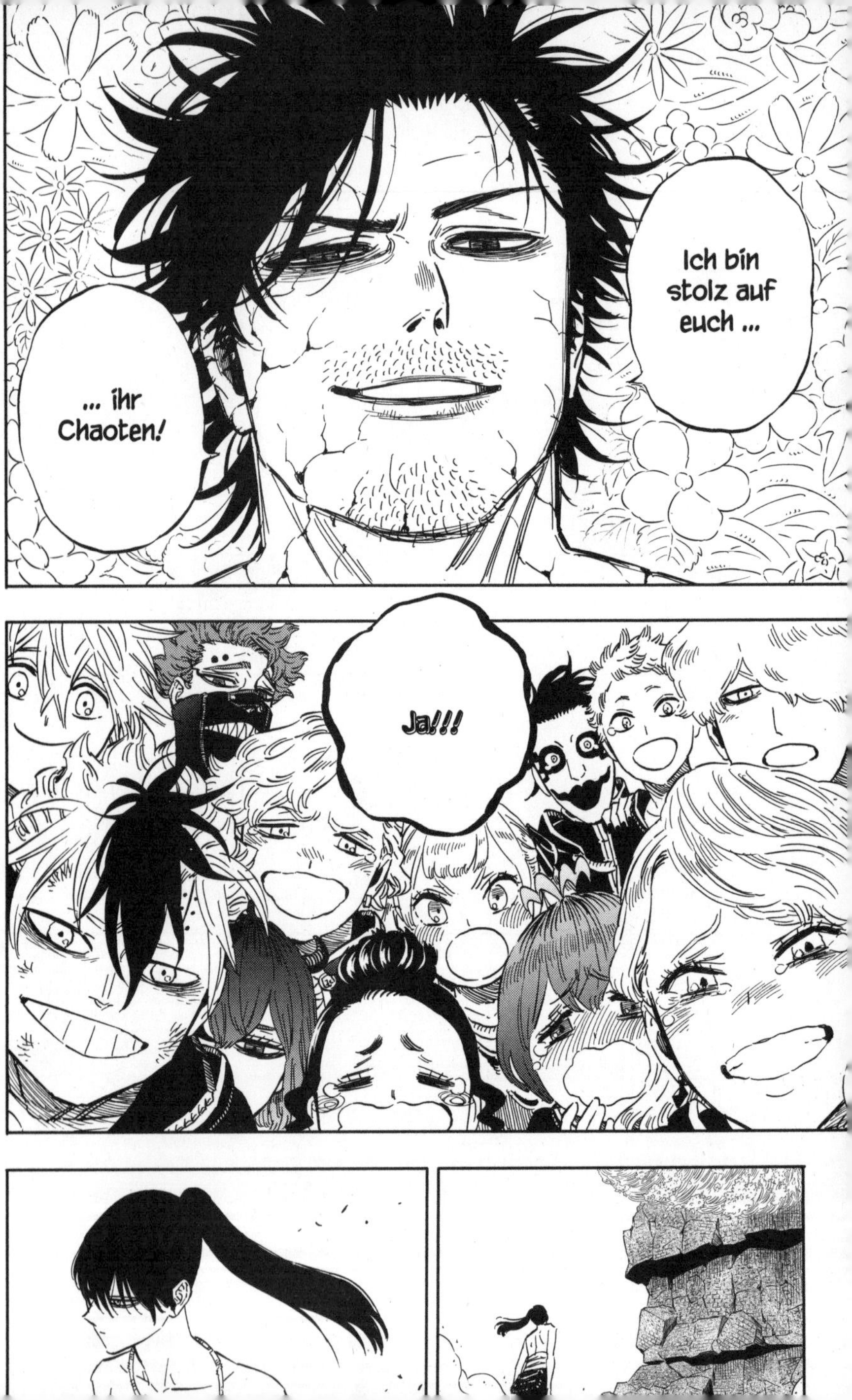

Ich bin stolz auf euch ...
... ihr Chaoten!
Ja!!!

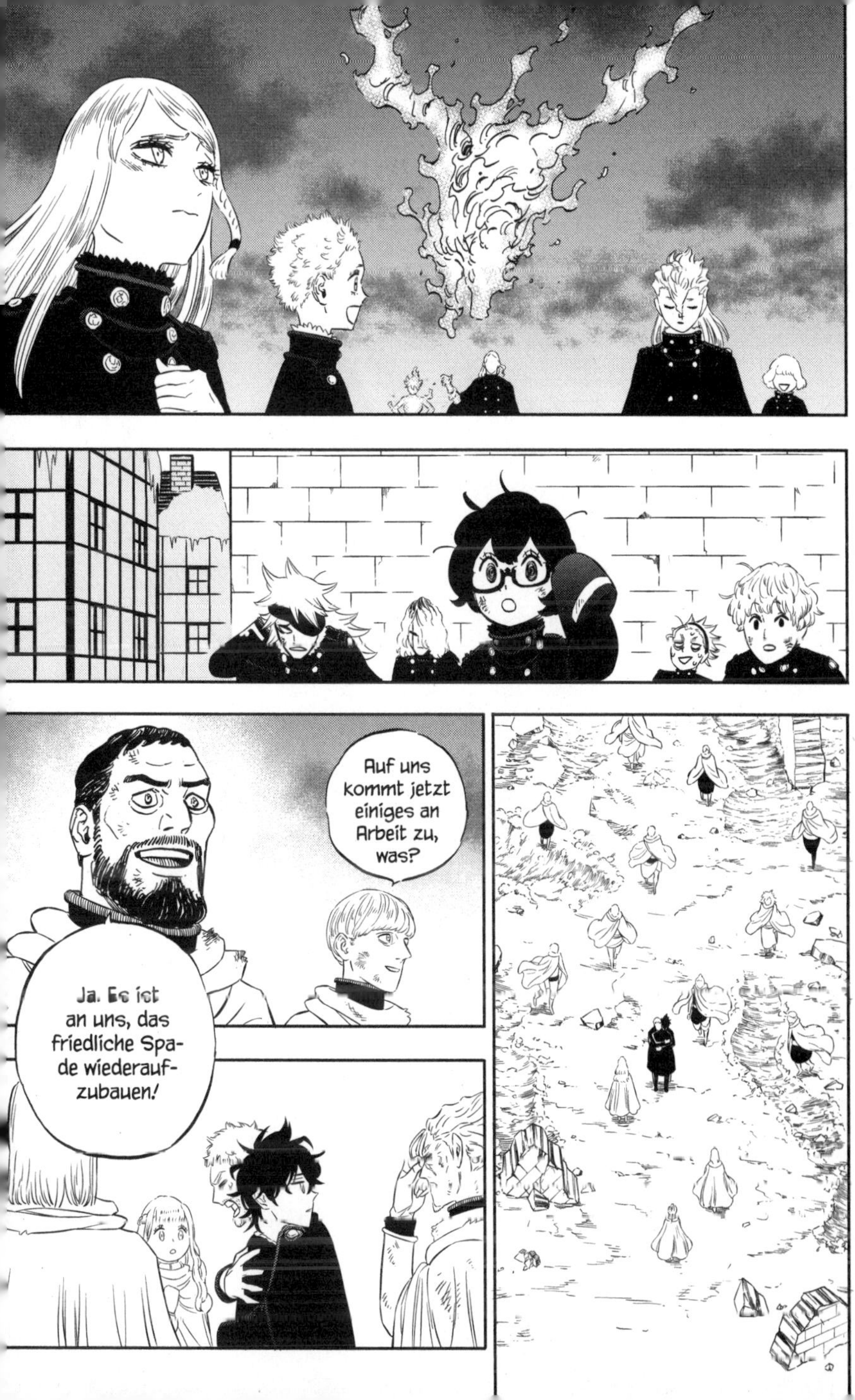
Auf uns kommt jetzt einiges an Arbeit zu, was?
Ja. Es ist an uns, das friedliche Spade wiederaufzubauen!

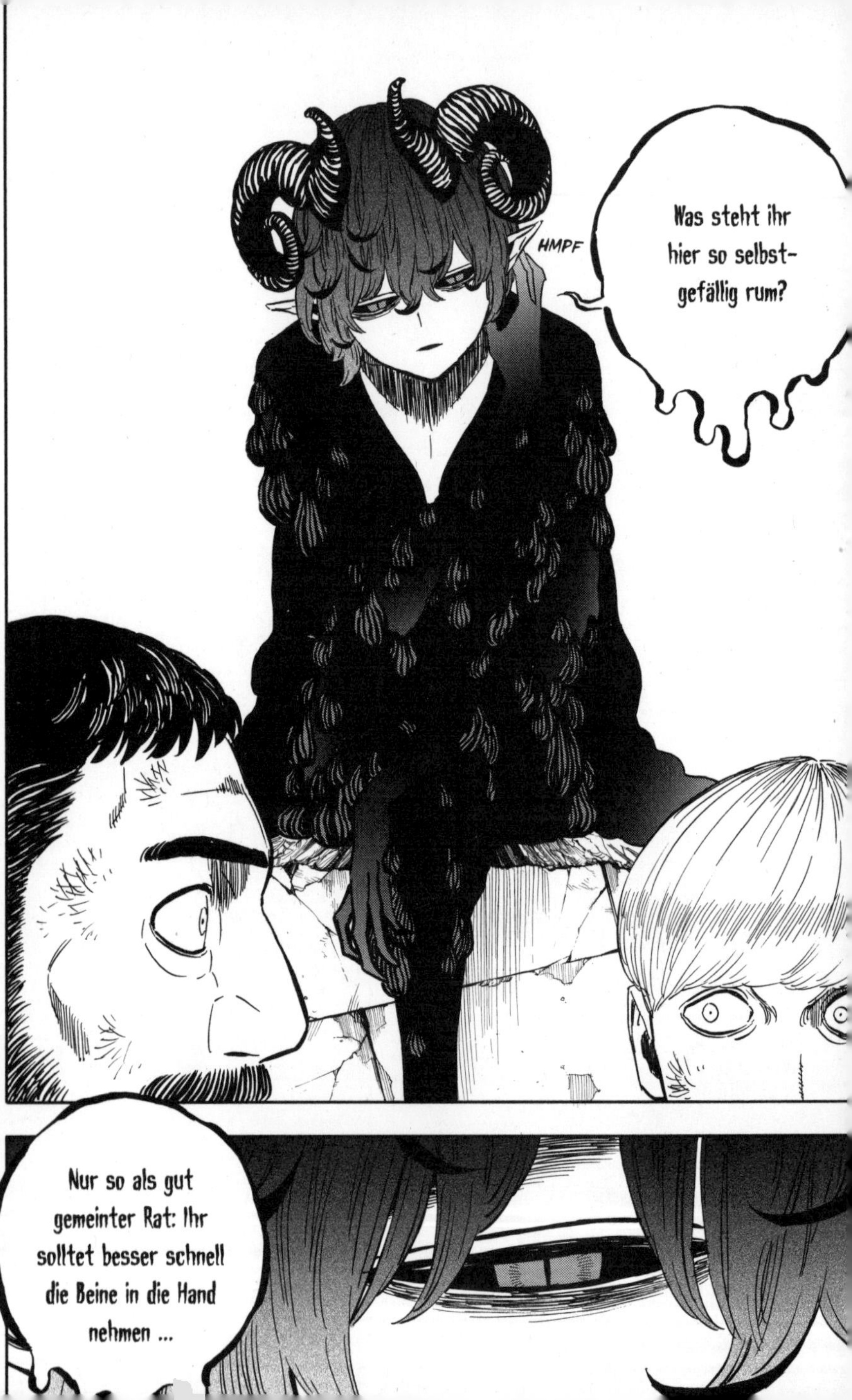
HMPF
Was steht ihr hier so selbstgefällig rum?
Nur so als gut gemeinter Rat: Ihr solltet besser schnell die Beine in die Hand nehmen ...

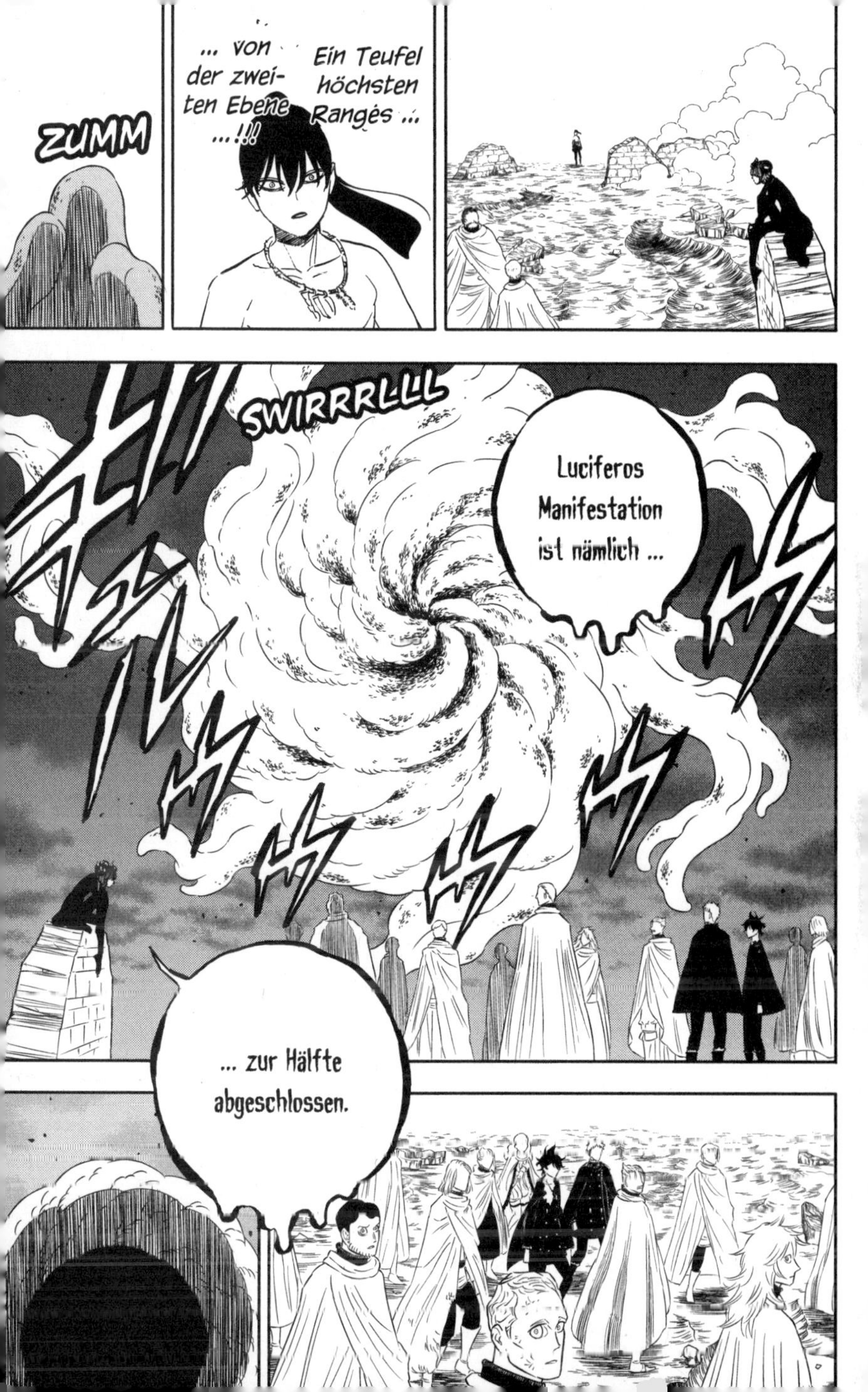
Ein Teufel höchsten Ranges ...
... von der zweiten Ebene ...!!!
ZUMM
SWIRRRLLLL
Luciferos Manifestation ist nämlich ...
... zur Hälfte abgeschlossen.

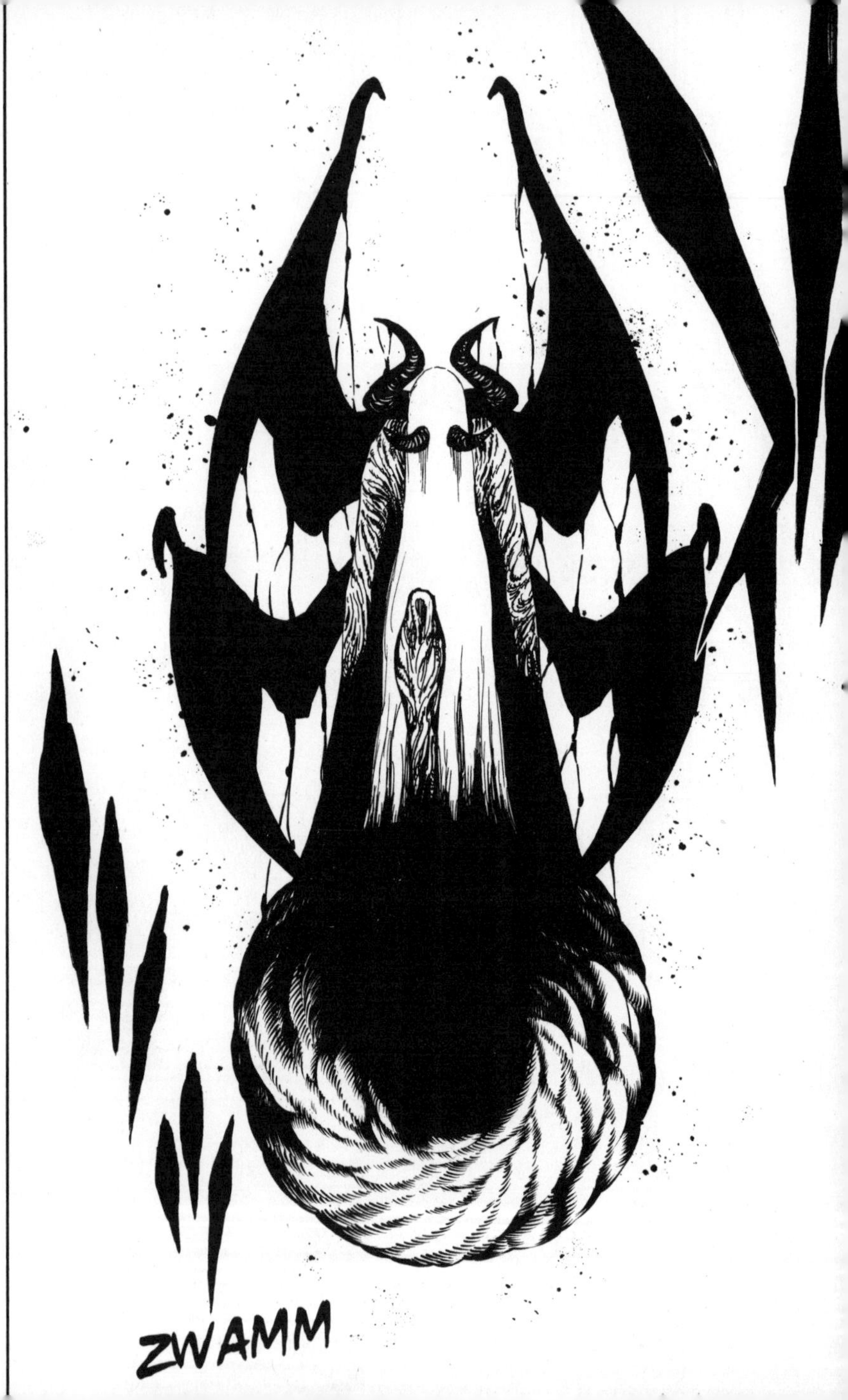
ZWAMM

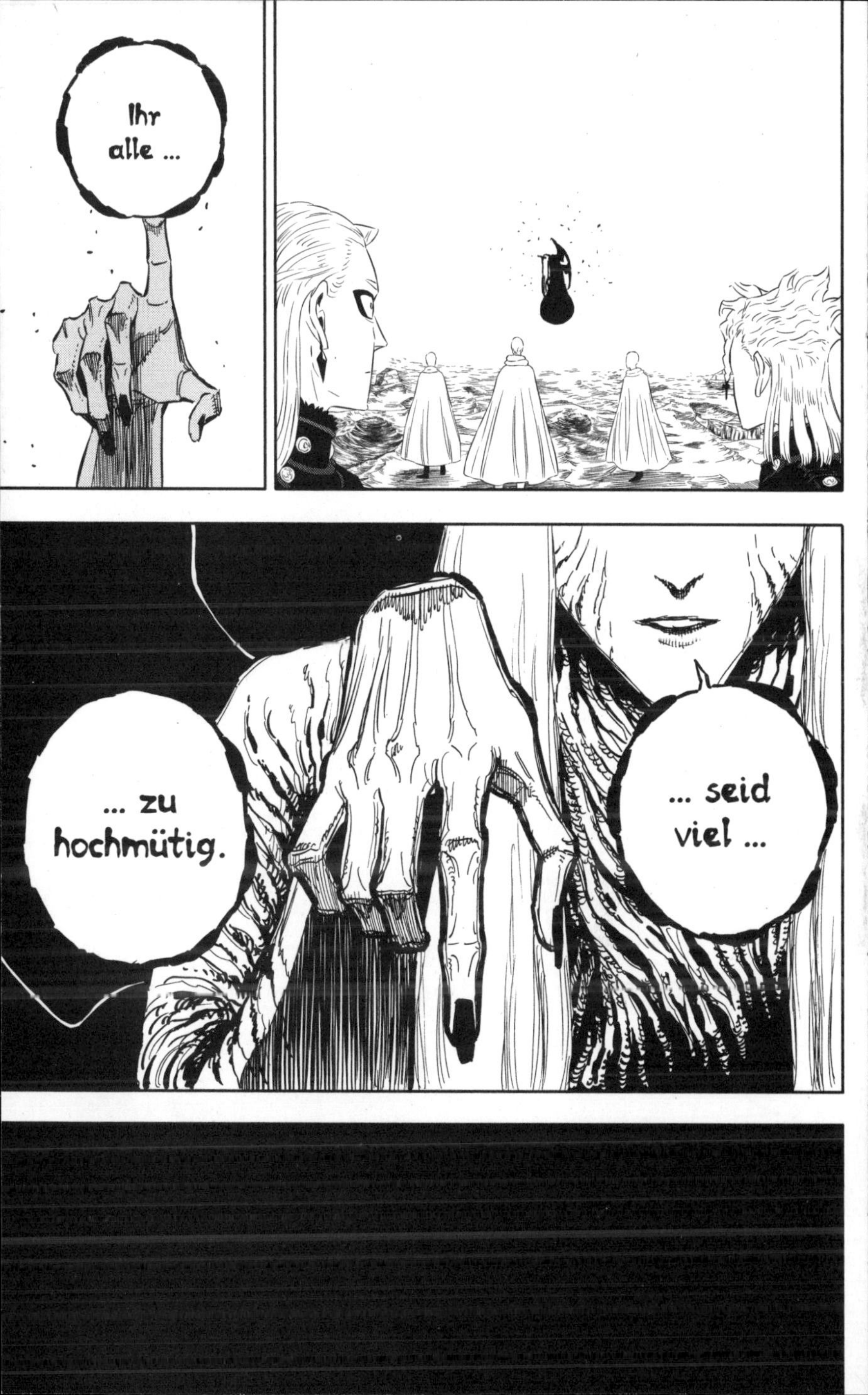
Ihr alle ...
... seid viel ...
... zu hochmütig.

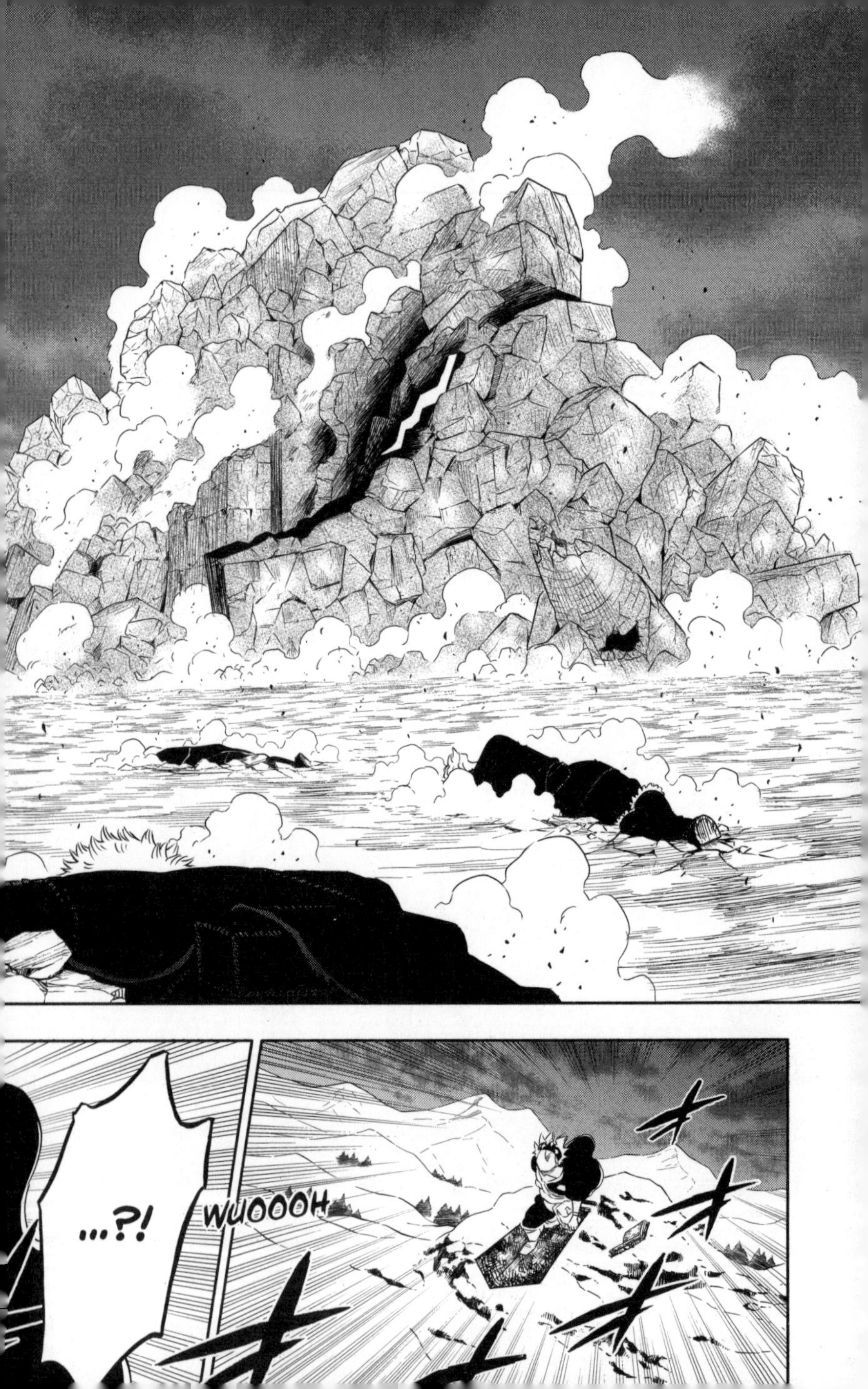
WUOOOH
...?!

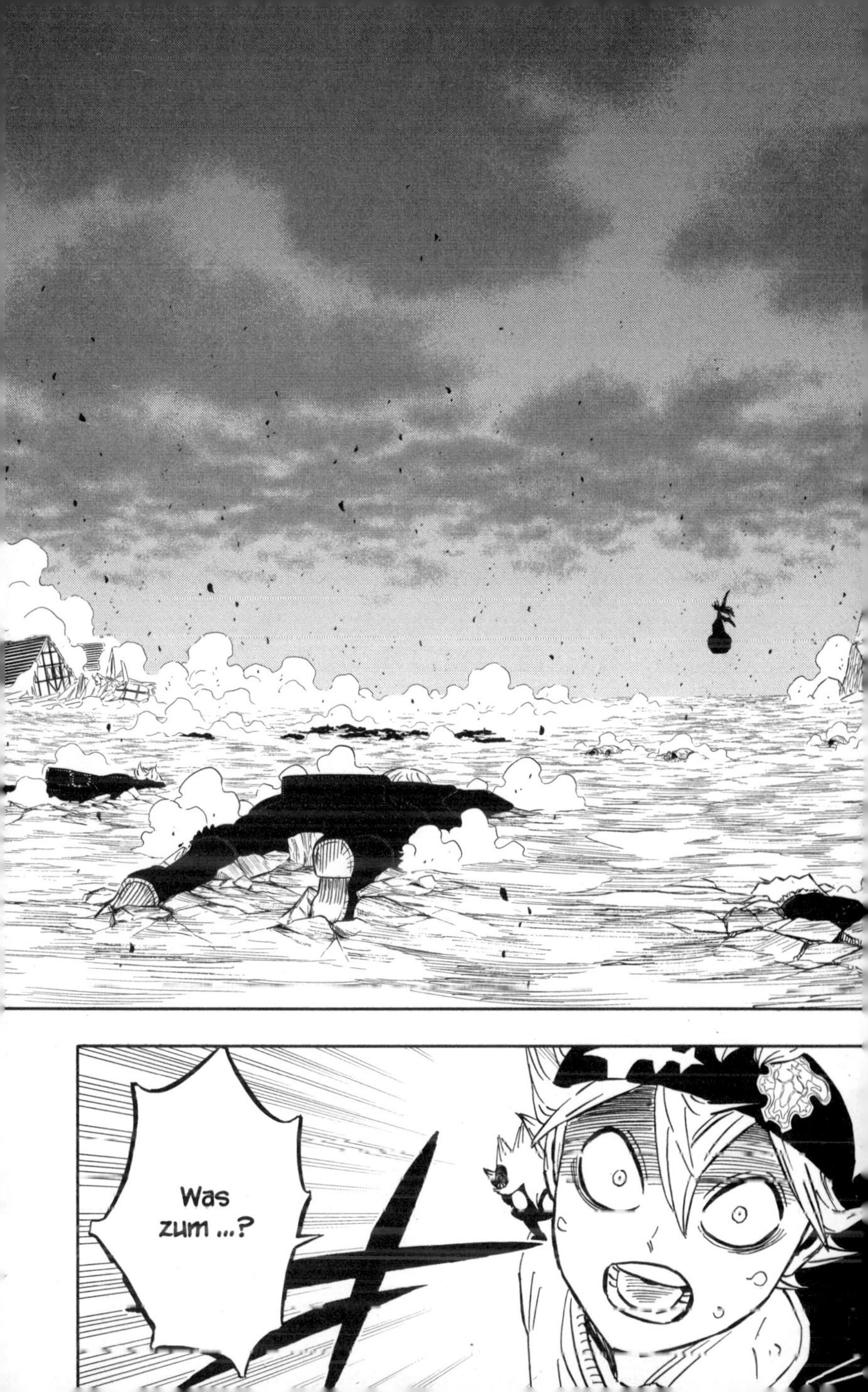
Was
zum ...?

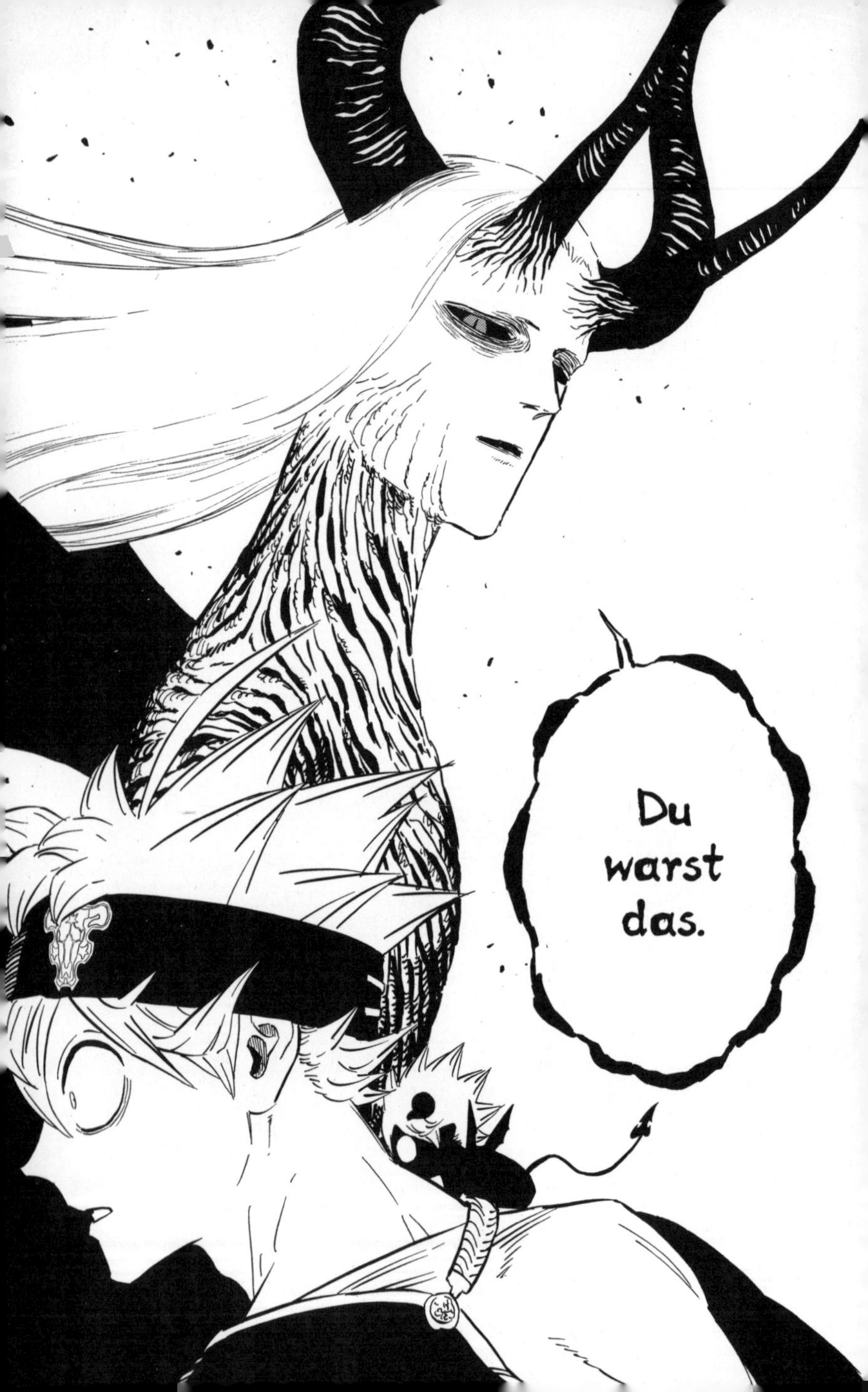
Du warst das.

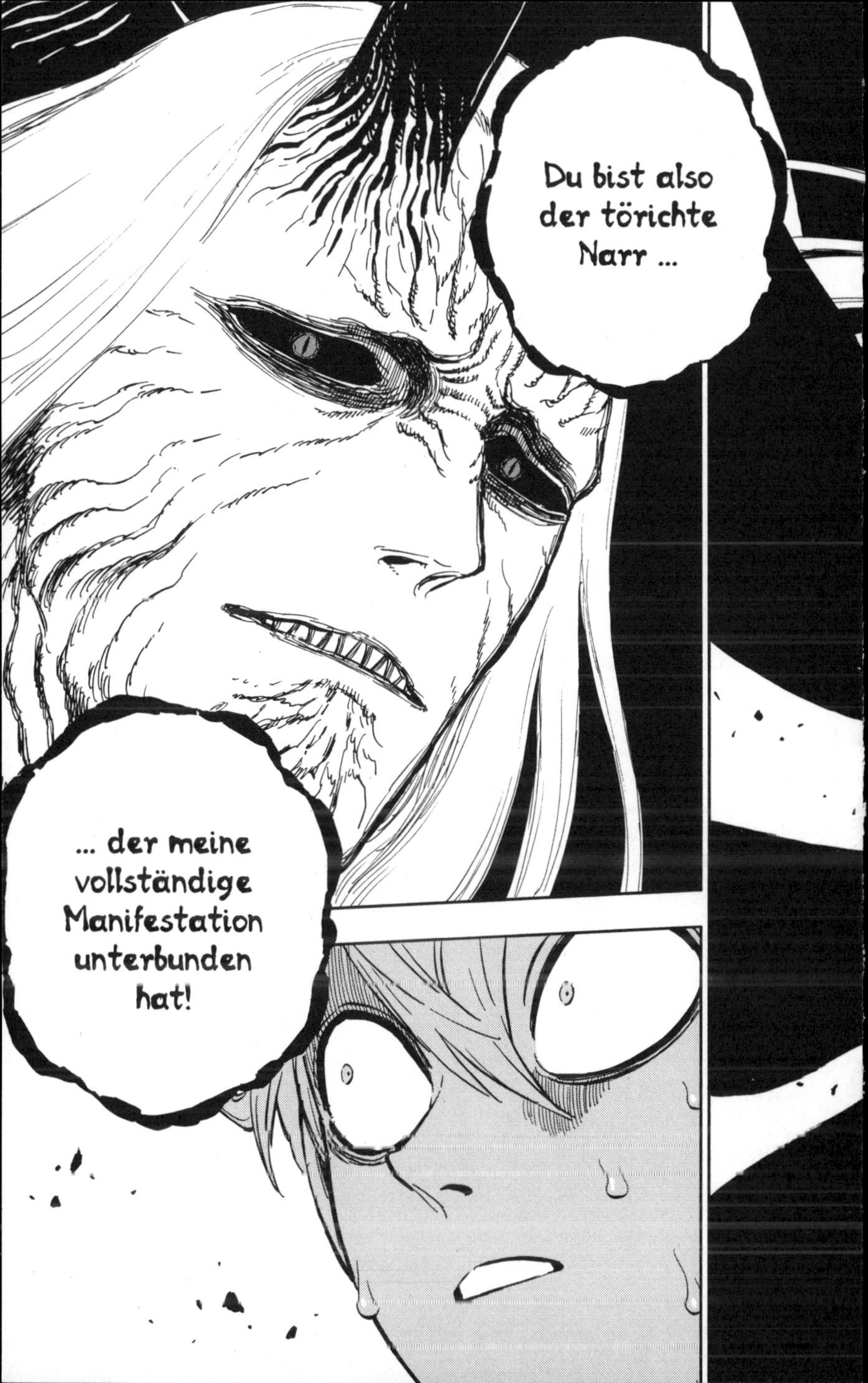
Du bist also der törichte Narr ...
... der meine vollständige Manifestation unterbunden hat!

Aus Yûki Tabatas Nähkästchen ①

Da es in diesem Band leere Seiten zu füllen gab, erzähle ich euch an dieser Stelle wieder ein bisschen aus meinem Leben. Wen das nicht interessiert, der kann natürlich gleich mit dem nächsten Kapitel weitermachen!

Wie ihr ja vielleicht im vorletzten Band mitbekommen habt, habe ich schon als Krippenkind für mein Leben gern gezeichnet und war verrückt nach *Dragonball* – ich entdeckte das *Weekly Shonen Jump* für mich und erfuhr zum ersten Mal, was ein Mangaka ist. Fortan war es mein Traum, selbst einmal Mangaka zu werden. Für mich war das einfach der coolste Job der Welt. Ich stellte mir die Frage, wie man denn eigentlich Mangaka wird, dachte mir aber in meinem jugendlichen Leichtsinn, das werde schon irgendwie, solang man nur gut zeichnen kann. Ich machte mir also keine Gedanken, zeichnete einfach, was mir Spaß machte, war süchtig nach Mangas (hauptsächlich nach Shonen-Manga, in denen viel gekämpft wurde) und verbrachte eine unbeschwerte Kindheit. Als Grundschüler wurde ich mir dann der feinen Punkte in Mangas bewusst und fragte mich zum einen, welche Aufgabe diese haben, und zum anderen, ob die Punkt für Punkt mit der Hand gezeichnet werden. Ich konnte mich nur über die schiere Präzision ihrer Anordnung sowie deren unglaubliche Anzahl wundern und fragte mich, ob man das als Mangaka dann irgendwann aus dem Effeff beherrscht. Tja, so naiv war ich damals!

Ich zeichnete meinen ersten Manga, der stark von *Dragonball* und *Yu Yu Hakusho* »inspiriert« war, mit Bleistift auf Blockpapier und buchbinderte mithilfe von Klebeband und einem Tacker einen amateurhaften Mangaband aus den losen Seiten – ihr ahnt gar nicht, wie stolz ich auf mein erstes Machwerk war!

Weiter geht's in Teil ②

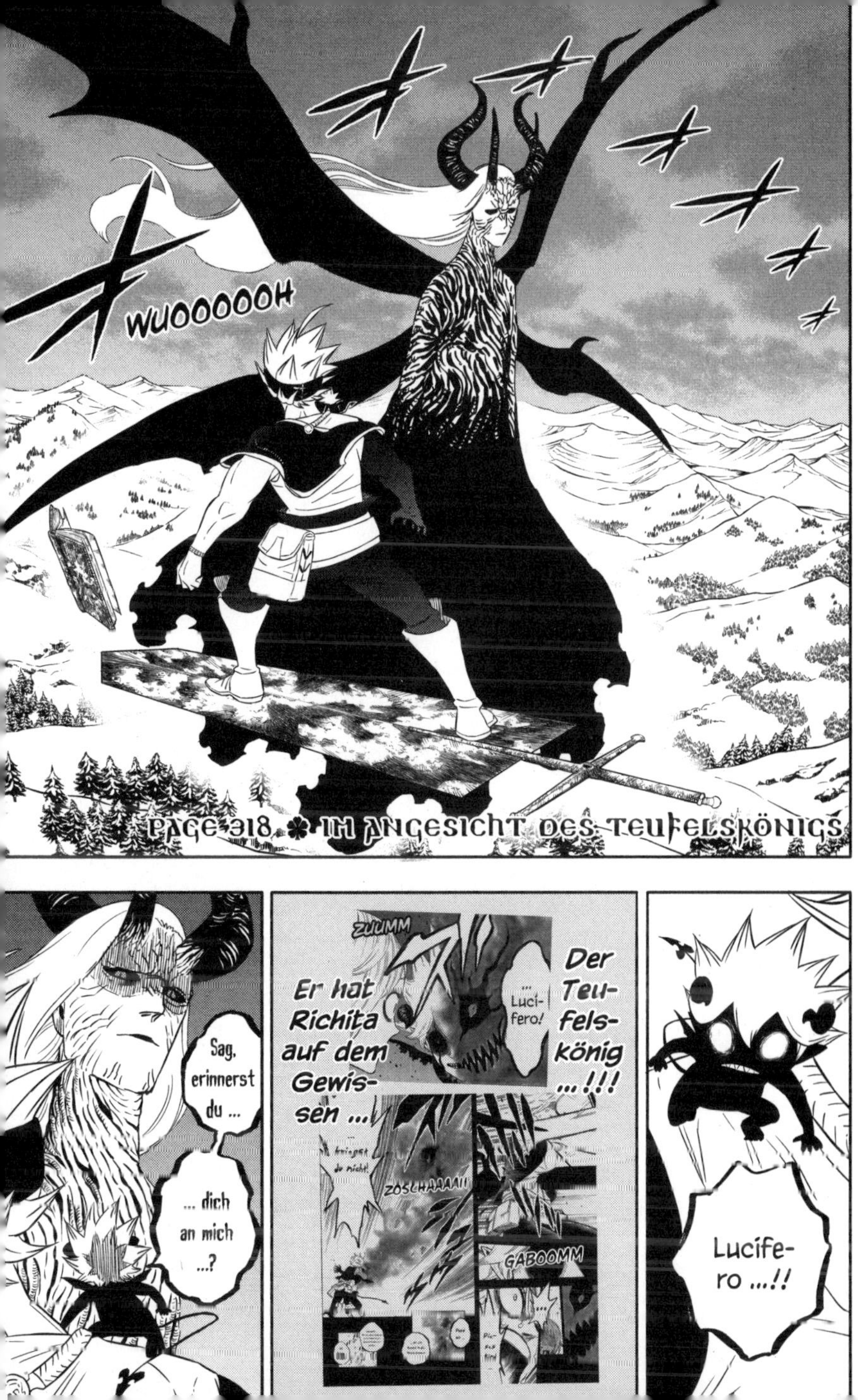
WUOOOOOH
PAGE 318 ✿ IM ANGESICHT DES TEUFELSKÖNIGS
Lucifero ...!!
Der Teufelskönig ...!!!
ZUUMM
... Lucifero!
Er hat Richita auf dem Gewissen ...
ZOSCHAAAAH
GABOOMM
Sag, erinnerst du ...
... dich an mich ...?

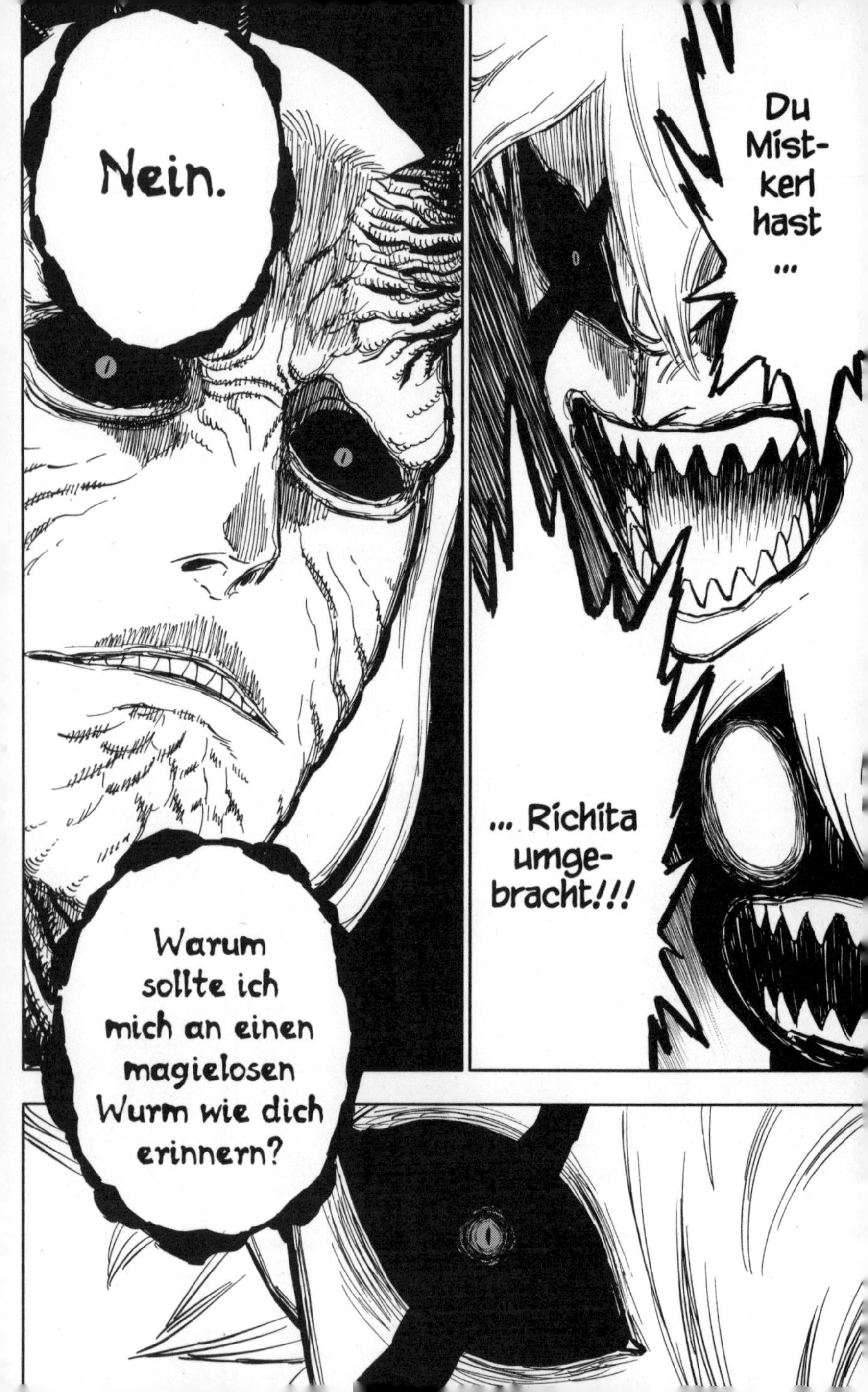
Du Mist-kerl hast ...
... Richita umge-bracht!!!
Nein.
Warum sollte ich mich an einen magielosen Wurm wie dich erinnern?

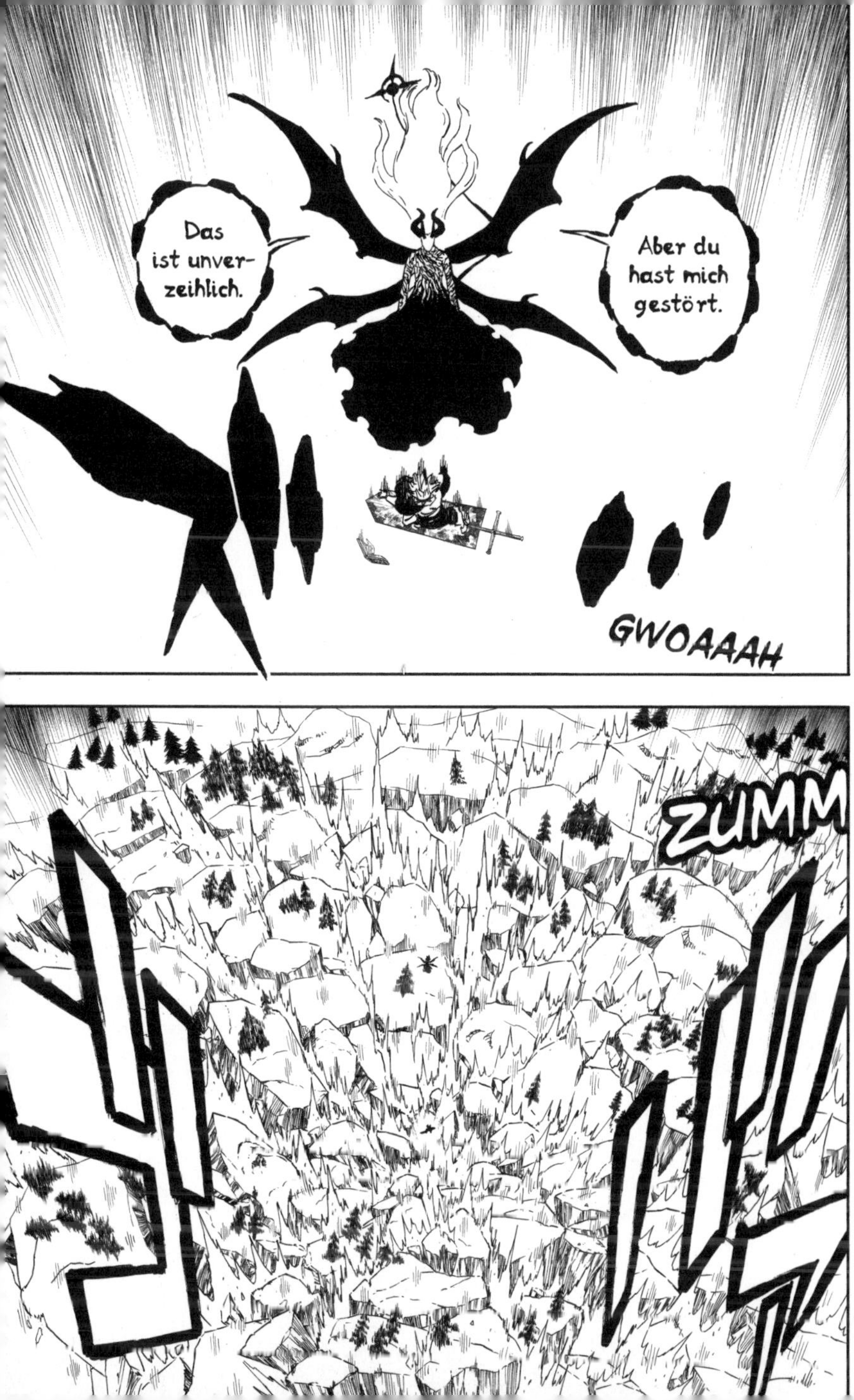
Aber du hast mich gestört.
Das ist unverzeihlich.
GWOAAAH
ZUMM

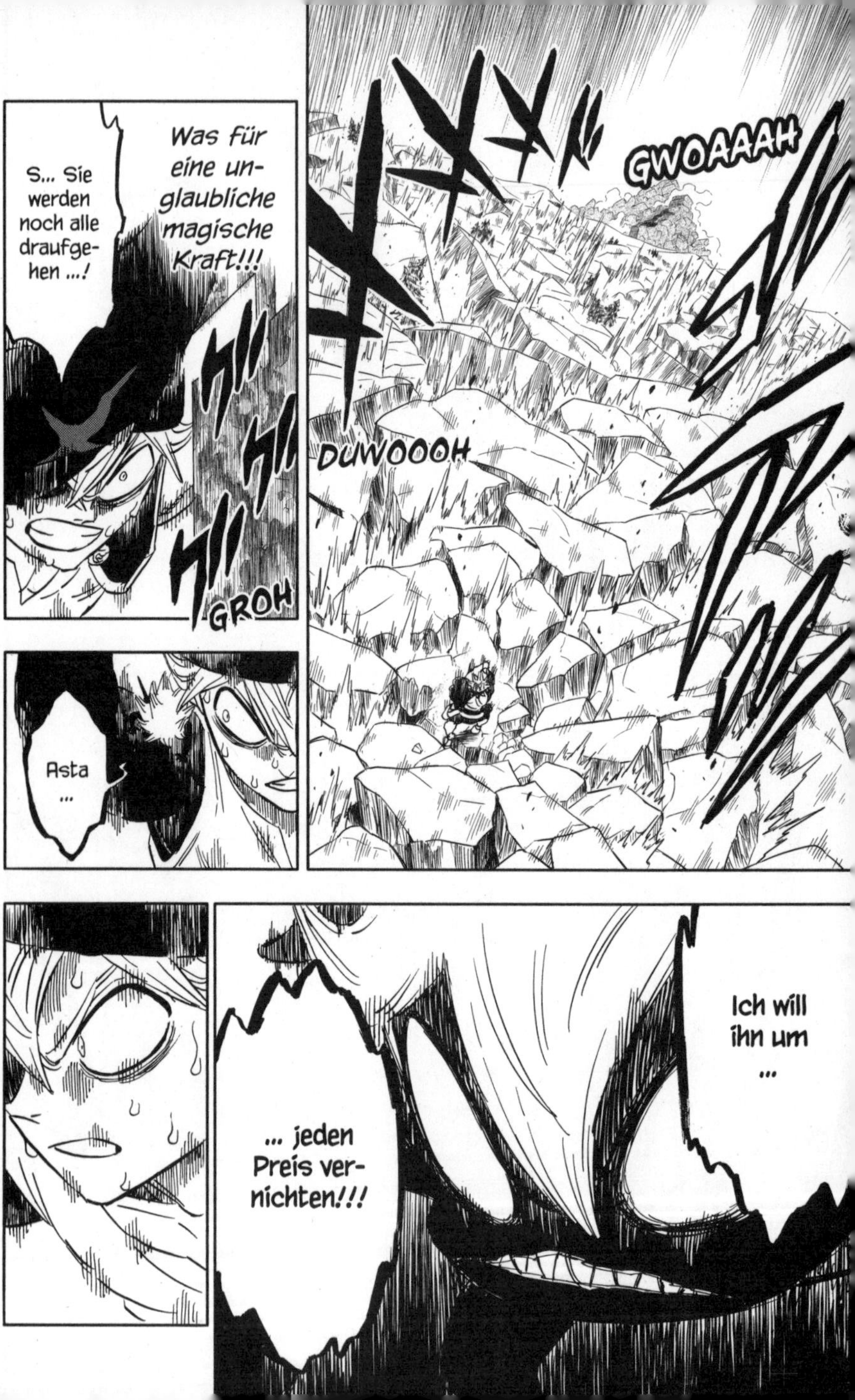
GWOAAAH
DUWOOOH
Was für eine unglaubliche magische Kraft!!!
S... Sie werden noch alle draufgehen ...!
GROH
Asta ...
Ich will ihn um ...
... jeden Preis vernichten!!!

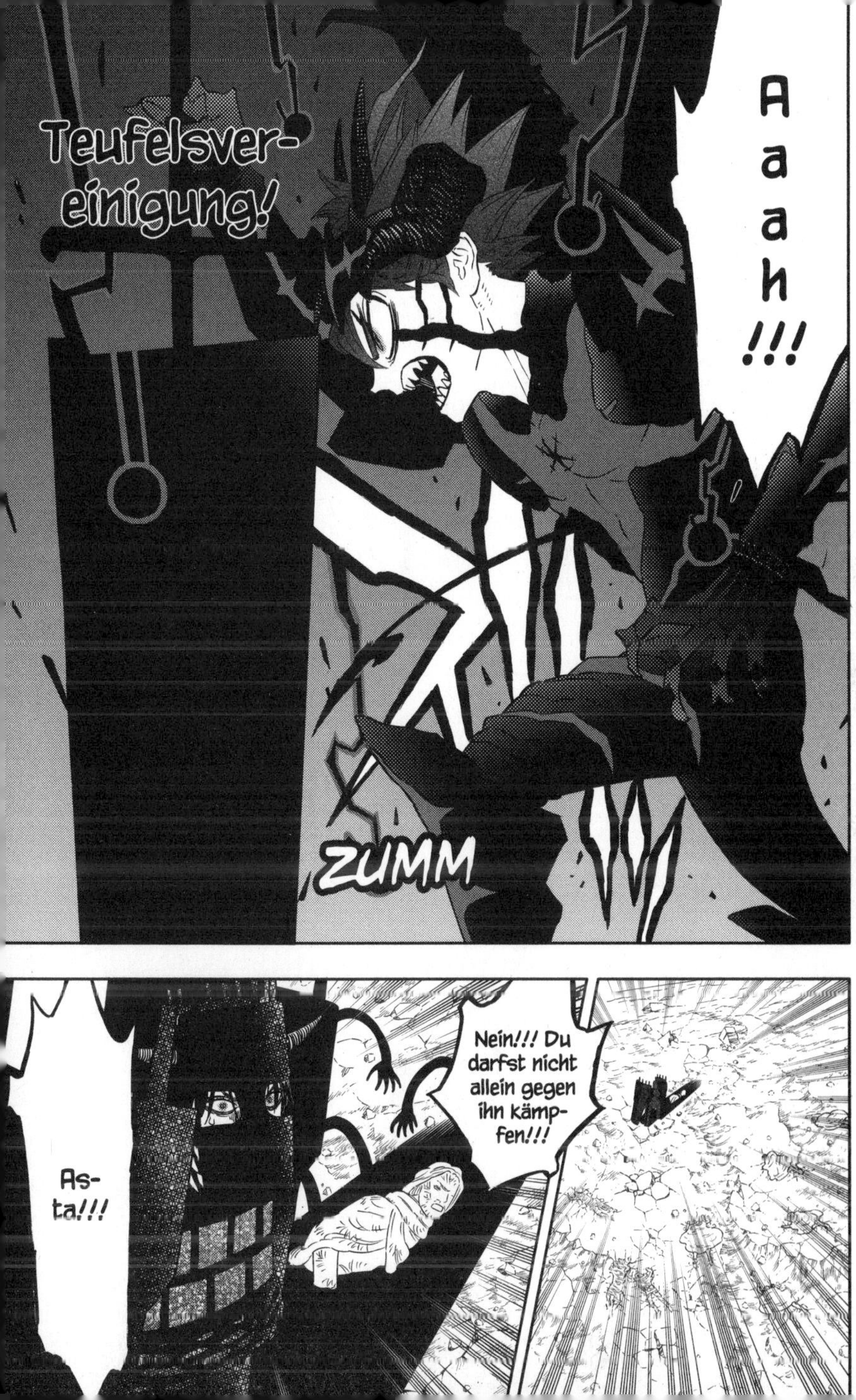
Aaah!!!
Teufelsvereinigung!
ZUMM
Nein!!! Du darfst nicht allein gegen ihn kämpfen!!!
Asta!!!

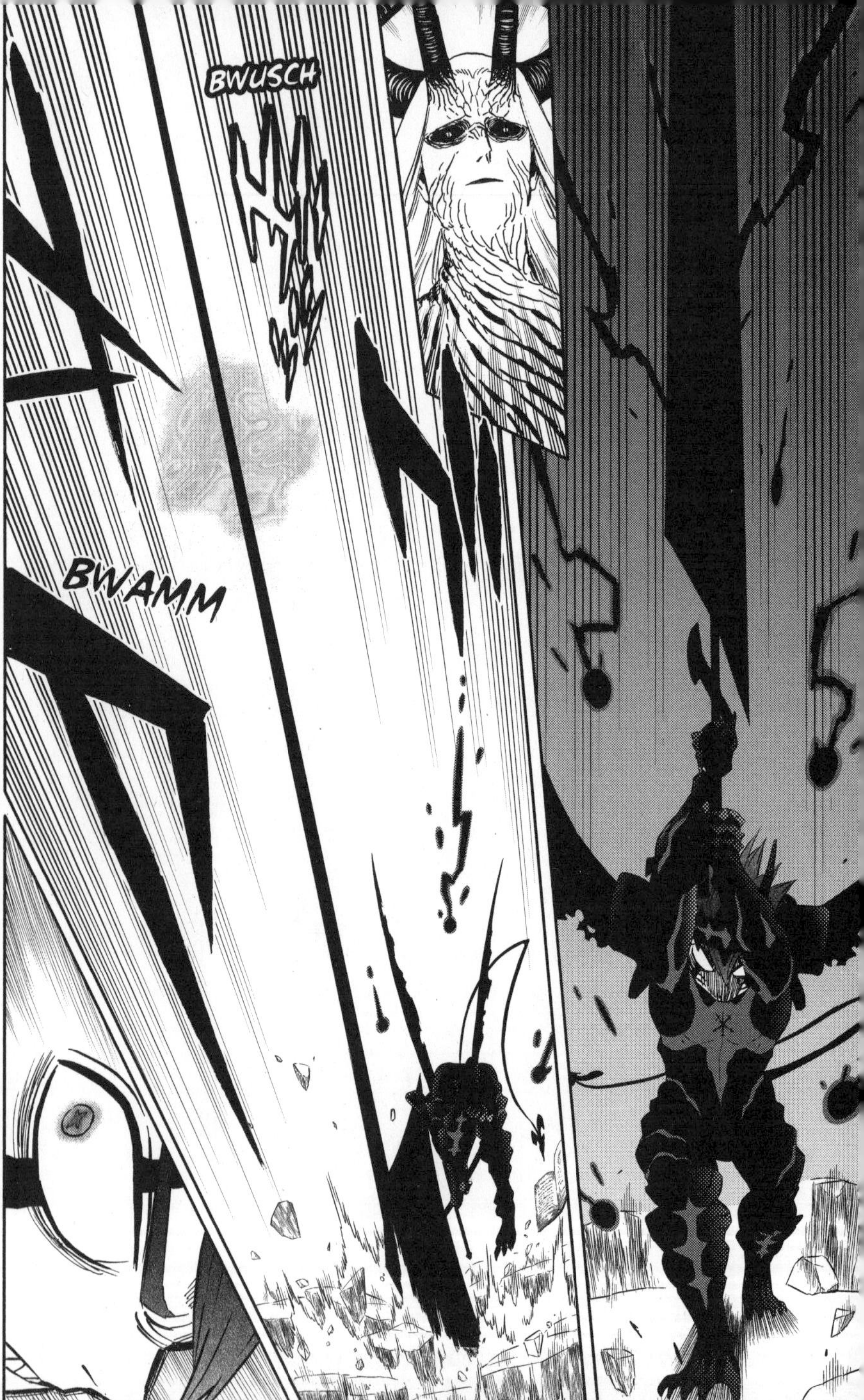
BWUSCH
BWAMM

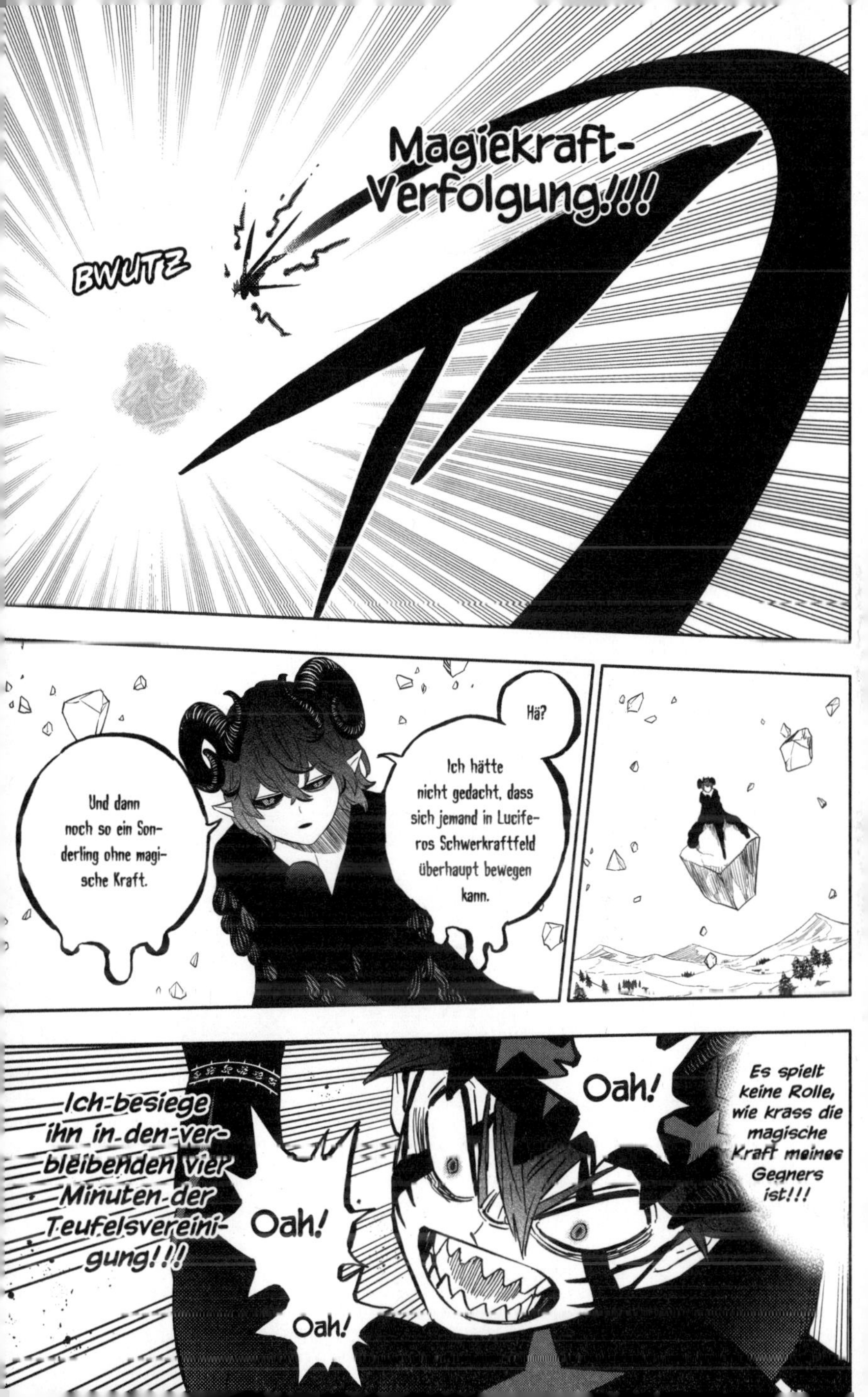

Magiekraft-Verfolgung!!!
BWUTZ
Hä?
Ich hätte nicht gedacht, dass sich jemand in Luciferos Schwerkraftfeld überhaupt bewegen kann.
Und dann noch so ein Sonderling ohne magische Kraft.
Es spielt keine Rolle, wie krass die magische Kraft meines Gegners ist!!!
Oah!
Oah!
Oah!
Ich besiege ihn in den verbleibenden vier Minuten der Teufelsvereinigung!!!

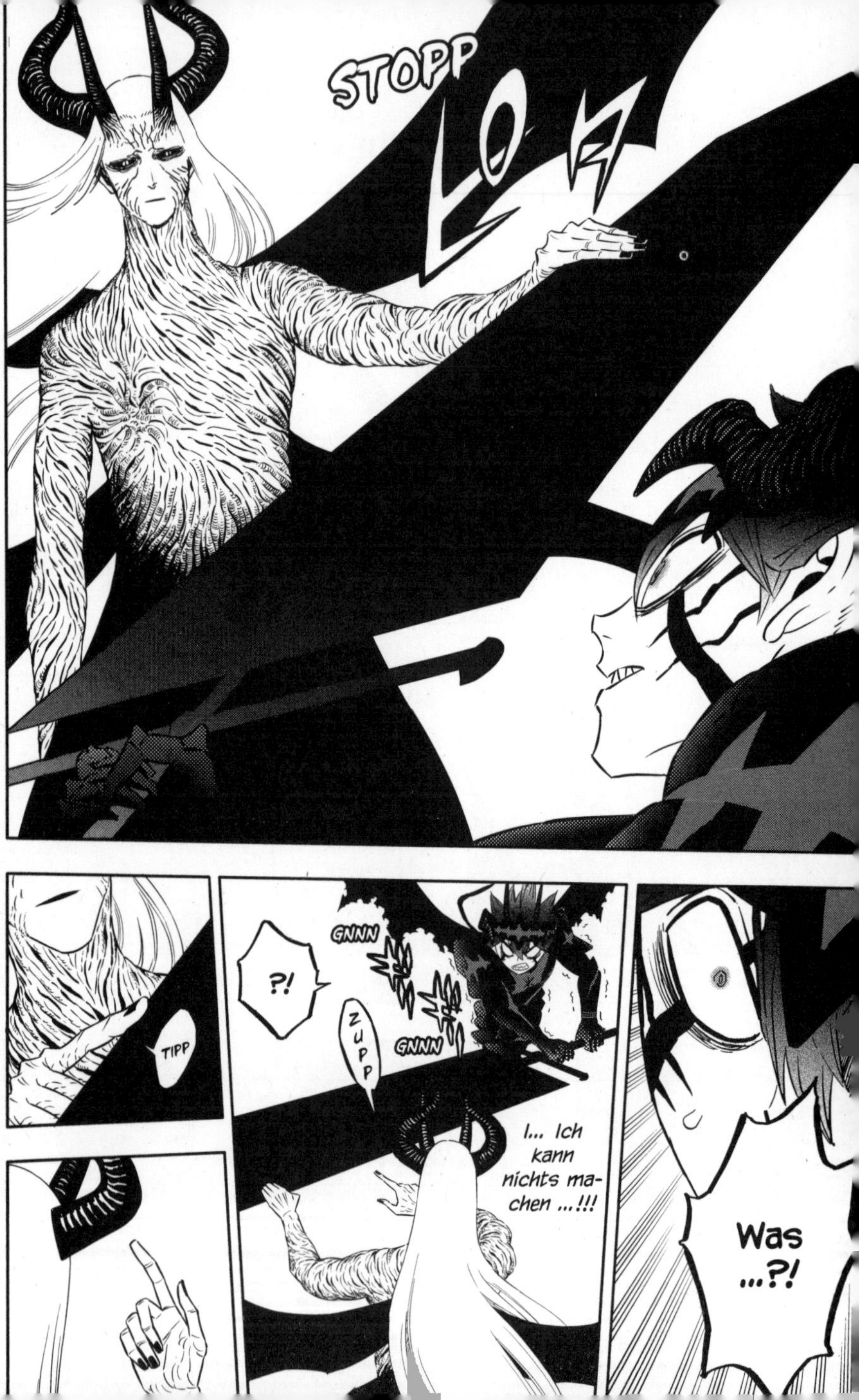
STOPP
TIPP
?!
GNNN
GNNN
ZUPP
I... Ich kann nichts machen ...!!!
Was ...?!

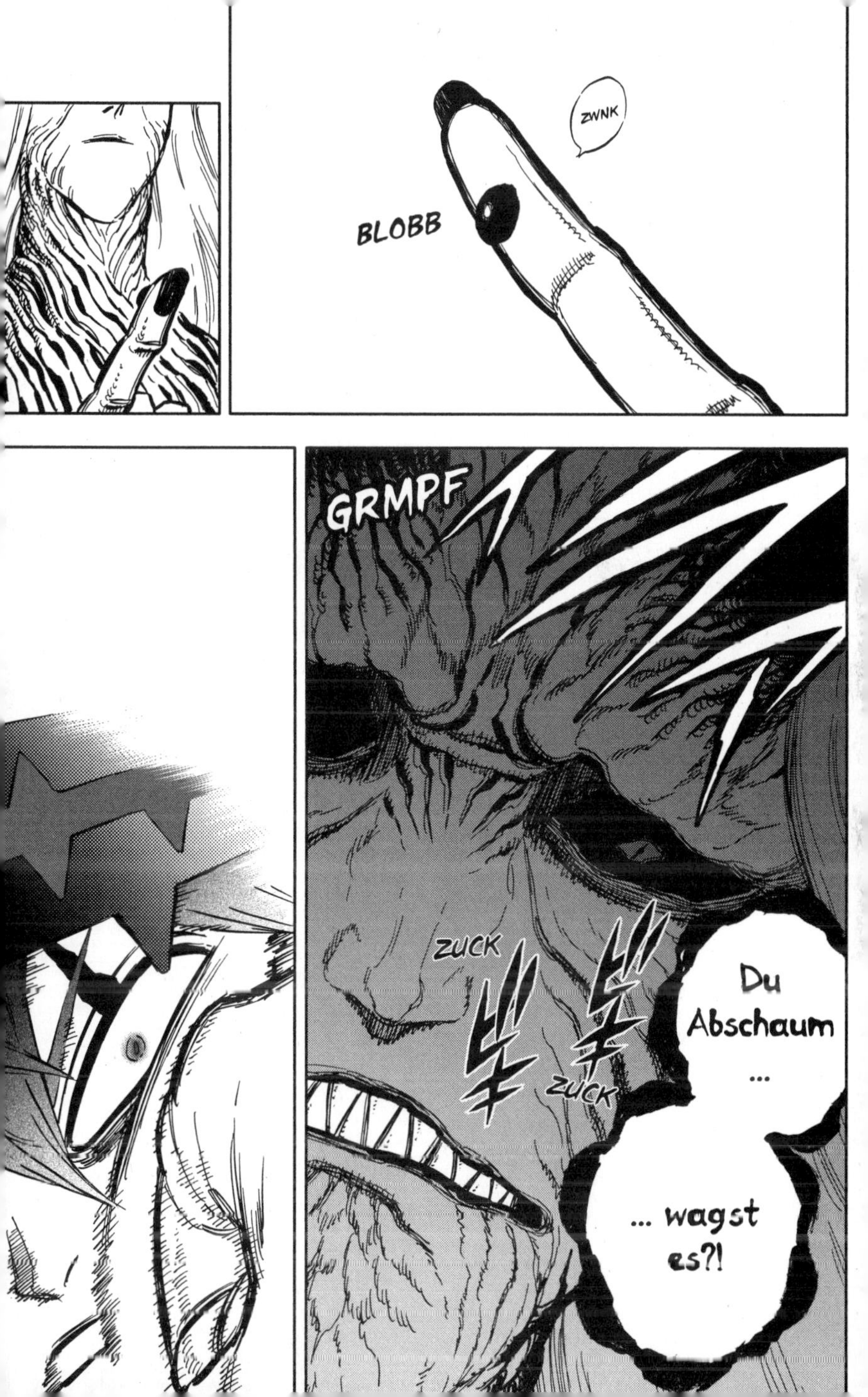
ZWNK
BLOBB
GRMPF
ZUCK
ZUCK
Du Abschaum ...
... wagst es?!

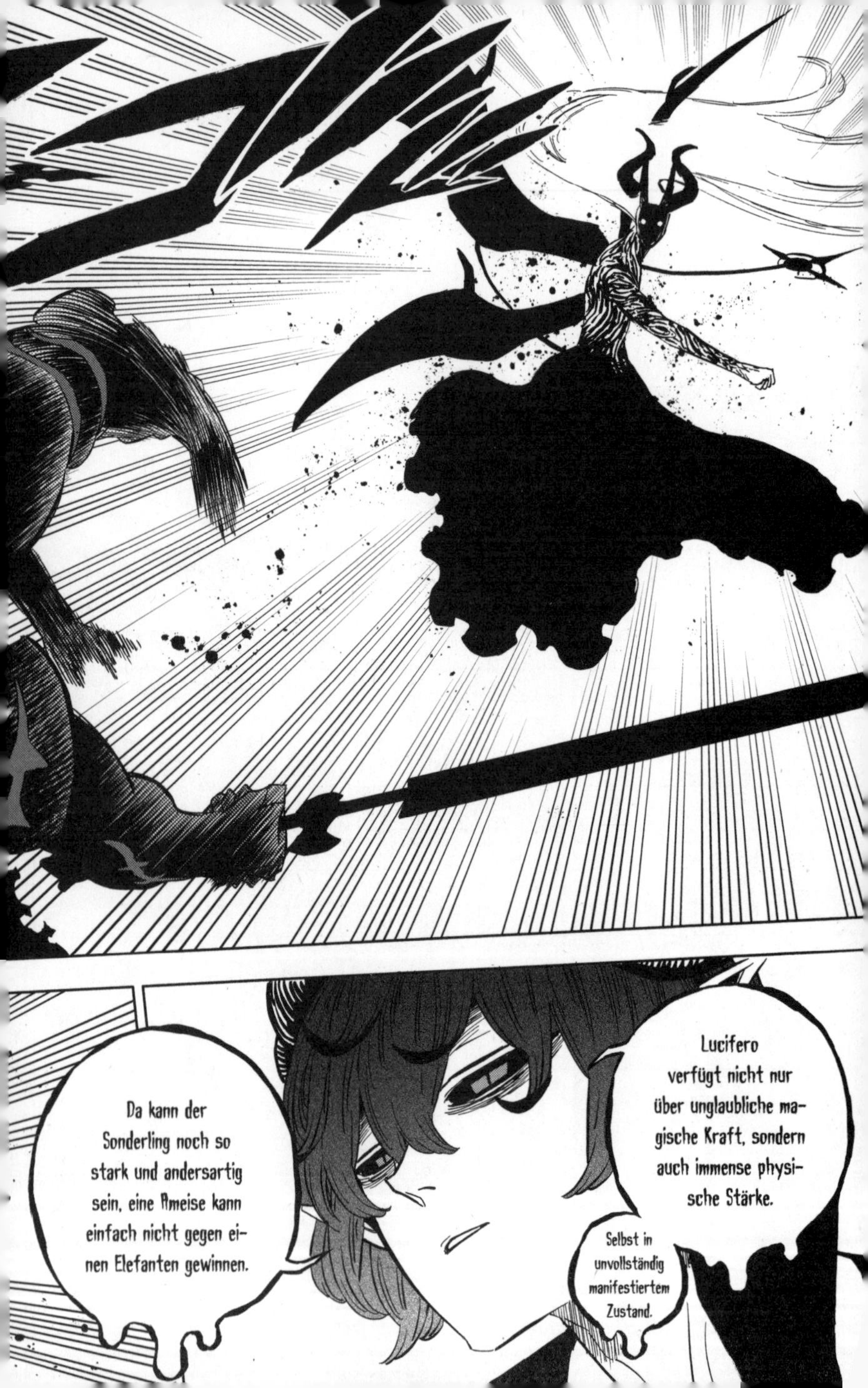
Lucifero verfügt nicht nur über unglaubliche magische Kraft, sondern auch immense physische Stärke.
Selbst in unvollständig manifestiertem Zustand.
Da kann der Sonderling noch so stark und andersartig sein, eine Ameise kann einfach nicht gegen einen Elefanten gewinnen.

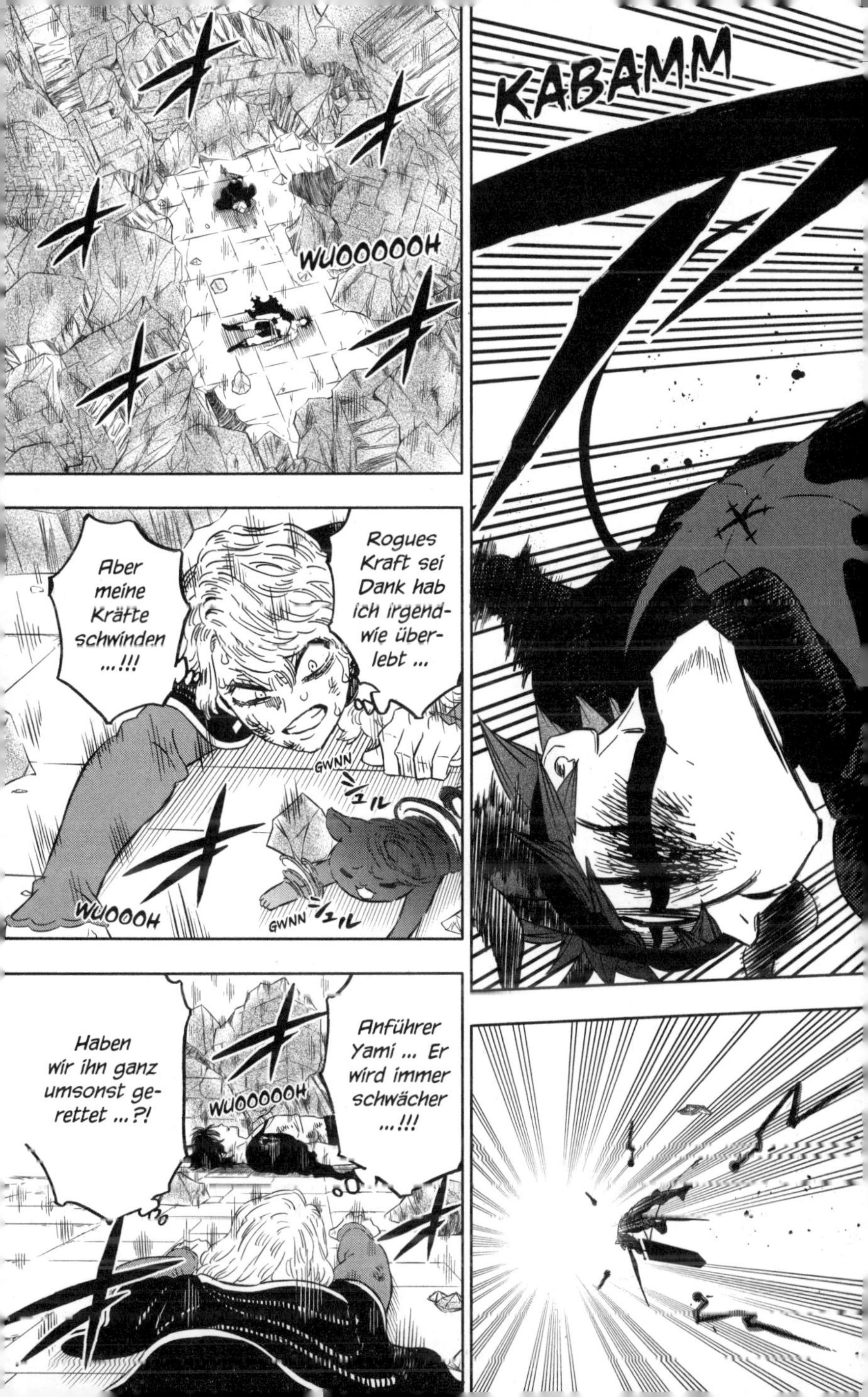
KABAMM
WUOOOOOH
Rogues Kraft sei Dank hab ich irgendwie überlebt ...
Aber meine Kräfte schwinden ...!!!
GWNN
GWNN
WUOOOH
Anführer Yami ... Er wird immer schwächer ...!!!
Haben wir ihn ganz umsonst gerettet ...?!
WUOOOOOH

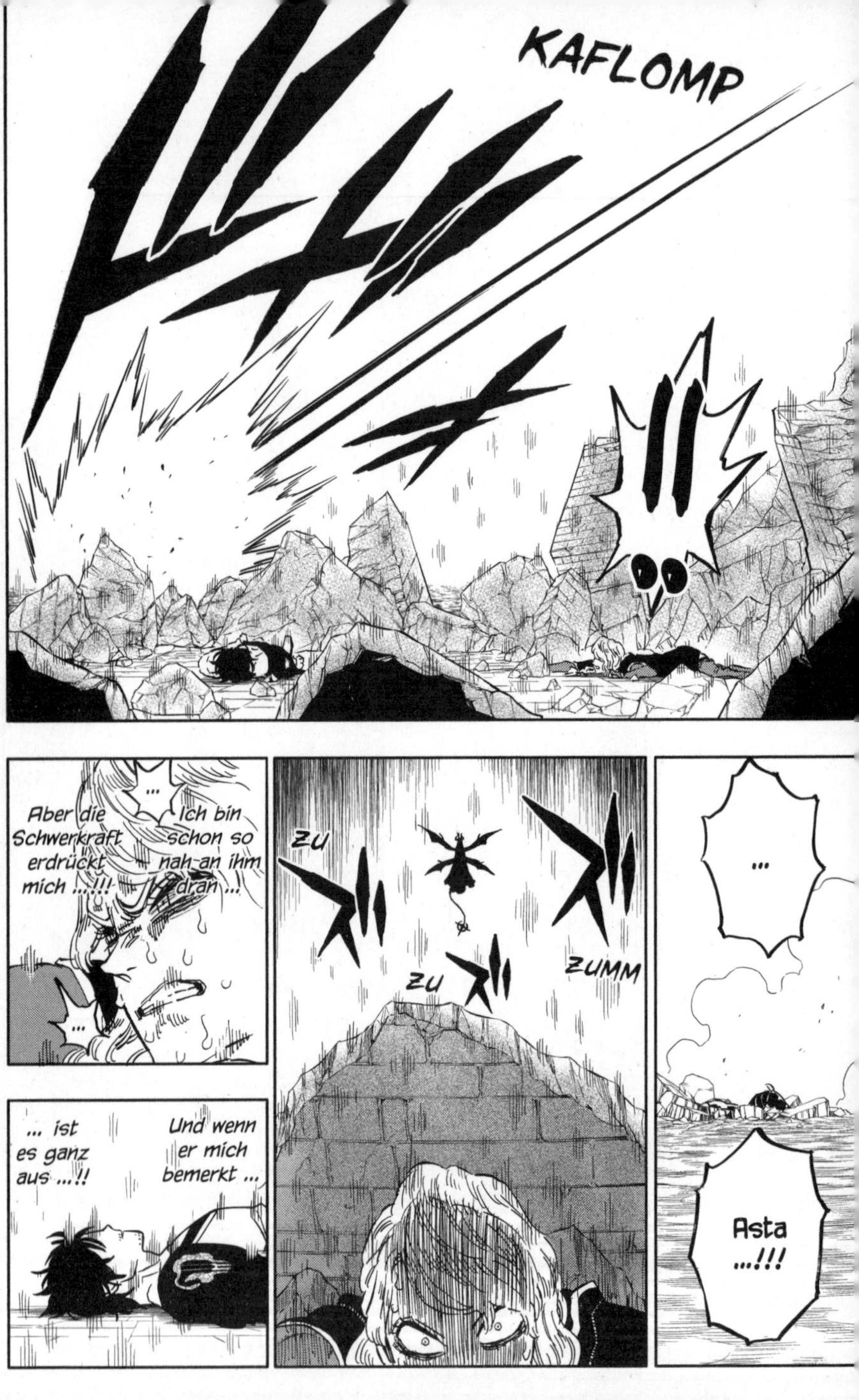
KAFLOMP
...
Asta ...!!!
ZU
ZU
ZUMM
...
Ich bin schon so nah an ihm dran ...!
Aber die Schwerkraft erdrückt mich ...!!
...
Und wenn er mich bemerkt ...
... ist es ganz aus ...!!

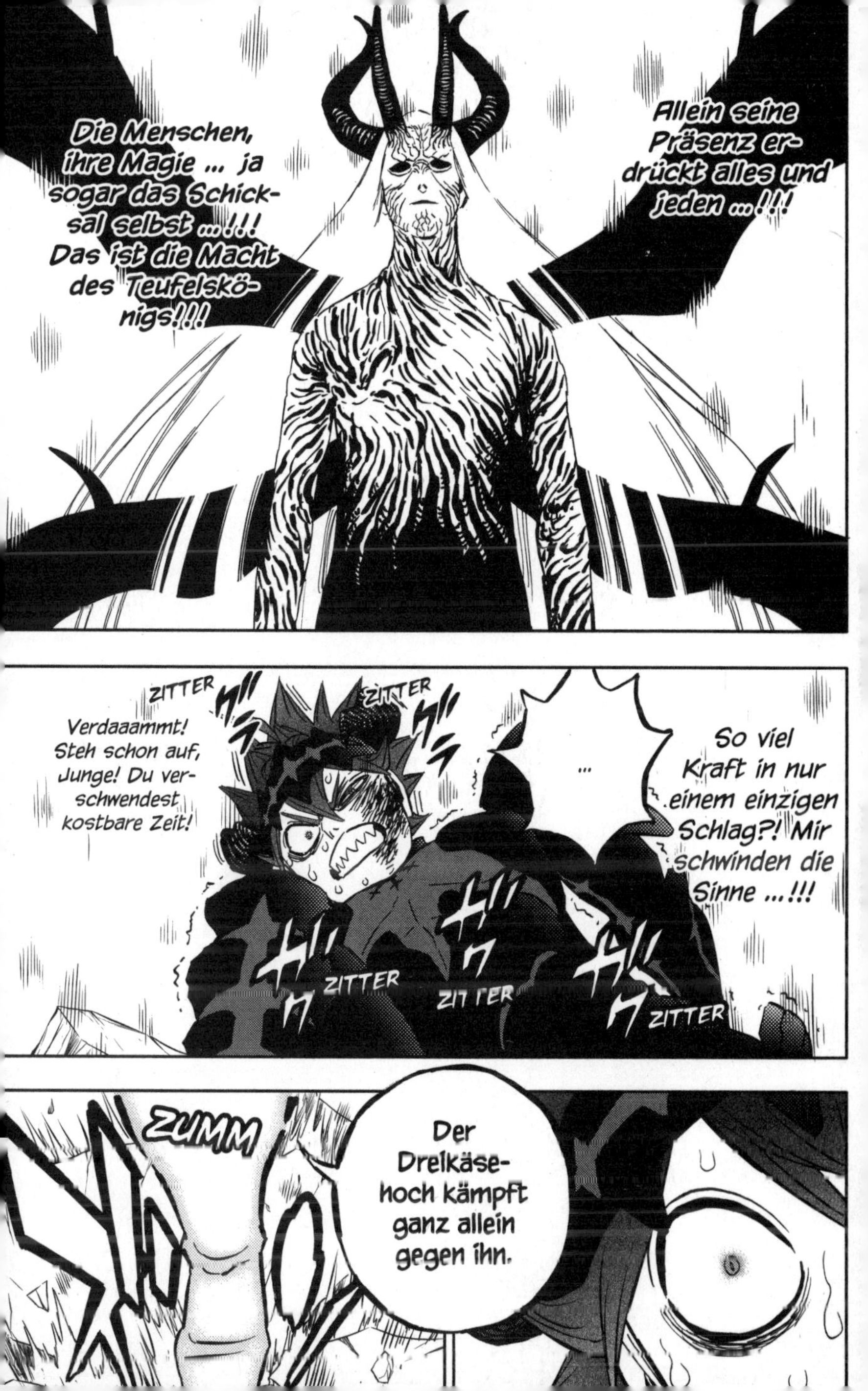
Allein seine Präsenz erdrückt alles und jeden ...!!!
Die Menschen, ihre Magie ... ja sogar das Schicksal selbst ...!!! Das ist die Macht des Teufelskönigs!!!
So viel Kraft in nur einem einzigen Schlag?! Mir schwinden die Sinne ...!!!
...
ZITTER
ZITTER
Verdaaammt! Steh schon auf, Junge! Du verschwendest kostbare Zeit!
ZITTER
ZITTER
ZITTER
Der Dreikäsehoch kämpft ganz allein gegen ihn.
ZUMM

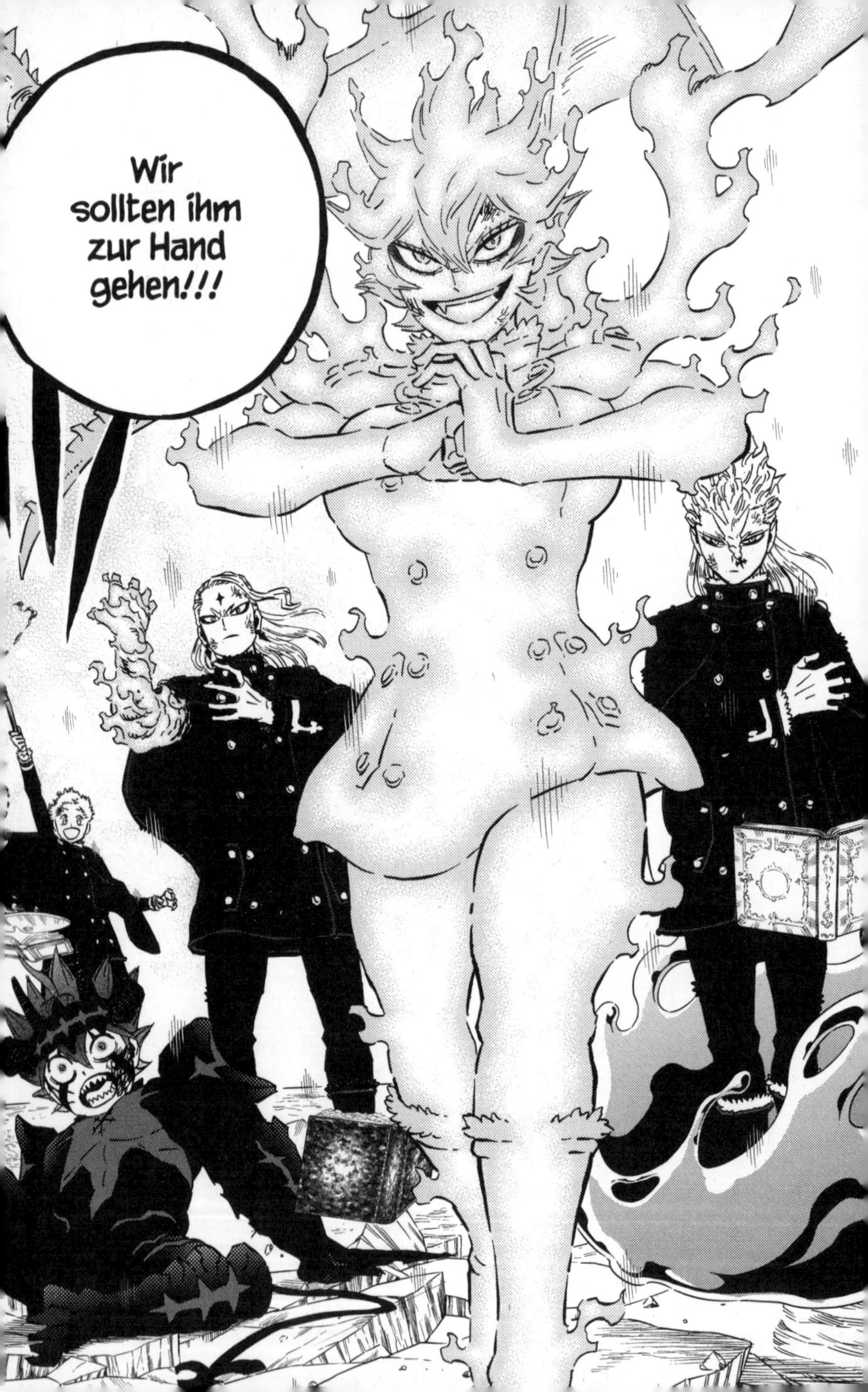
Wir sollten ihm zur Hand gehen!!!

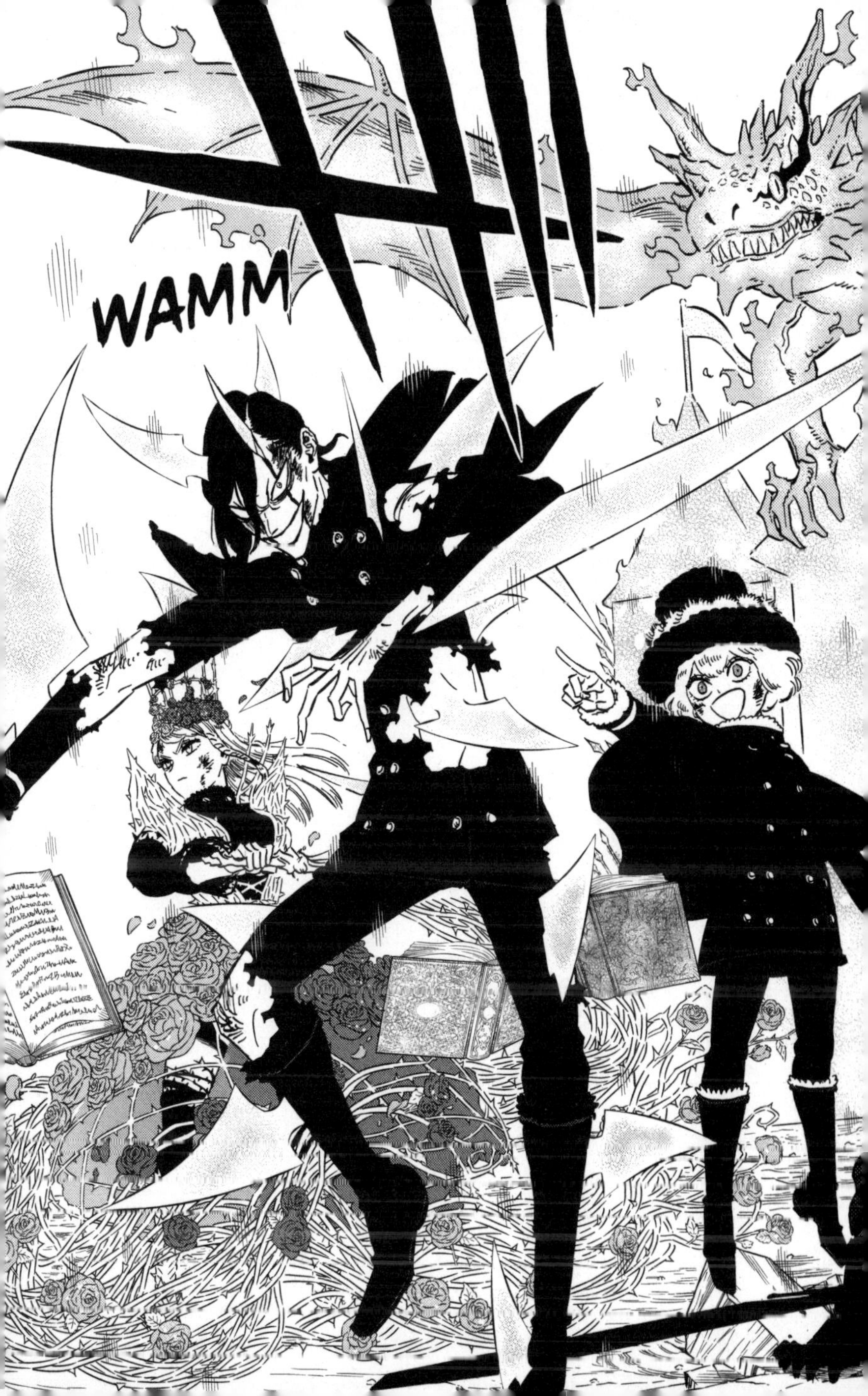
WAMM

AUS YÛKI TABATAS NÄHKÄSTCHEN ②

Ich war schon in der Grundschule ein schneller Läufer, also habe ich mich in der Mittelschule dem Leichtathletikklub angeschlossen.

Ich lief wie blöd, ich schwitzte wie blöd und daheim dann schmeckte das Essen nach dem Baden einfach nur großartig! Ich war rundum zufrieden mit meinem Leben, bis ich eines Tages im Kaufhaus über eine Ecke mit Zeichenmaterial für Mangas stolperte. »Was?! Profis zeichnen also damit ihre Mangas?! Na das kann ich auch!« Und mein nächster Gedanke war: »Oh Mann! Ganz schön teuer ...« Doch davon unbeirrt kaufte ich mir ein Buch übers Mangazeichnen und ein komplettes Starter-Set an Zeichenutensilien. (Damals gab es natürlich noch keine digitalen Werkzeuge fürs Mangazeichnen.)

Da saß ich also mit meinen Füllern und Schreibfedern und erlebte bei meinen ersten Zeichenversuchen regelrecht einen Schock. »Hä? Was? Wie soll man damit denn vernünftig zeichnen können?«

ÄCHZ STÖHN SCHWITZ »Also das fühlt sich irgendwie total falsch an! Soll ich die Linien von links nach rechts oder rechts nach links zeichnen? Wie fest soll ich aufdrücken?« *STÖHN ÄCHZ SCHWITZ* »Verdammt noch mal! Kein Arsch kann doch mit diesen blöden Stiften was Gescheites zeichnen! Aaaaaaargh!!!« Meine Frustration war groß. *KEUCH JAPS* »Hm? Was ist das ...? ›Rasterfolie‹ ...? Diese kleinen Pünktchen werden in Wahrheit also daaaaaaamit gemacht?!«

Weiter geht's in Teil ③

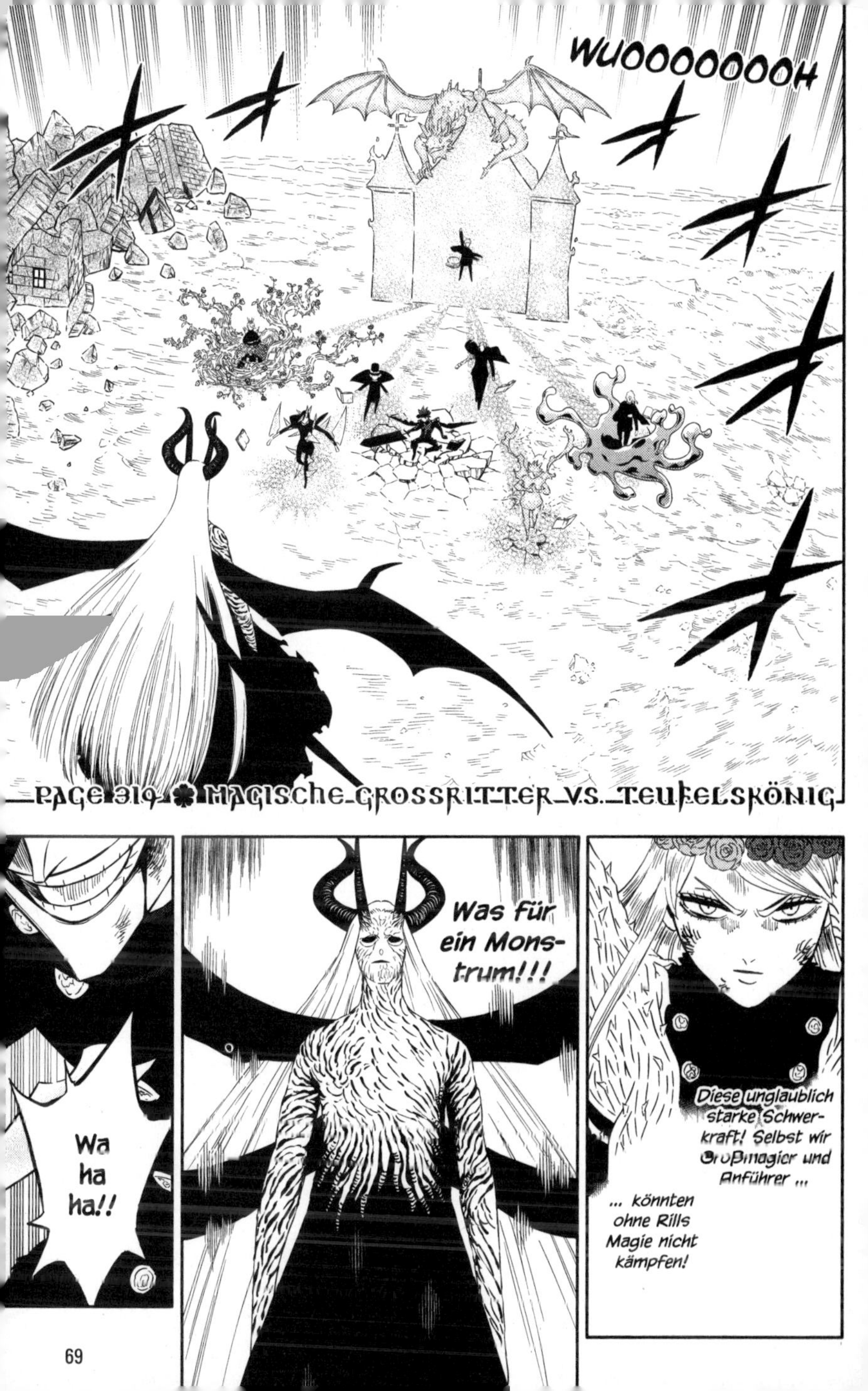
WUOOOOOOOH
PAGE 319 ✿ MAGISCHE GROSSRITTER VS. TEUFELSKÖNIG
Diese unglaublich starke Schwerkraft! Selbst wir Großmagier und Anführer ...
... könnten ohne Rills Magie nicht kämpfen!
Was für ein Monstrum!!!
Wa ha ha!!

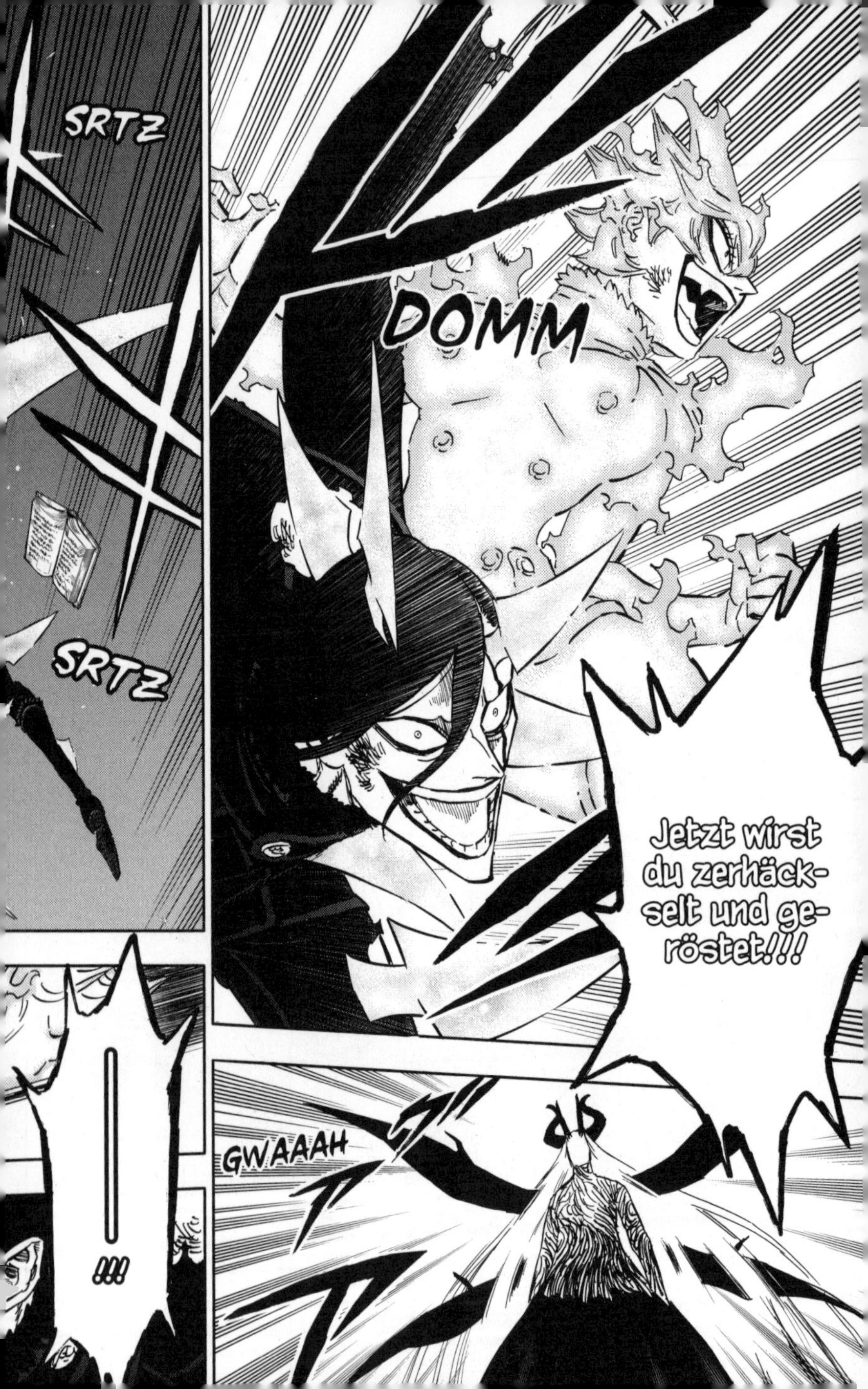
DOMM
Jetzt wirst du zerhäck-selt und ge-röstet!!!
SRTZ
SRTZ
GWAAAH
——!!!

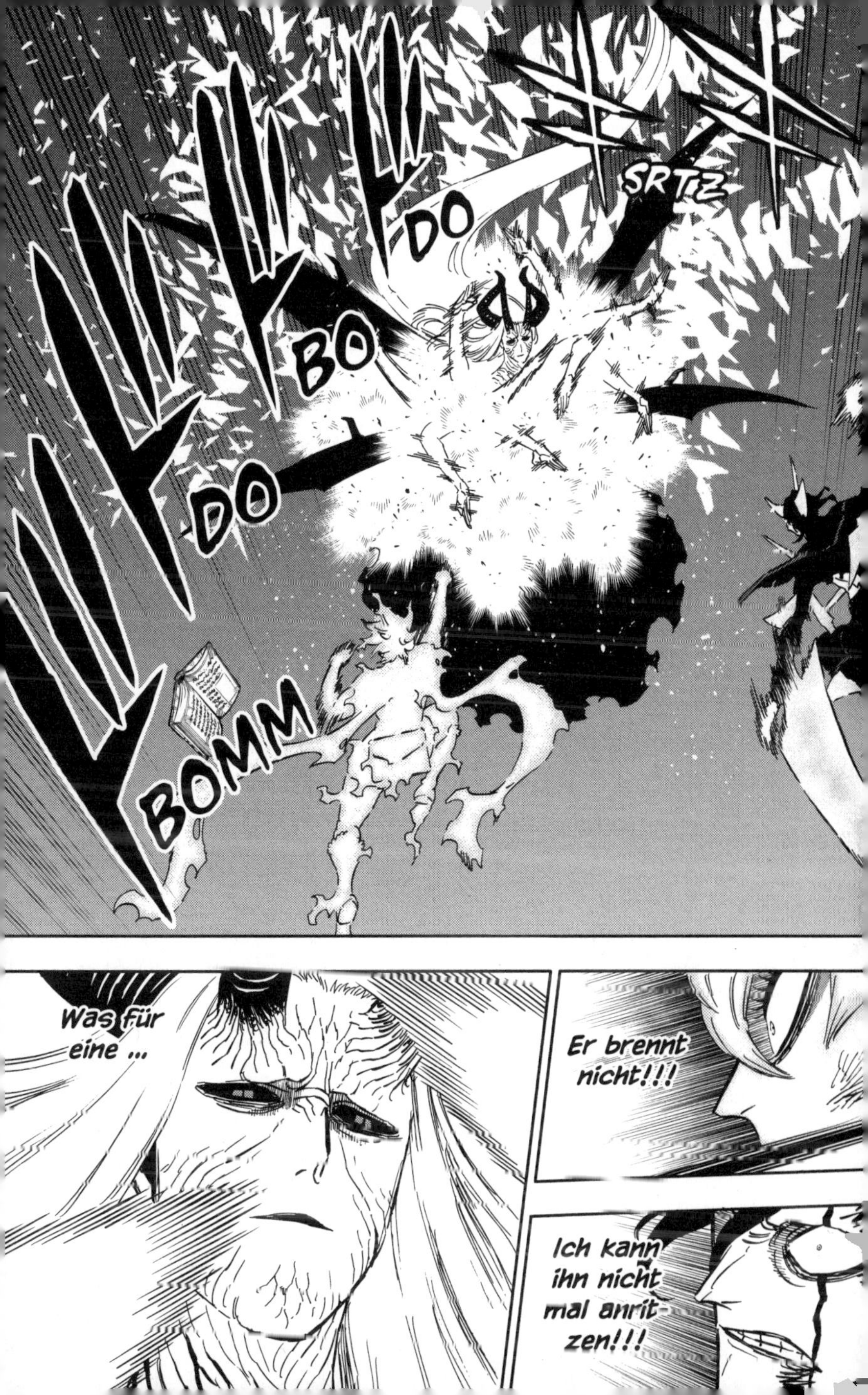
SRTZ
DO
BO
DO
BOMM
Er brennt nicht!!!
Ich kann ihn nicht mal anrit- zen!!!
Was für eine ...

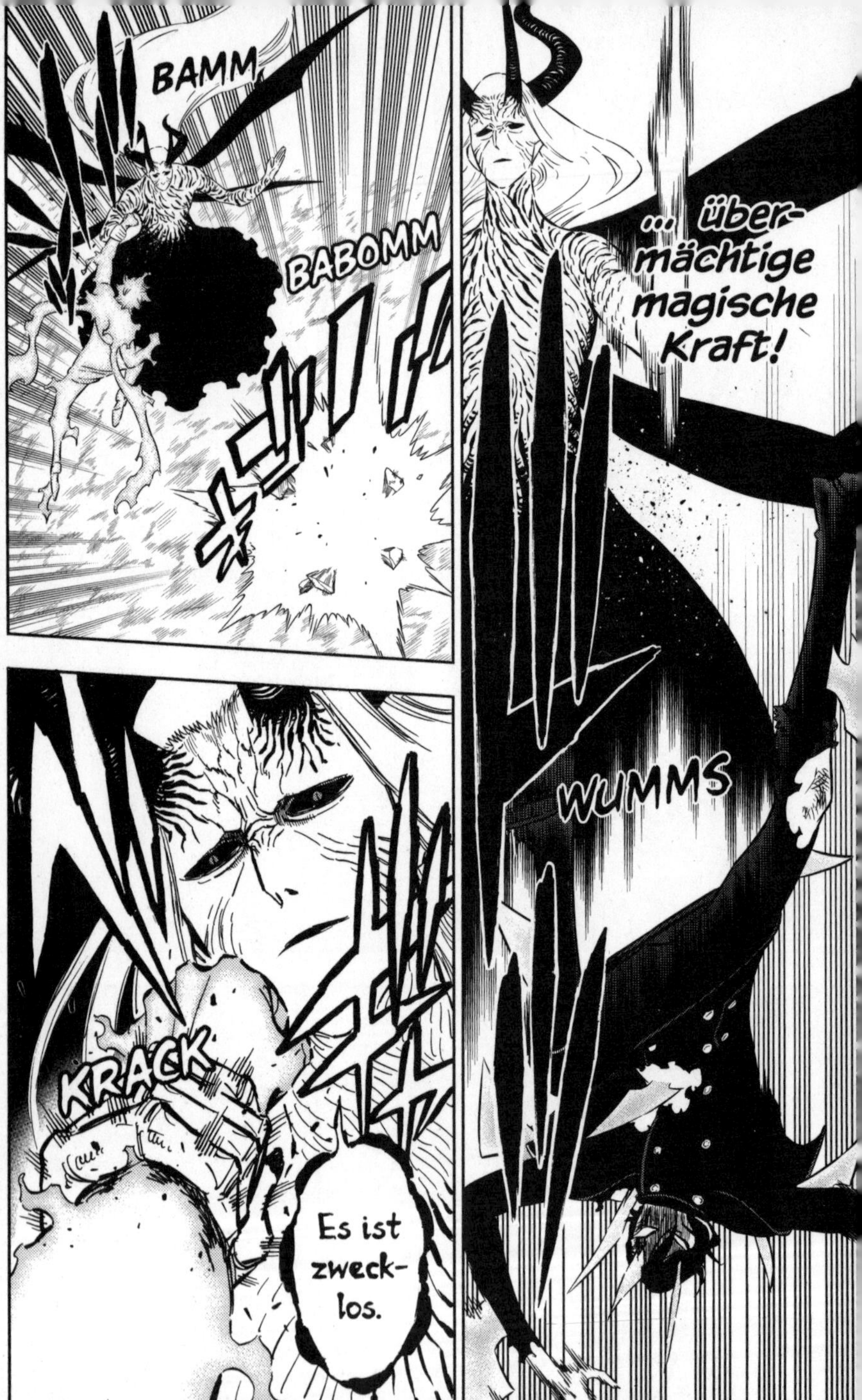

... über-
mächtige
magische
Kraft!
WUMMS
BAMM
BABOMM
KRACK
Es ist
zweck-
los.

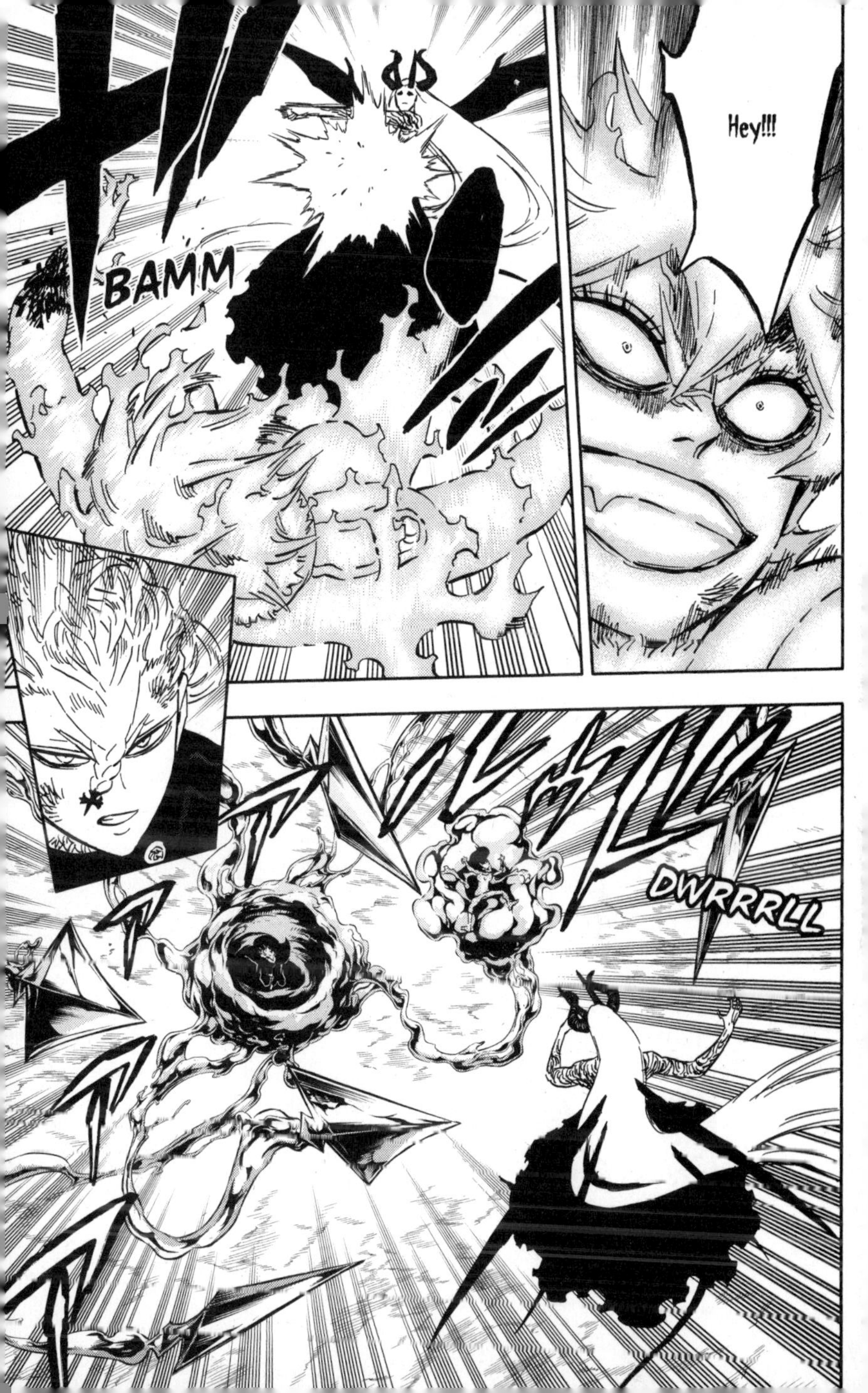
Hey!!!
BAMM
DWRRRLL

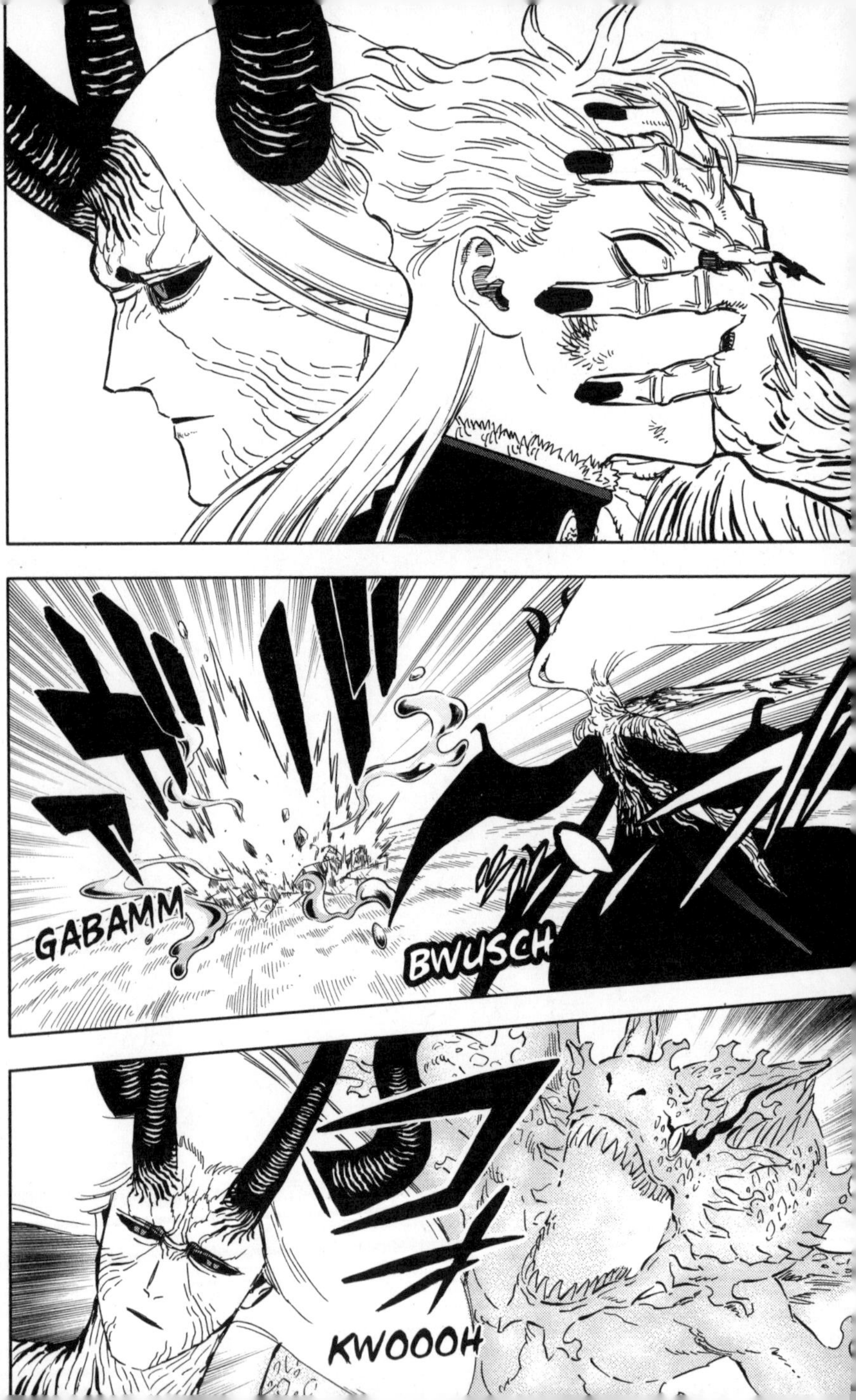
GABAMM
BWUSCH
KWOOOH

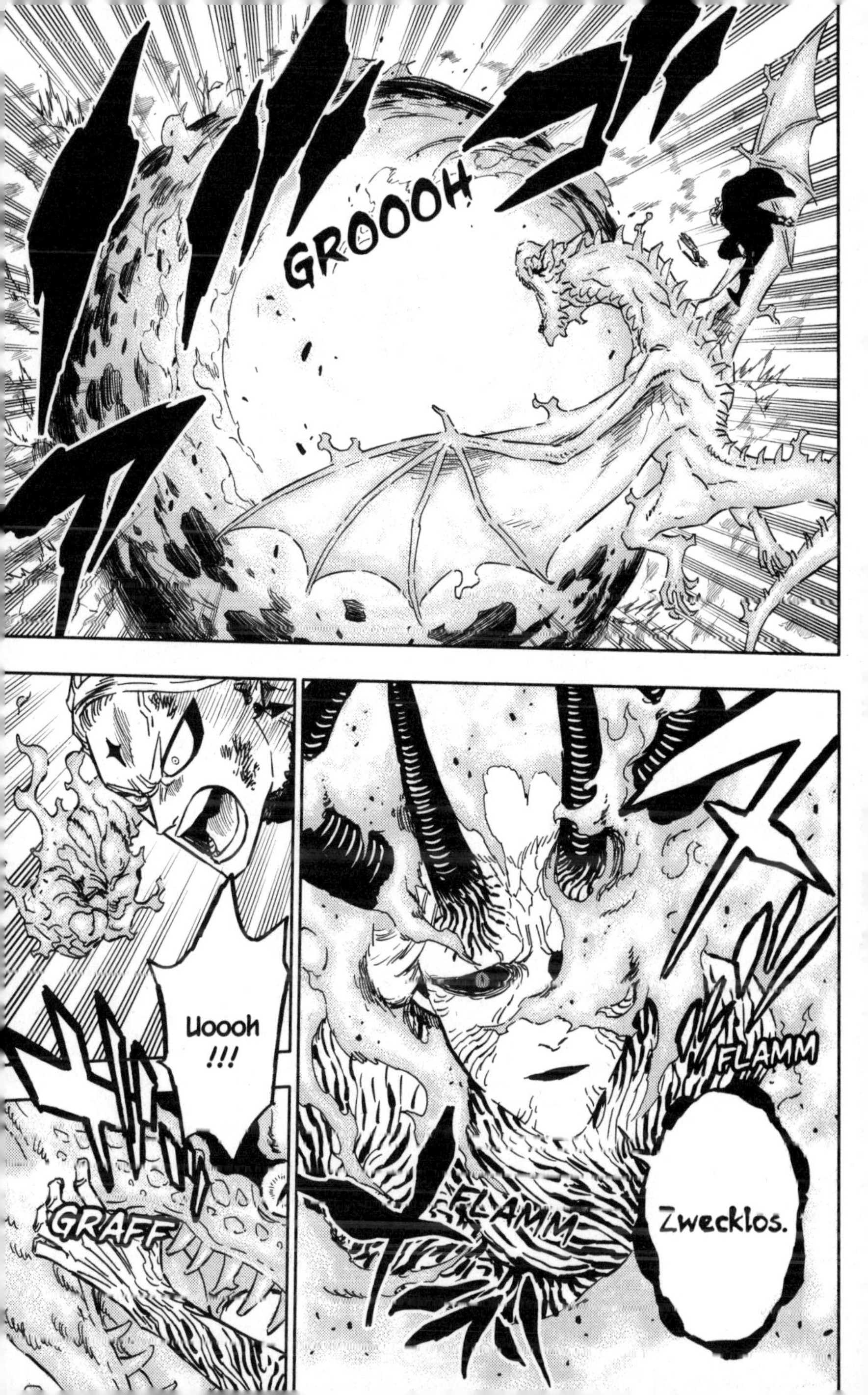
GROOOH
Uoooh !!!
GRAFF
FLAMM
FLAMM
Zwecklos.

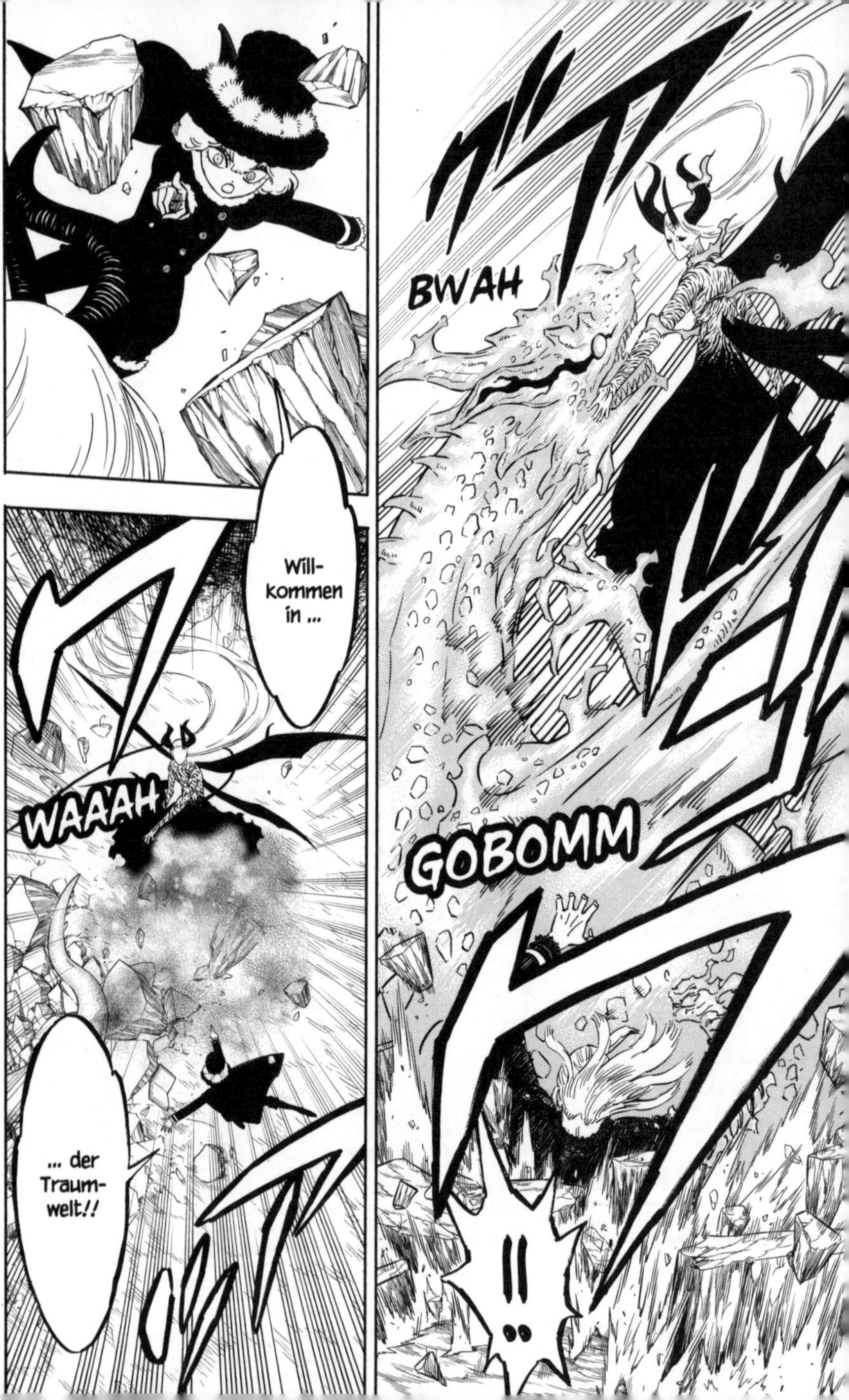
BWAH
GOBOMM
!!..
Will-
kommen
in ...
WAAAH
... der
Traum-
welt!!

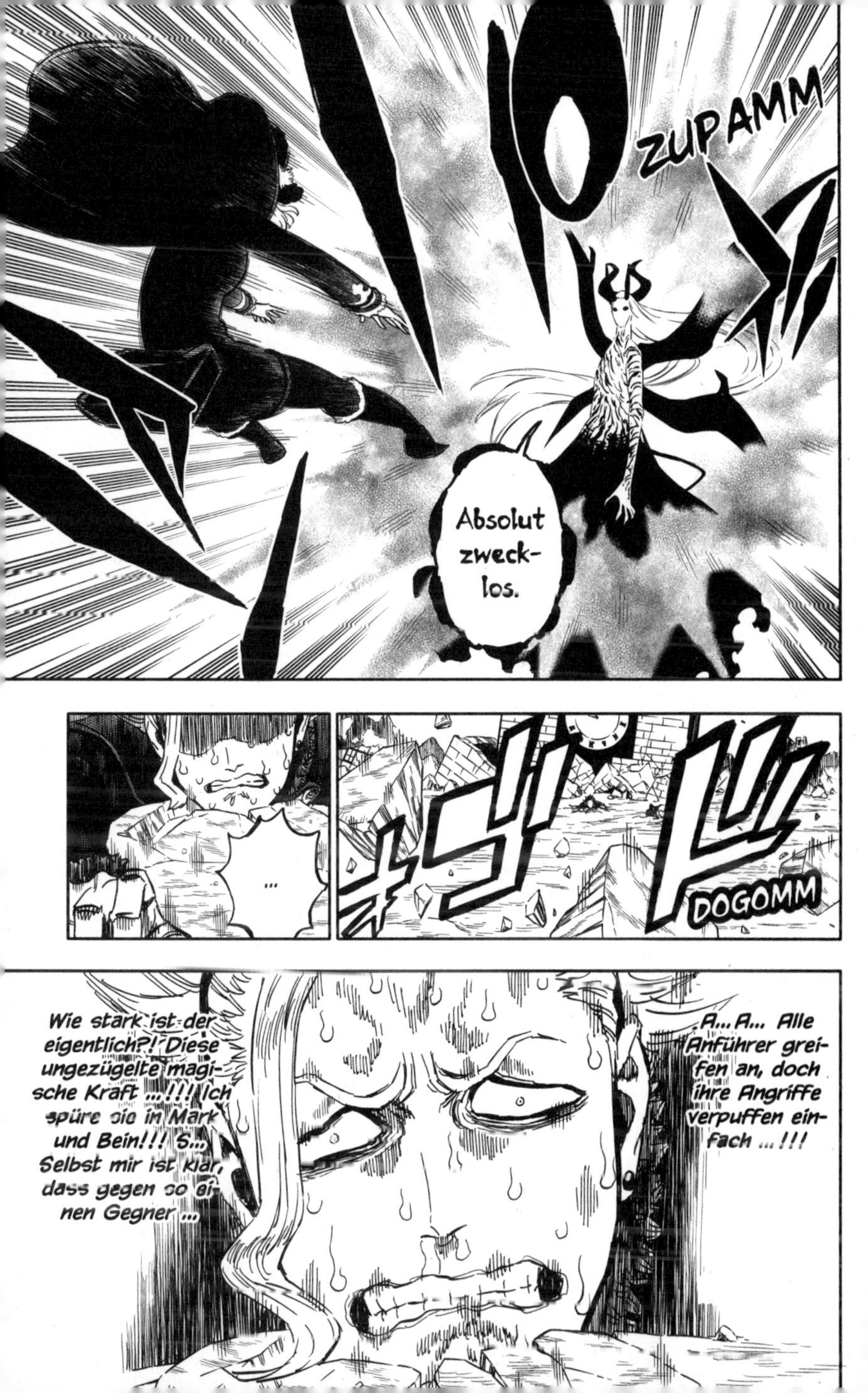
ZUPAMM
Absolut zweck-los.
DOGOMM
...
A... A... Alle Anführer grei-fen an, doch ihre Angriffe verpuffen ein-fach ...!!!
Wie stark ist der eigentlich?! Diese ungezügelte magi-sche Kraft ...!!! Ich spüre sie in Mark und Bein!!! S... Selbst mir ist klar, dass gegen so ei-nen Gegner ...

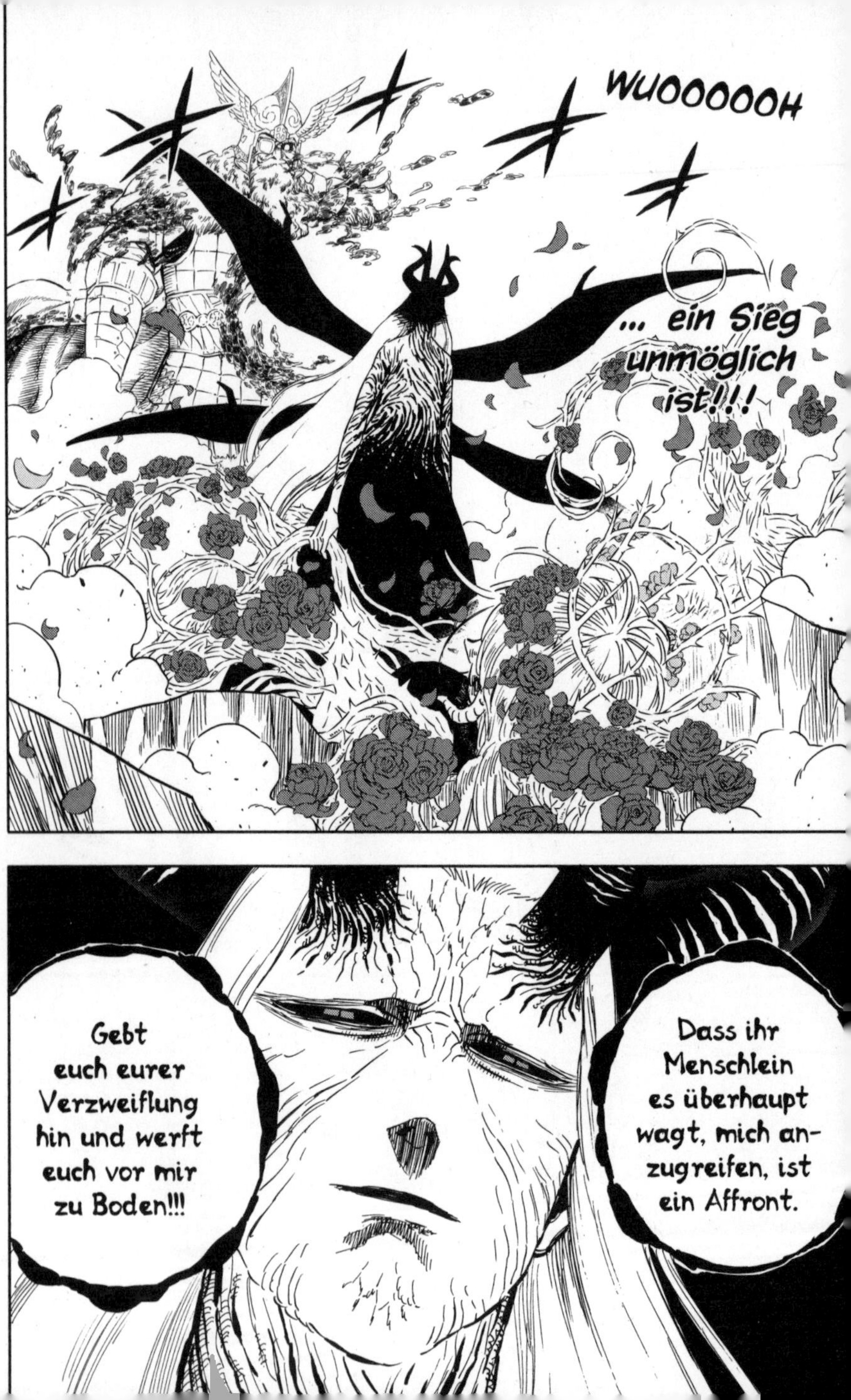
WUOOOOOH
... ein Sieg unmöglich ist!!!
Dass ihr Menschlein es überhaupt wagt, mich anzugreifen, ist ein Affront.
Gebt euch eurer Verzweiflung hin und werft euch vor mir zu Boden!!!

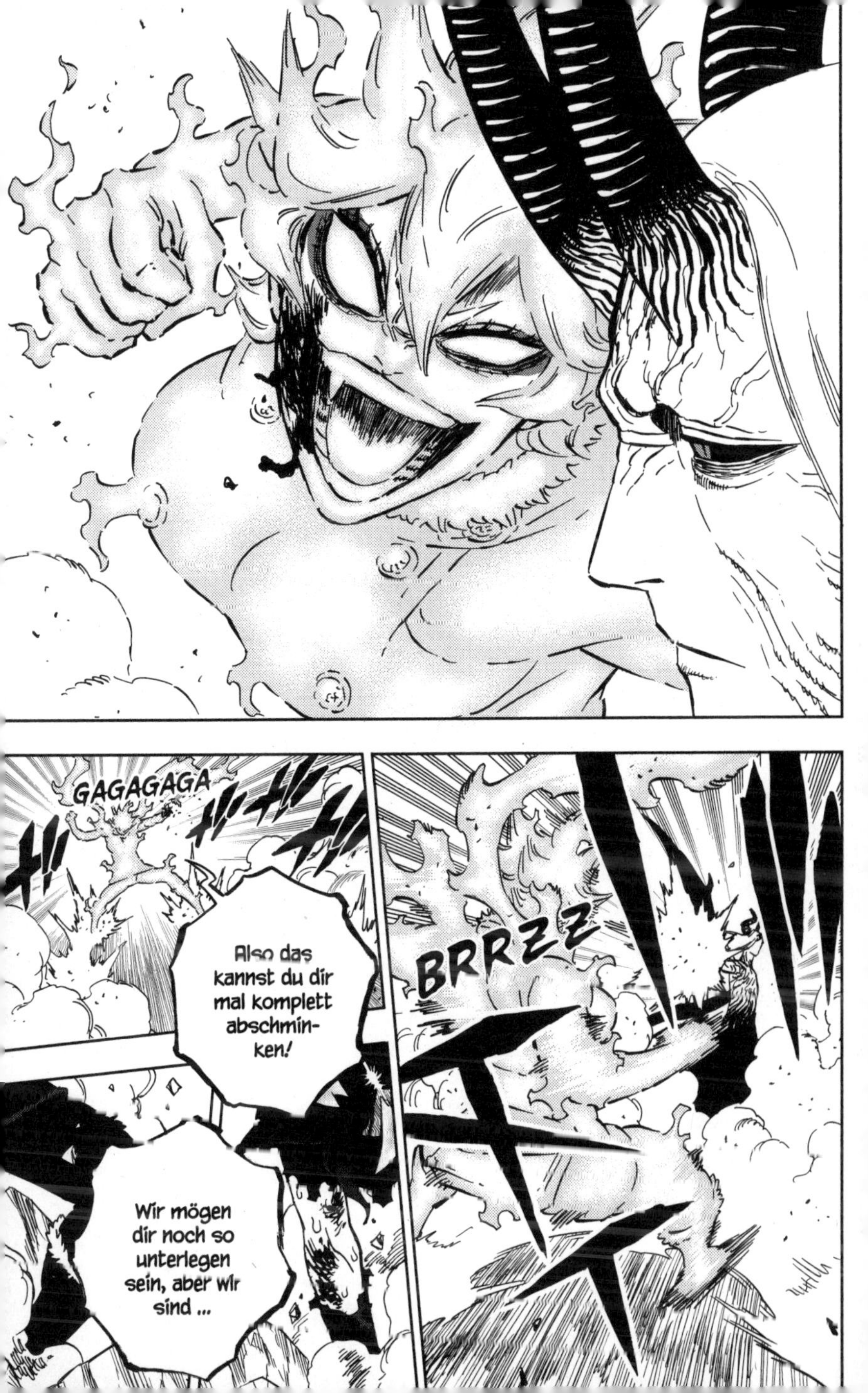
GAGAGAGA
BRRZZ
Also das kannst du dir mal komplett abschmin-ken!
Wir mögen dir noch so unterlegen sein, aber wir sind ...

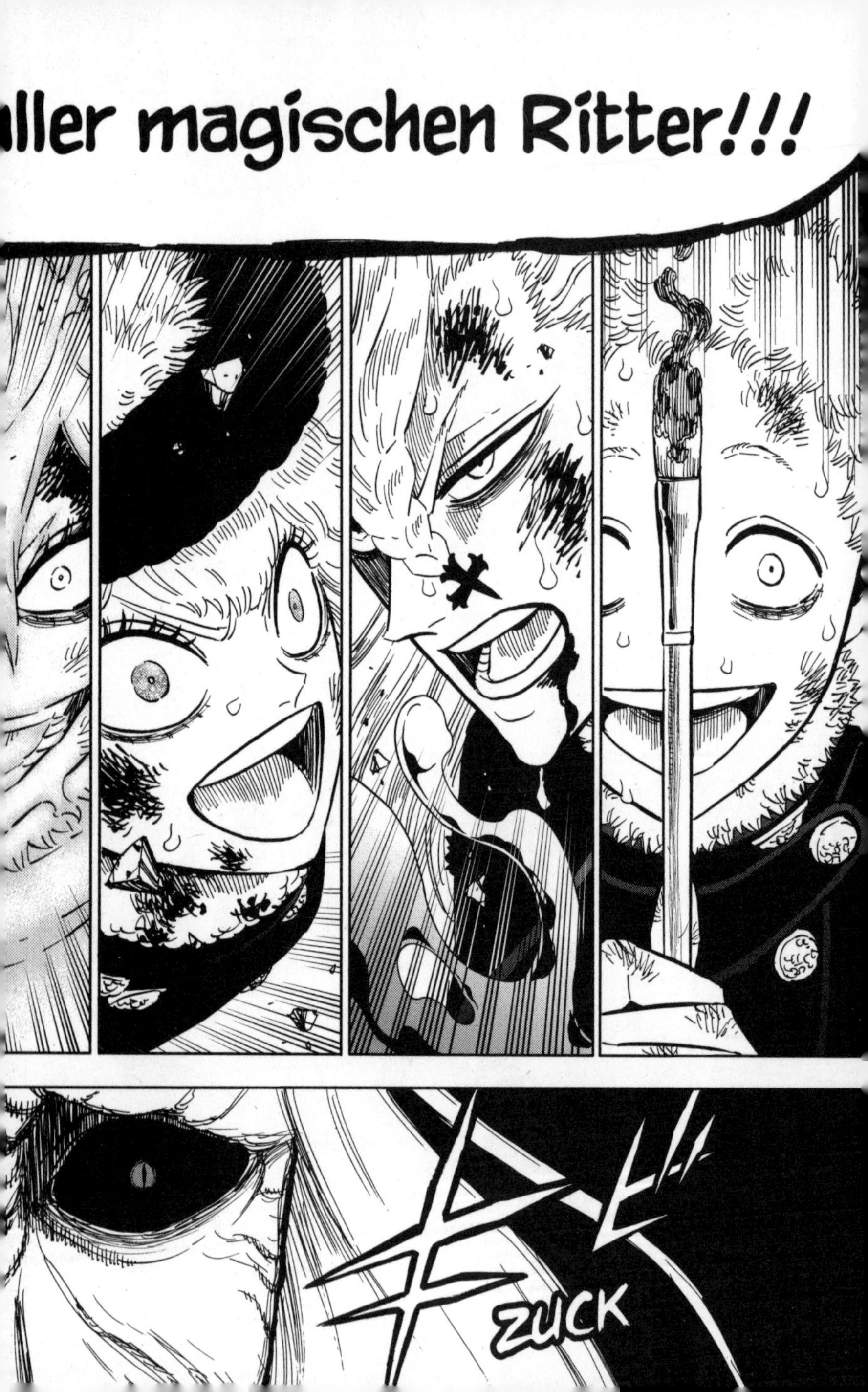
ller magischen Ritter!!!
ZUCK

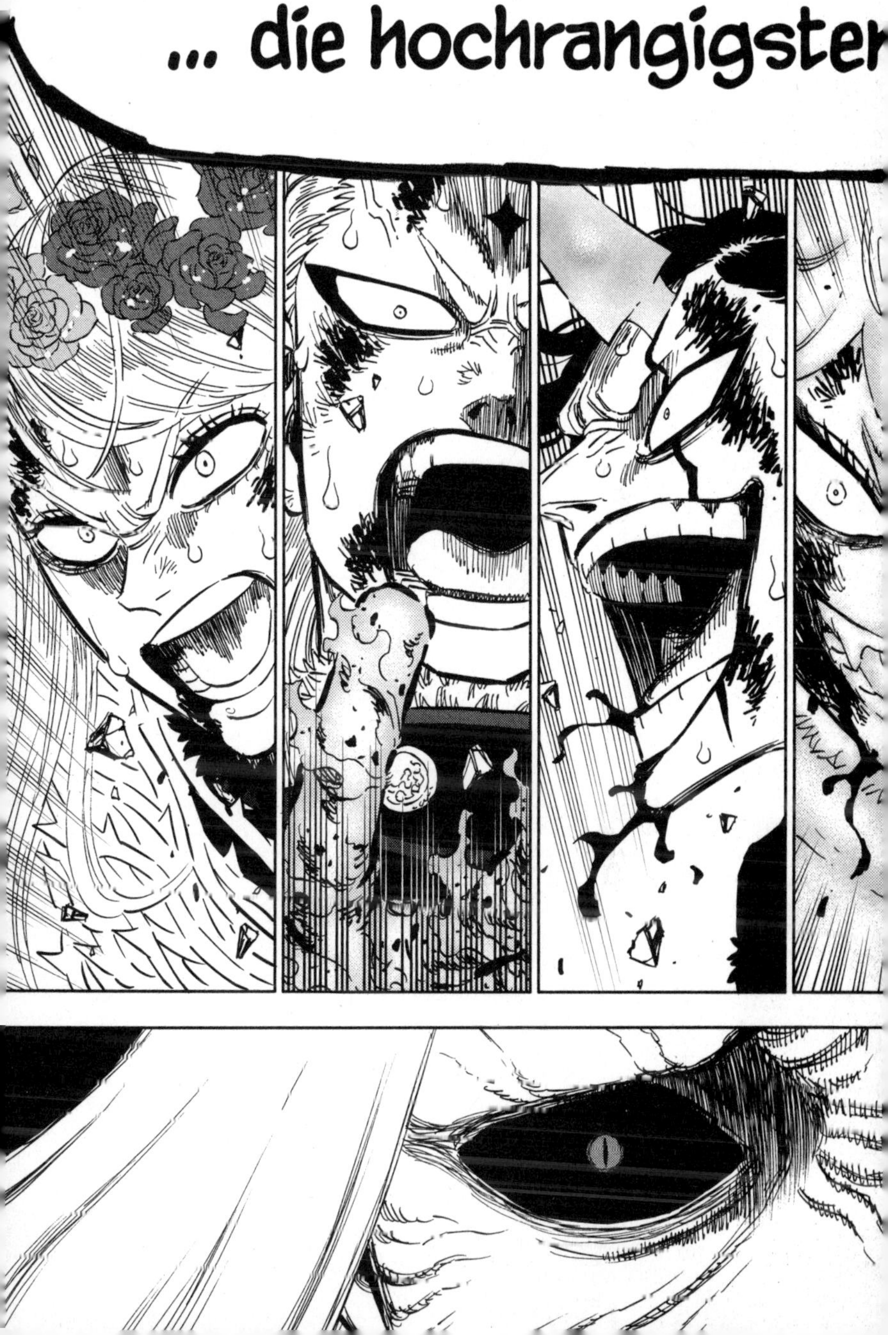
... die hochrangigsten

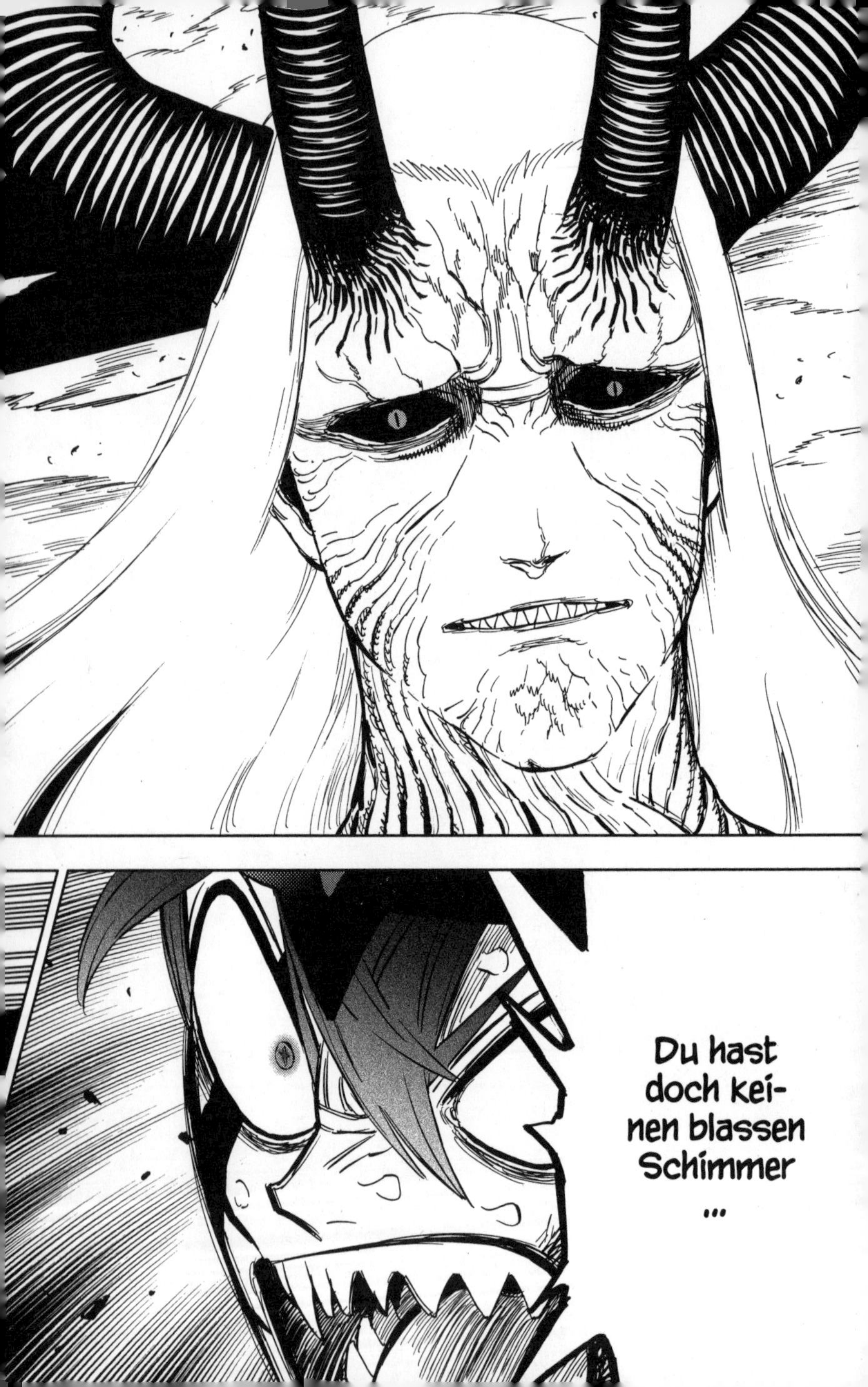
Du hast doch kei-nen blassen Schimmer ...

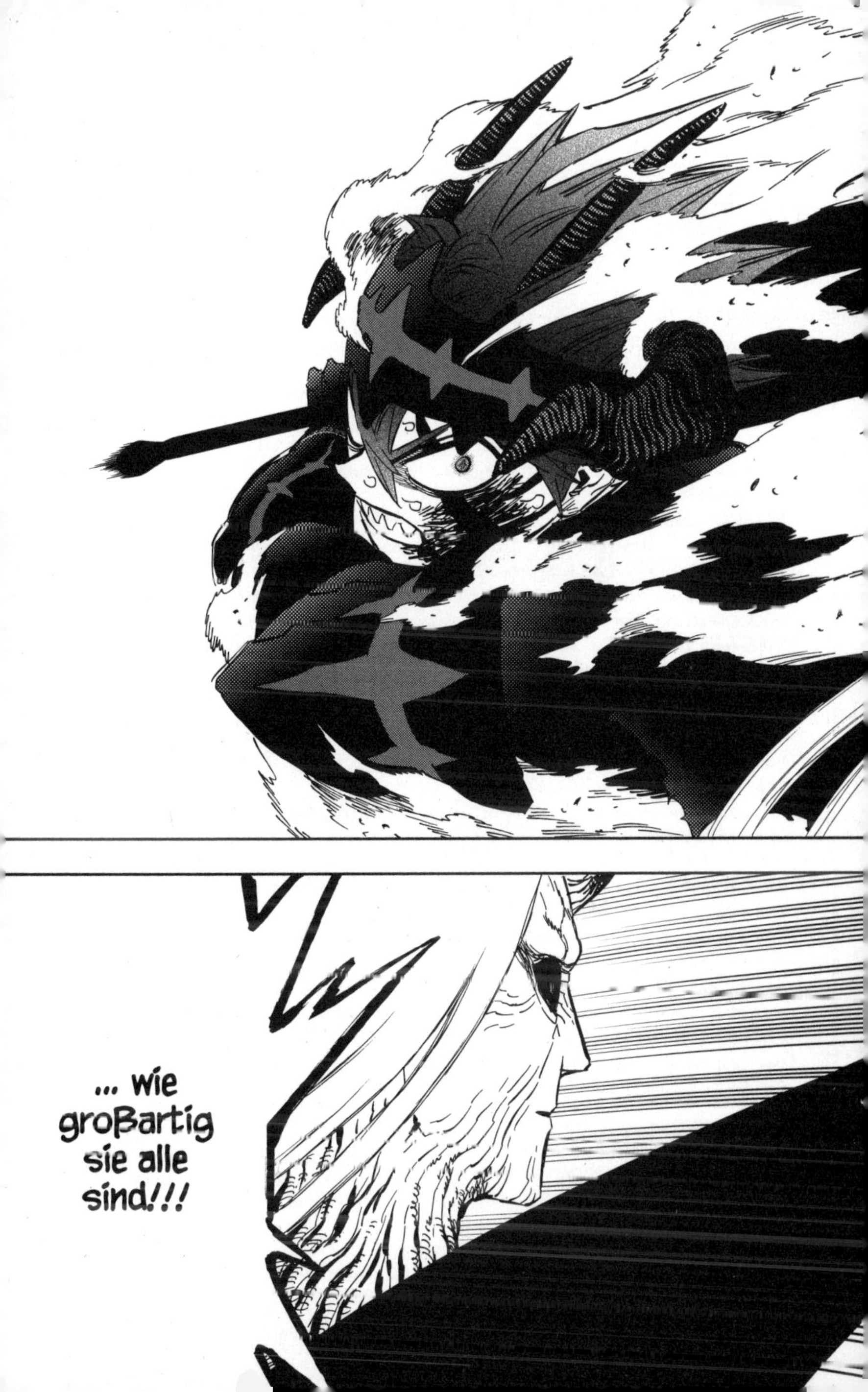
... wie
großartig
sie alle
sind!!!

AUS YÛKI TABATAS NÄHKÄSTCHEN ③

Jedenfalls fiel es mir wahnsinnig schwer, mit der Schreibfeder zu zeichnen und ich wurde immer ungeduldiger. Von Selbstzweifeln geplagt stellte ich mir die Frage aller Fragen: »Was muss ich denn machen, um ein Mangaka zu werden …?« Und irgendwo schnappte ich dann auf, dass es da im Grunde zwei Wege gibt: Entweder zeichnet man einen One-Shot und schickt diesen unaufgefordert an Redaktionen von Manga-Zeitschriften, oder aber man versucht damit einen Manga-Wettbewerb für Nachwuchstalente zu gewinnen. Da ich in Fukuoka wohnte, beschloss ich, einen Beitrag für den monatlichen Wettbewerb des *Weekly Shonen Jump* einzusenden. Verschiedene Gedanken plagten mich dabei: »Sonderlich gut zeichne ich mit der Schreibfeder noch nicht, aber probieren geht über studieren und das wird schon mit der Zeit? Was für eine Geschichte soll ich zeichnen? Vielleicht etwas, das den Leser auf emotionaler Ebene abholt …?« Ich war ahnungslos und naiv, und zeichnete mehr schlecht als recht vor mich hin, während ich mein Leben als Mittelschüler bestritt.

Obwohl meine Lieblings-Mangas Fantasy-Geschichten mit vielen Kämpfen waren, entschied ich mich für eine Coming-of-Age-Geschichte mit mystischem Einschlag. Mein One-Shot sollte 31 Seiten haben, und ich zeichnete eher gemächlich daran, ohne ein wirkliches Zeitgefühl für die Arbeit zu haben. Irgendwann war ein halbes Jahr vergangen. Als mir das klar wurde, kam natürlich gleich wieder dieses Gefühl der Ohnmacht und Verzweiflung in mir hoch: »Warte mal, dauert das nicht viiieeel zu lange? Und da so viel Zeit zwischen der ersten und der aktuellen Seite liegt, sehen die Gesichter der Charaktere inzwischen ja völlig anders aus! Aber kann es sein, dass mein Zeichenstil besser geworden ist …? Gut möglich, aber so kann das auf keinen Fall weitergehen! Diesen Monat gebe ich das Ding ab, basta!!!« Ich war Feuer und Flamme für mein Projekt, bis ich mir am Tag vor dem Einsendeschluss eingestehen musste: »K .. Keine Chance! Ich werde nicht rechtzeitig fertig!«

Ich wollte aber um jeden Preis in diesem Monat teilnehmen, also machte ich zum ersten Mal in meinem Leben die Nacht durch. Irgendwie gelang es mir schließlich, doch noch fertig zu werden und ich brachte meinen Manga in aller Herrgottsfrühe zur Post. Danach ging ich brav in die Schule.

Weiter geht's in Teil ④

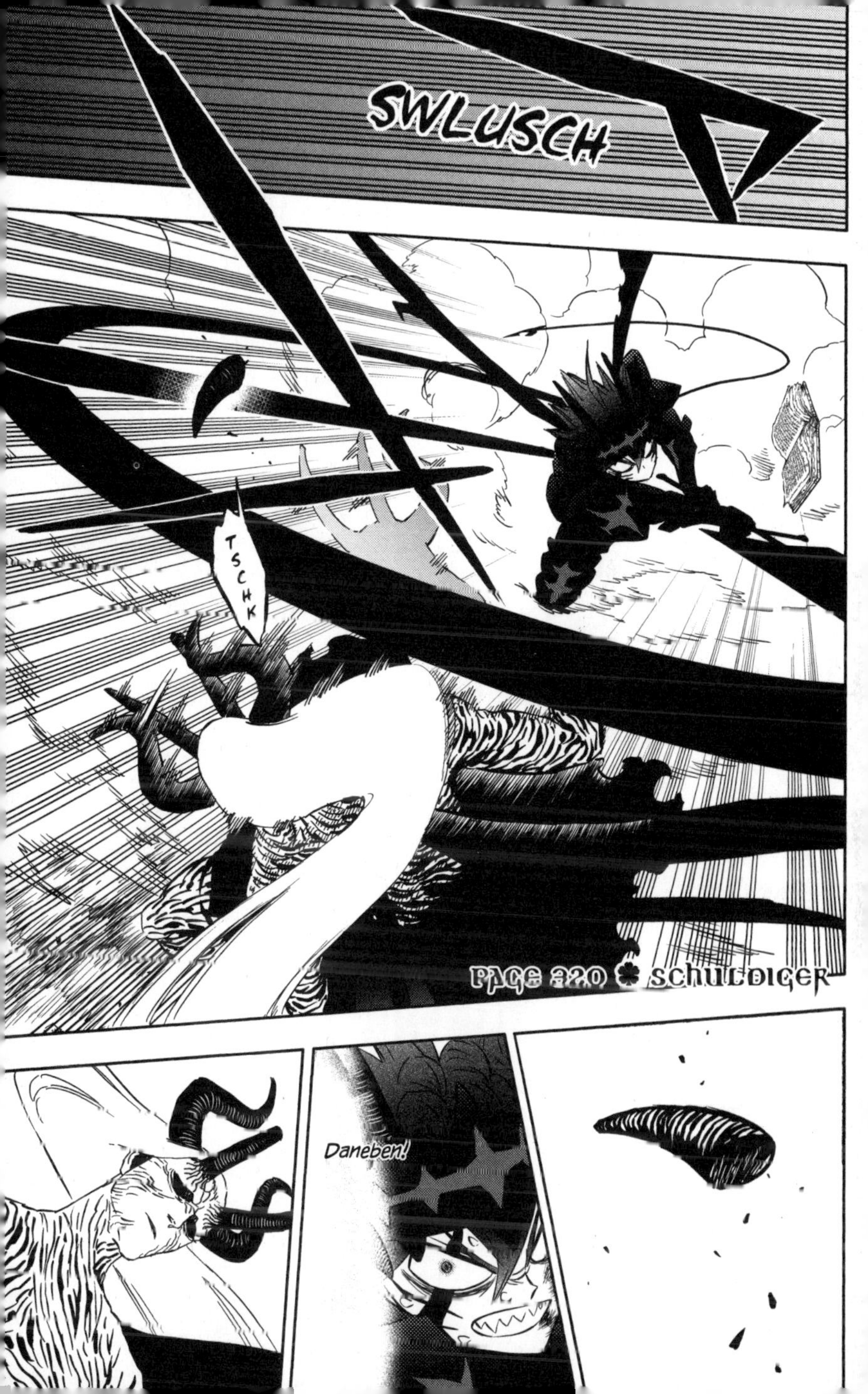

SWLUSCH
TSCHK
PAGE 220 ♣ SCHULDIGER
Daneben!

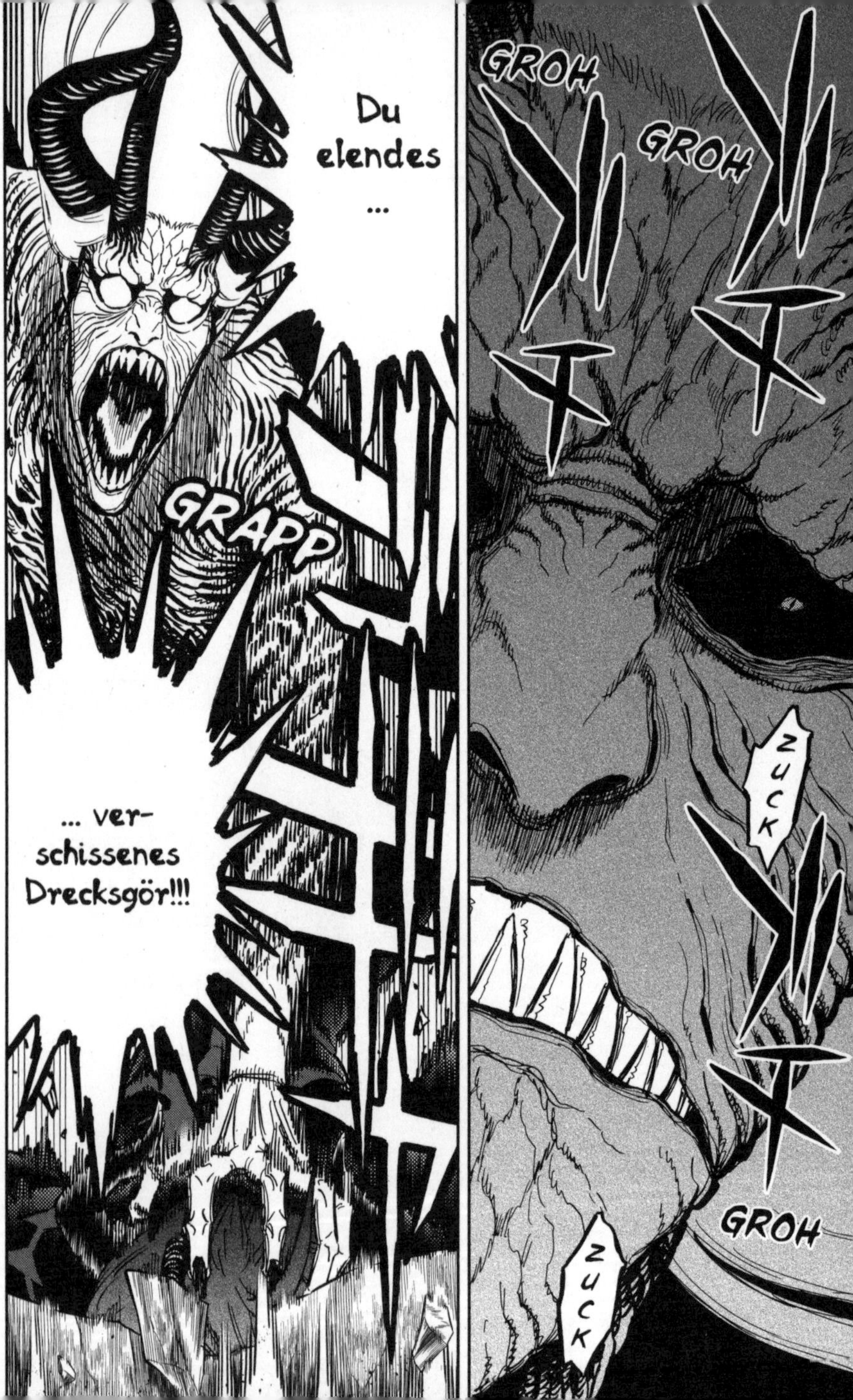
GROH
GROH
ZUCK
GROH
ZUCK
Du elendes ...
GRAPP
... ver-
schissenes
Drecksgör!!!

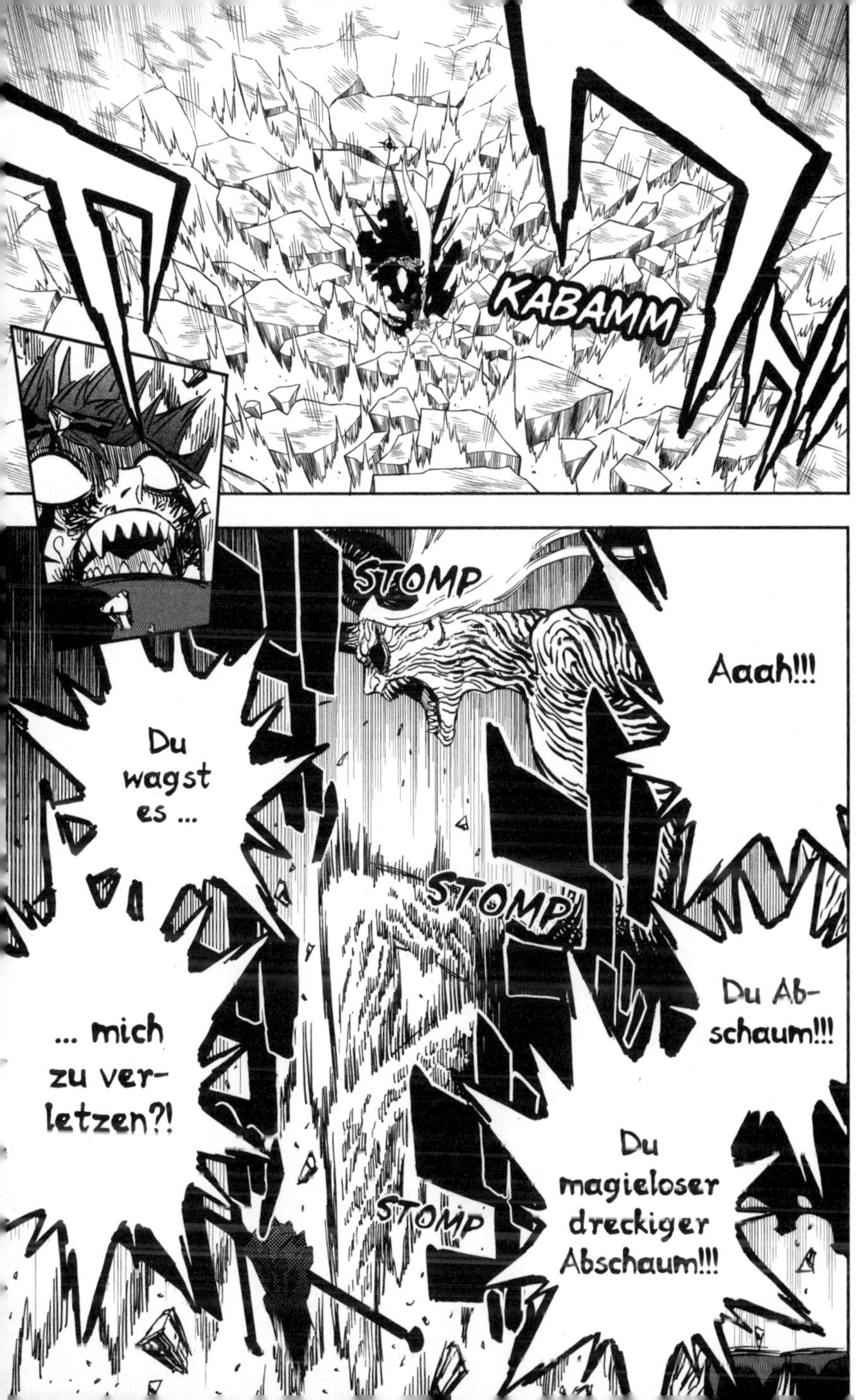
KABAMM
STOMP
Aaah!!!
Du wagst es ...
STOMP
Du Abschaum!!!
... mich zu verletzen?!
Du magieloser dreckiger Abschaum!!!
STOMP

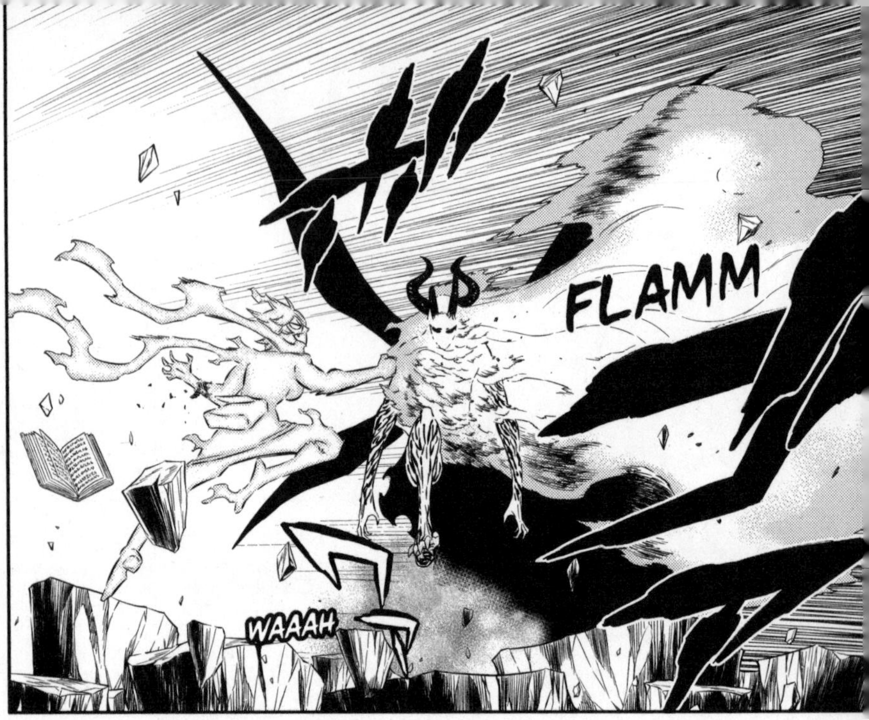
FLAMM
WAAAH

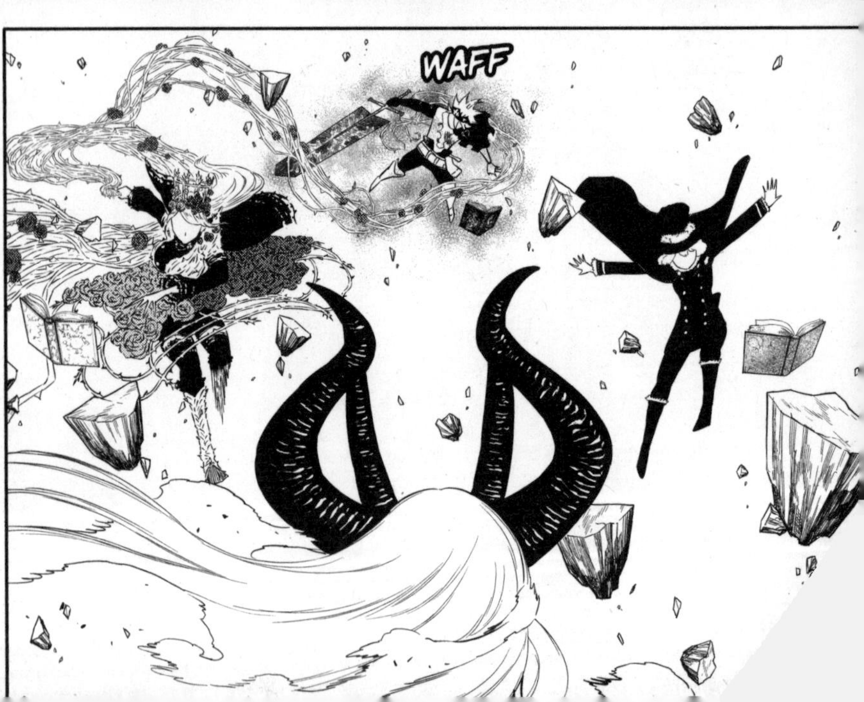
WAFF

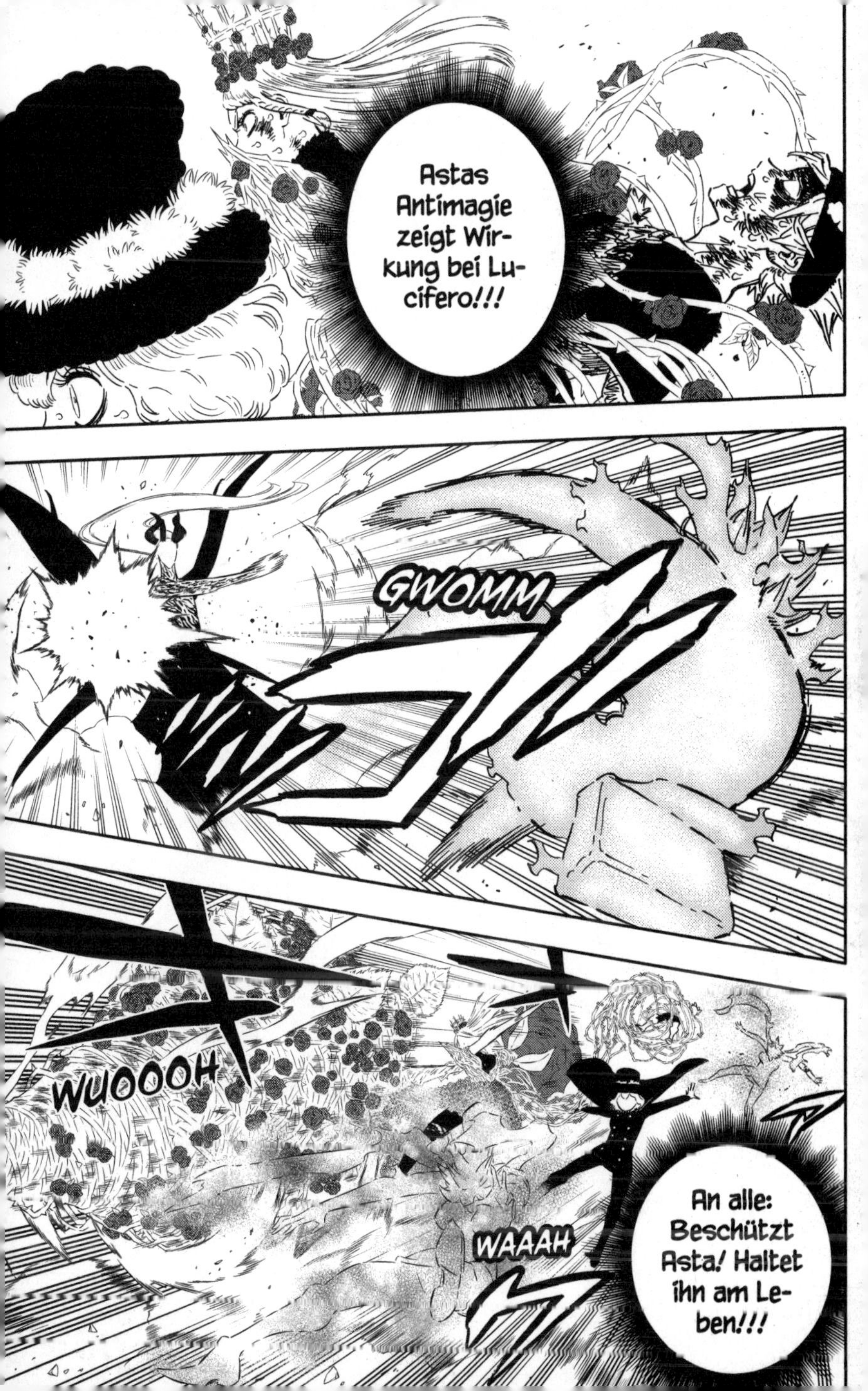
Astas Antimagie zeigt Wirkung bei Lucifero!!!
GWOMM
WUOOOH
WAAAH
An alle: Beschützt Asta! Haltet ihn am Leben!!!

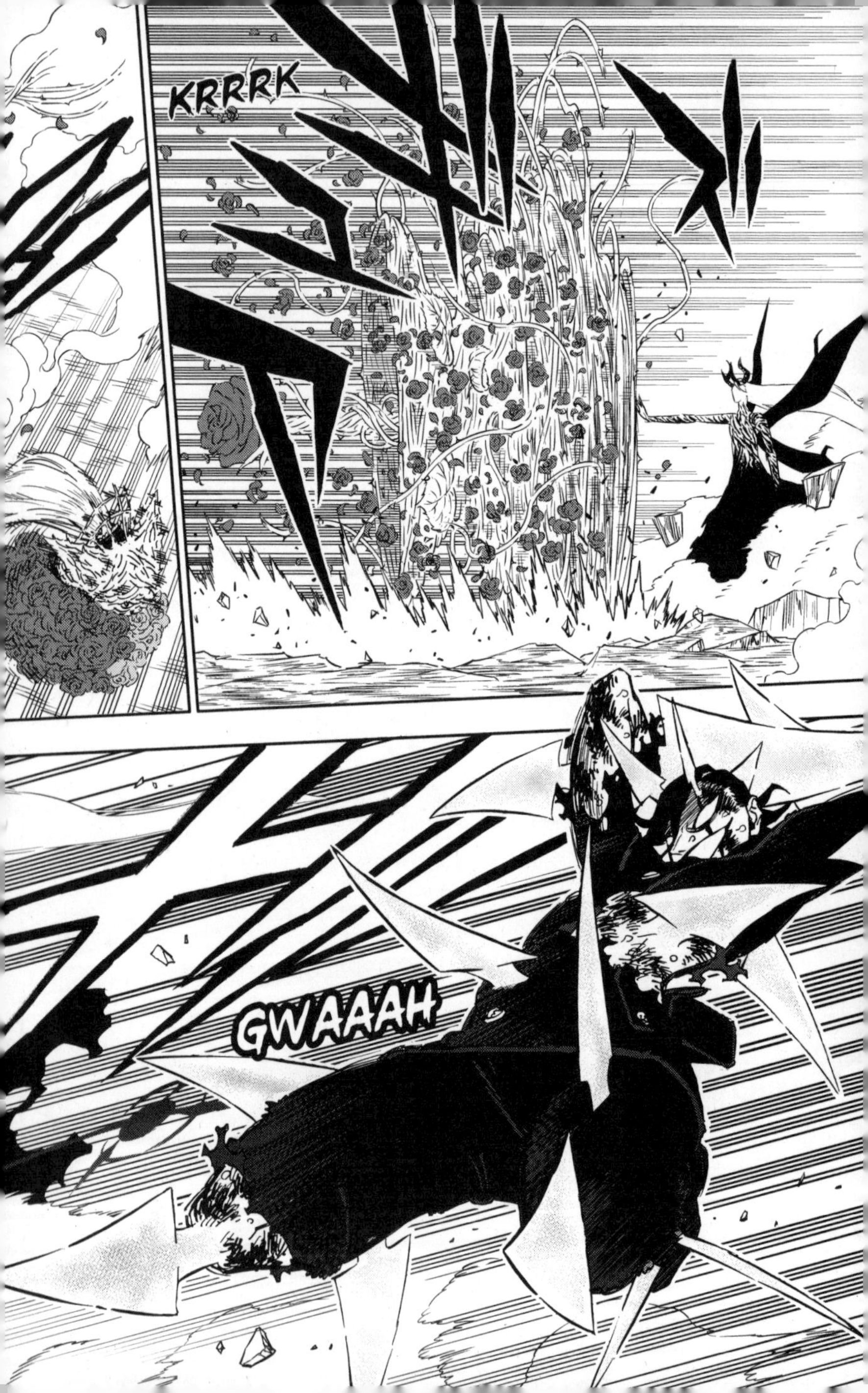
KRRRK
GWAAAH

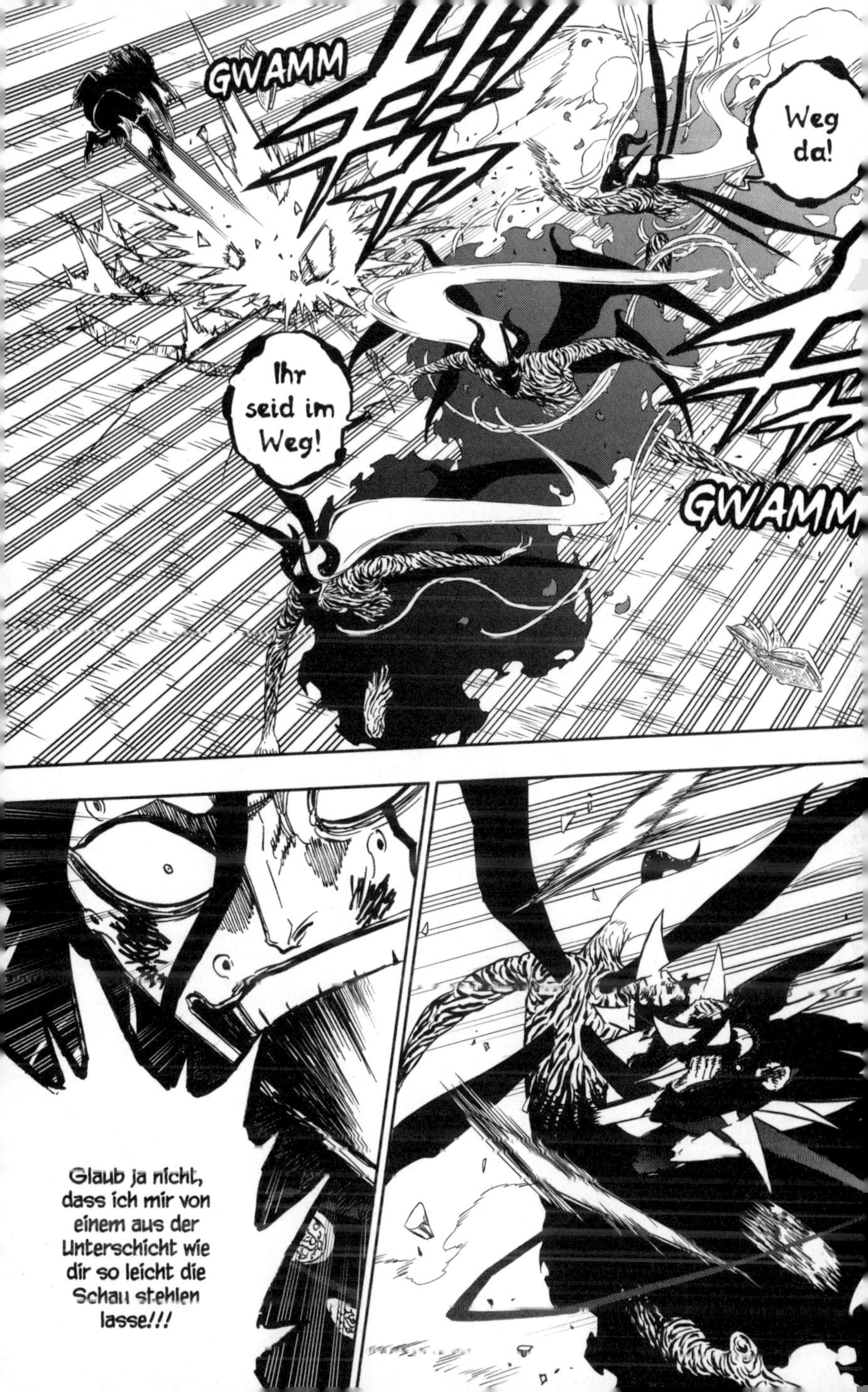
Weg da!
GWAMM
GWAMM
Ihr seid im Weg!
Glaub ja nicht, dass ich mir von einem aus der Unterschicht wie dir so leicht die Schau stehlen lasse!!!

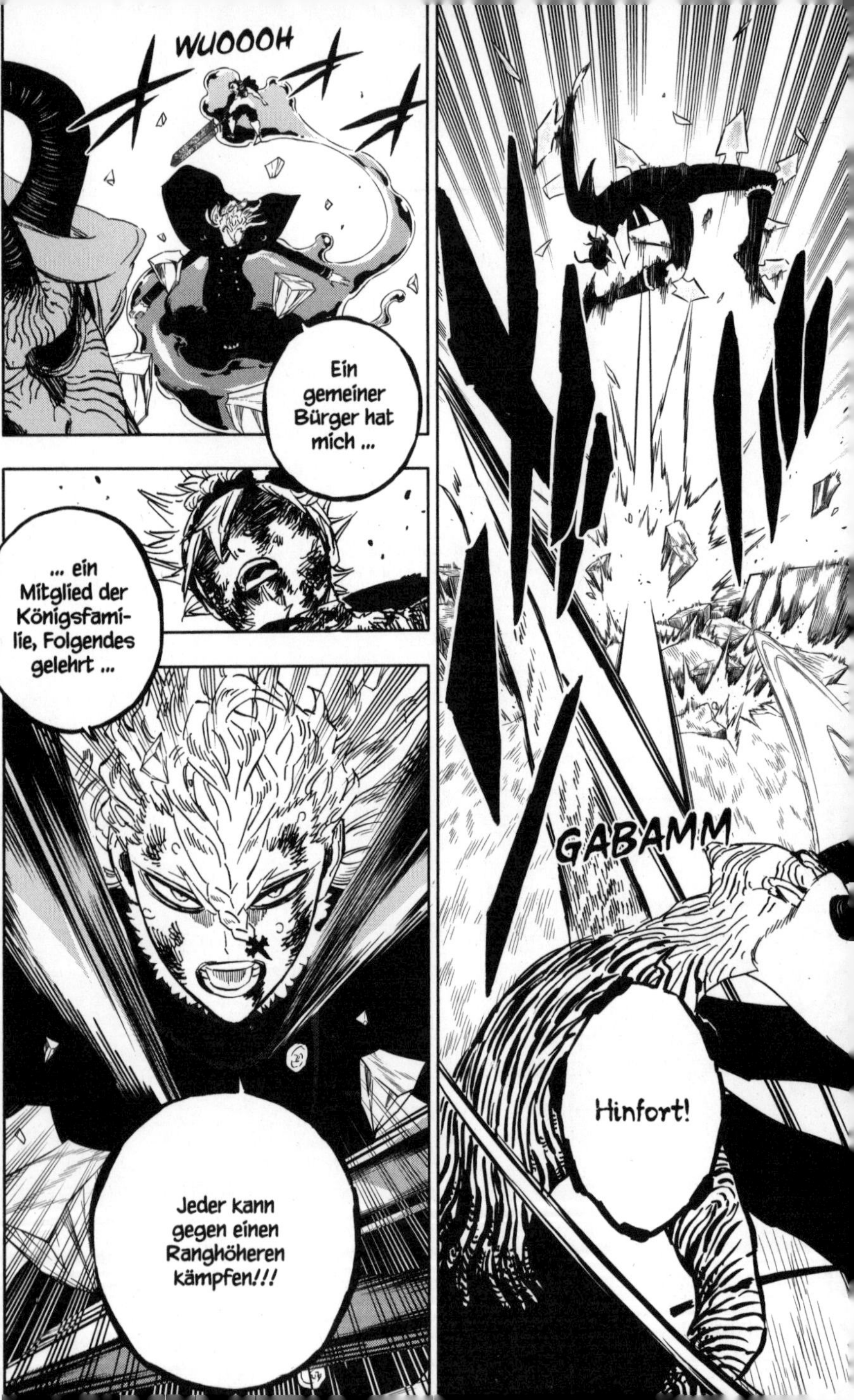
WUOOOH
Ein gemeiner Bürger hat mich ...
... ein Mitglied der Königsfamilie, Folgendes gelehrt ...
Jeder kann gegen einen Ranghöheren kämpfen!!!
GABAMM
Hinfort!

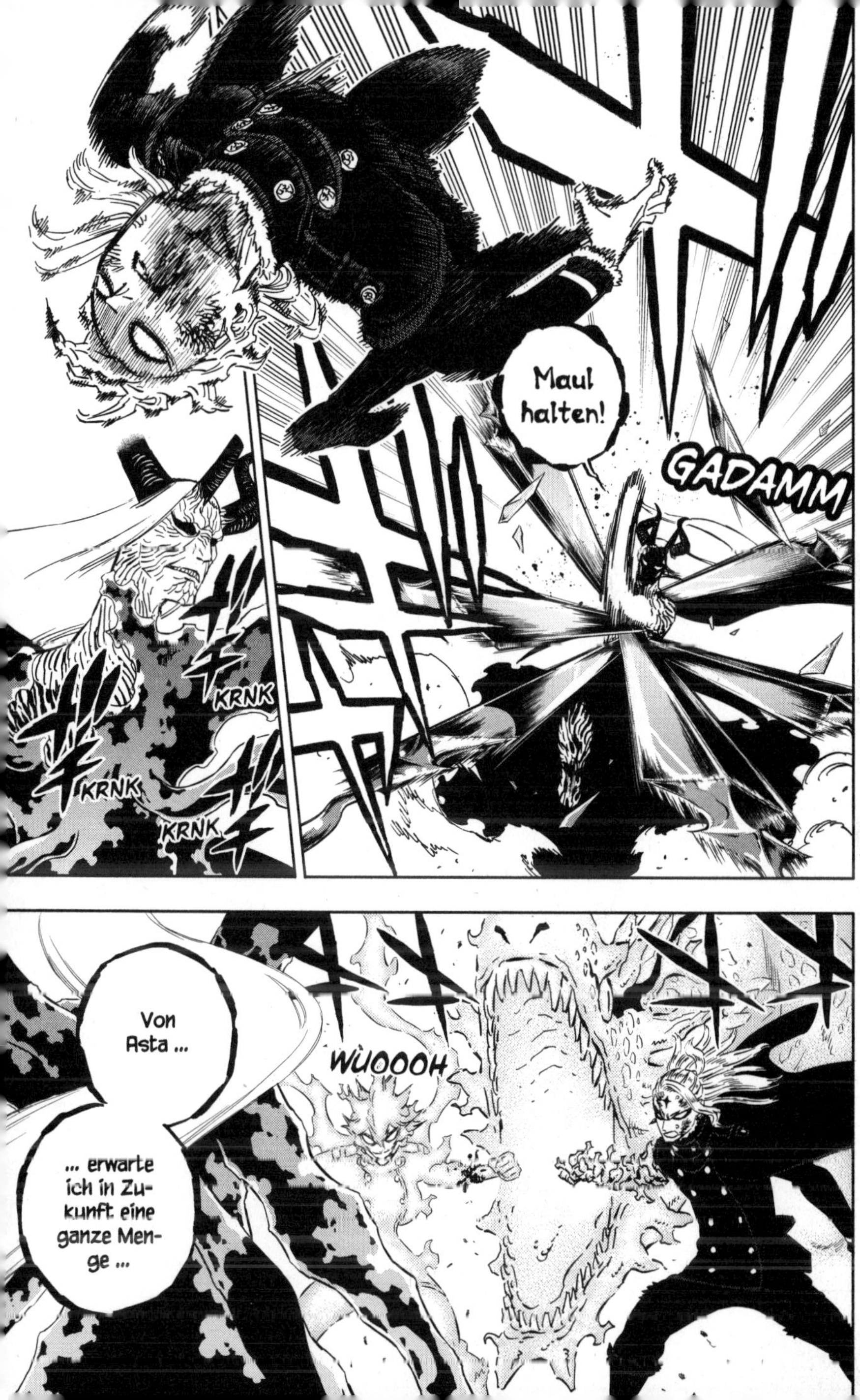
Maul halten!
GADAMM
KRNK
KRNK
KRNK
Von Asta ...
... erwarte ich in Zukunft eine ganze Menge ...
WUOOOH

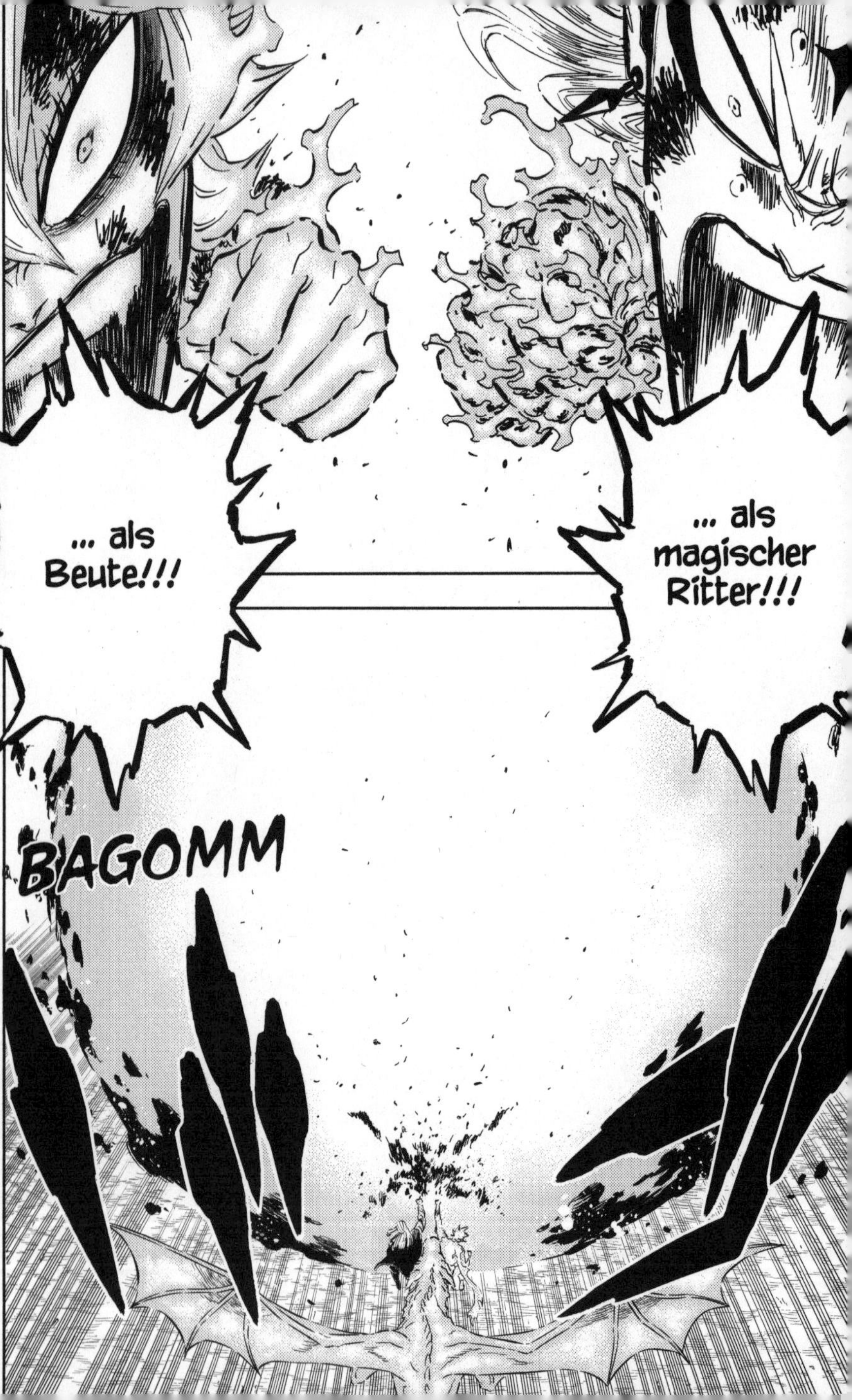
... als magischer Ritter!!!
... als Beute!!!
BAGOMM

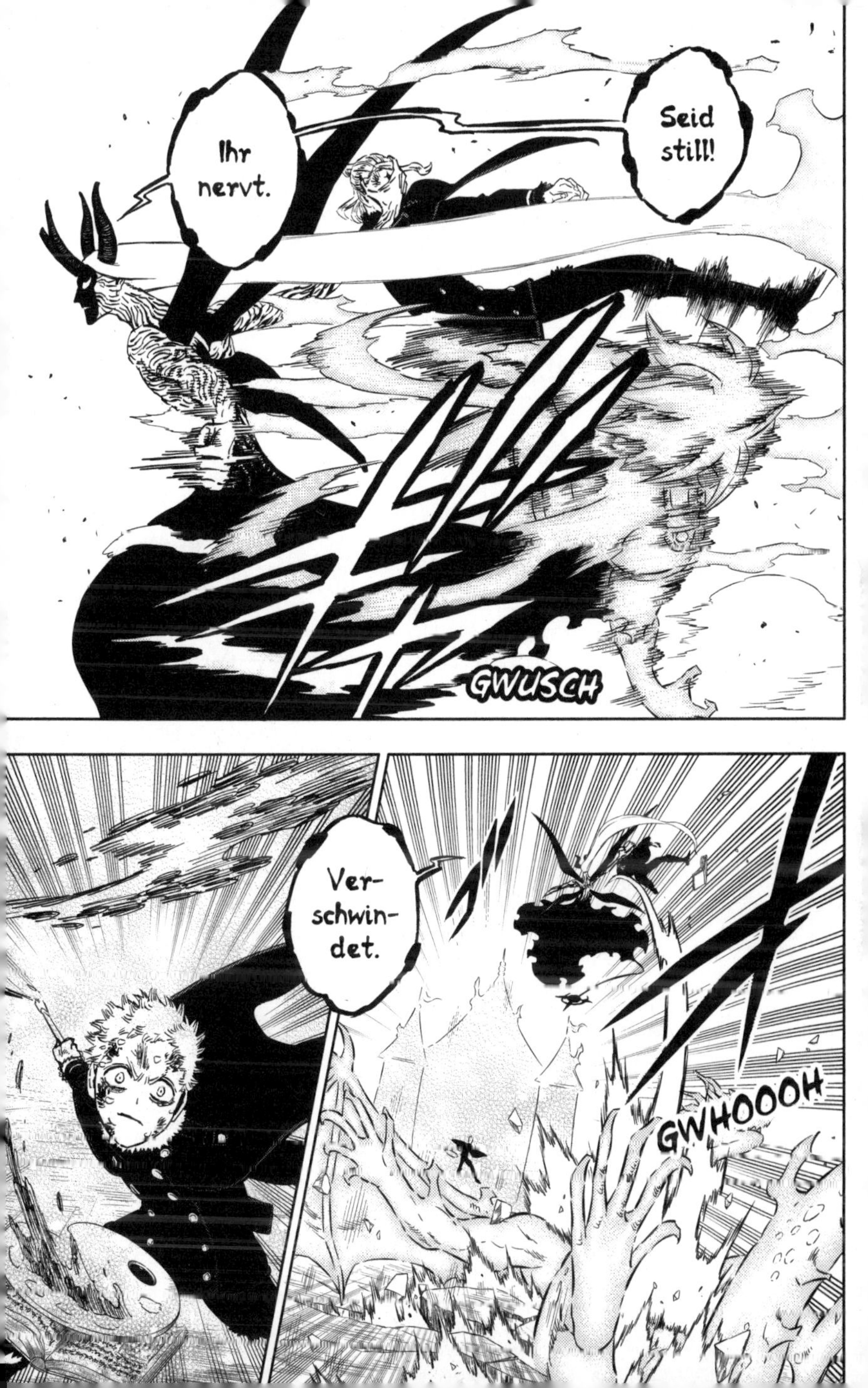
Seid still!
Ihr nervt.
GWUSCH
Ver-schwin-det.
GWHOOOH

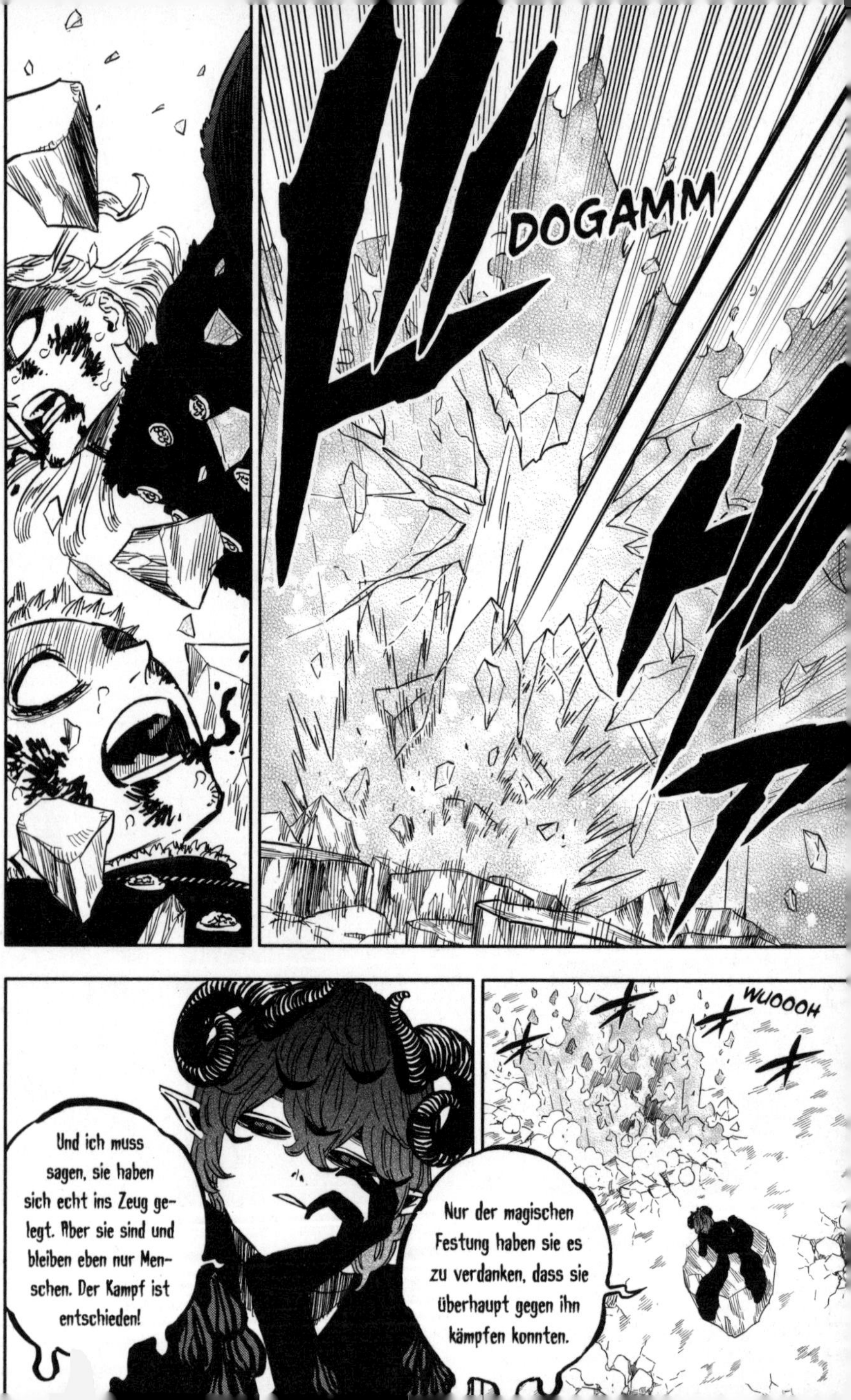
DOGAMM
WUOOOH
Nur der magischen Festung haben sie es zu verdanken, dass sie überhaupt gegen ihn kämpfen konnten.
Und ich muss sagen, sie haben sich echt ins Zeug gelegt. Aber sie sind und bleiben eben nur Menschen. Der Kampf ist entschieden!

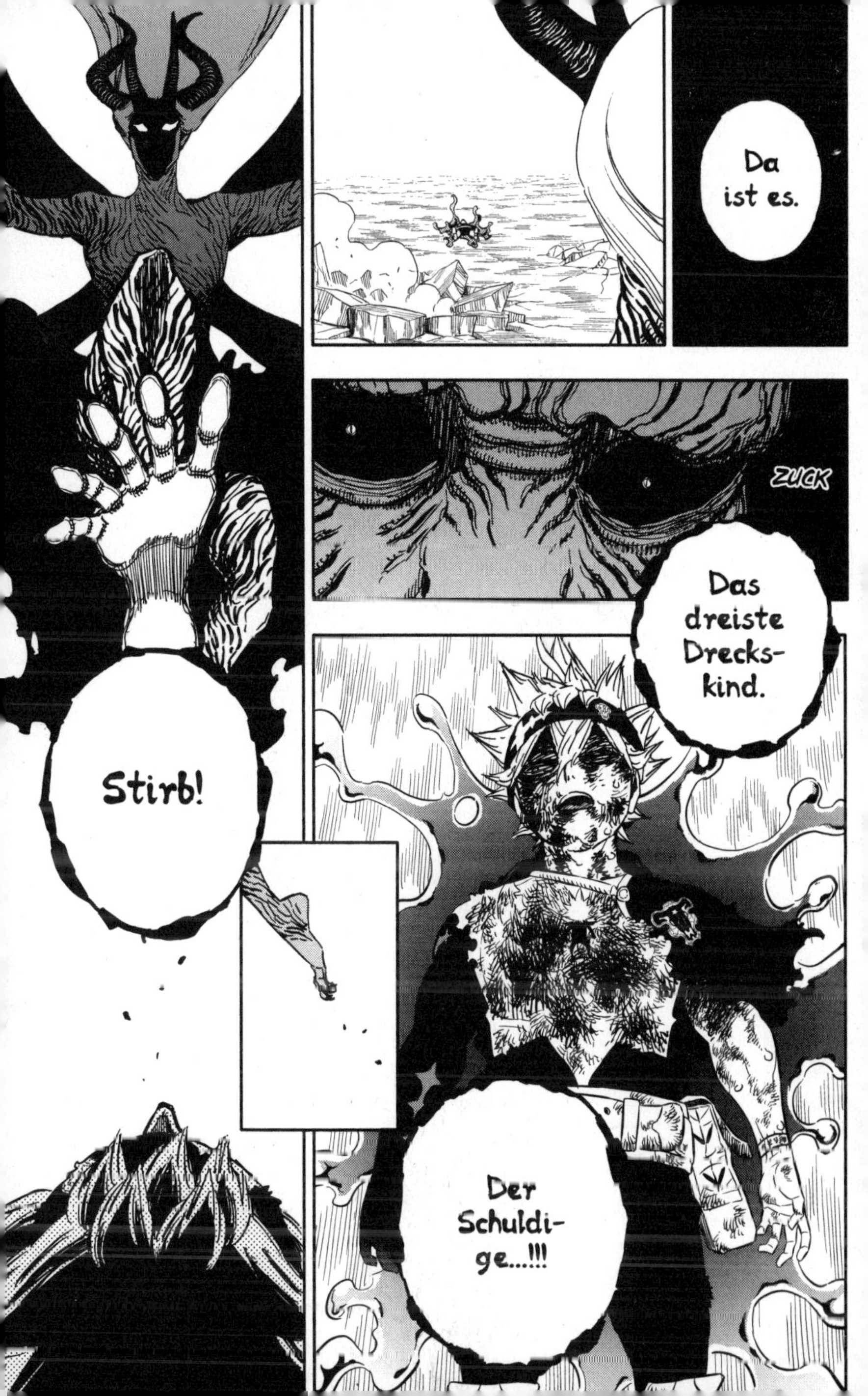
Da ist es.
ZUCK
Das dreiste Drecks-kind.
Der Schuldi-ge...!!!
Stirb!

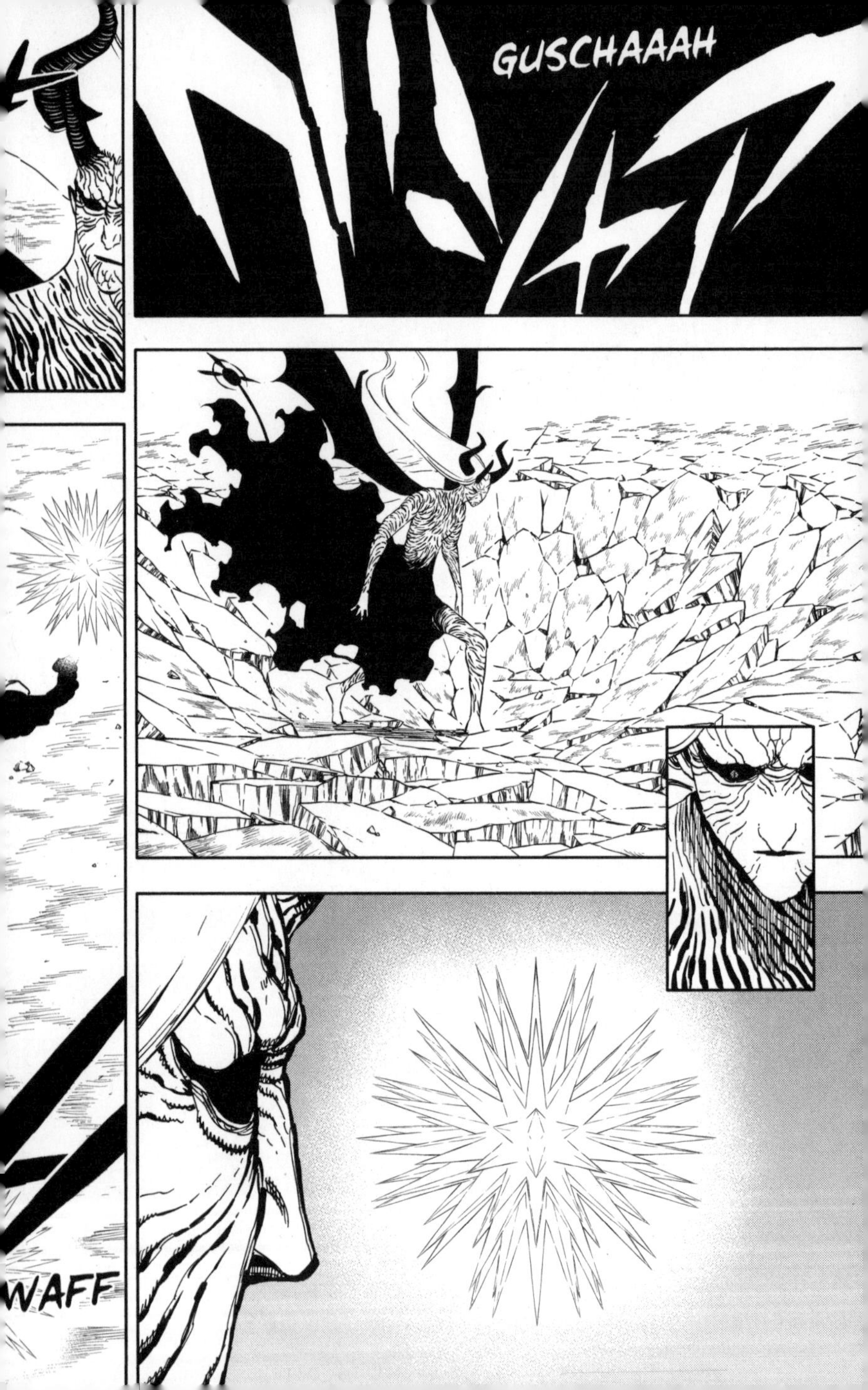
GUSCHAAAH
WAFF

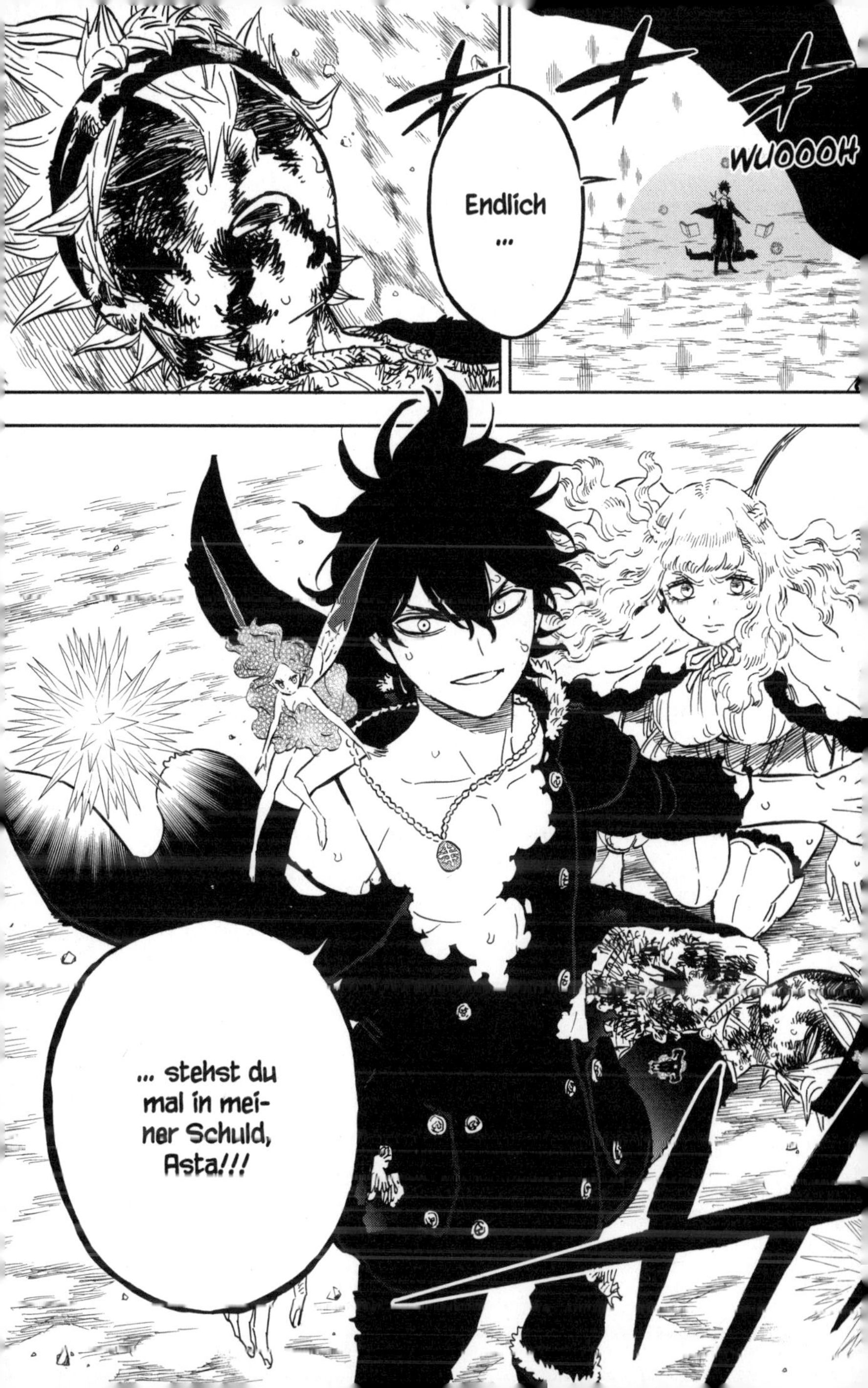
WUOOOH
Endlich ...
... stehst du mal in meiner Schuld, Asta!!!

Aus Yûki Tabatas Nähkästchen 4

Und dann war es so weit. Ich erwartete das neue Shonen Jump mit größter Spannung und blätterte ganz ungeduldig zur Seite mit den Siegern des Monats. Doch mein Manga tauchte in der Liste nicht auf, und so blieb mir jegliches Feedback auf meinen ersten One-Shot in der achten Klasse verwehrt. Ihr könnt euch sicher vorstellen, wie enttäuscht ich war, und der Enttäuschung folgte schließlich Ohnmacht. »Das ist doch Mist! Ich weiß ja nicht mal, ob mein Skript auch in der Redaktion angekommen ist und ob sie es gelesen haben!!!«

Letztlich blieb mir natürlich nichts anderes übrig, als einen neuen One-Shot zu zeichnen, und so begann ich mit der Arbeit an einer hochemotionalen Geschichte, die in einer Fantasy-Welt spielte. Wieder brauchte ich ein halbes Jahr dafür und ging bereits in die neunte Klasse, als ich mein Werk für den monatlichen Wettbewerb einschickte.

Und tatsächlich wurde mein Manga kurz erwähnt, nämlich in der Kategorie »Knapp die engere Auswahl verpasst«.

»Na so was ... Sie scheinen ihn ja wirklich gelesen zu haben ...! Keine Ahnung, wie knapp ›knapp‹ ist, aber dann zeichne ich halt noch einen Manga! Neues Spiel, neues Glück!!!« Und siehe da, der Fantasy-Battle-Manga, den ich dann in der zehnten Klasse einreichte, gewann den Jury-Sonderpreis. »Wow. Wer hätte das gedacht. Ein Glück, dass ich drangeblieben bin! Aber was bedeutet das, wie geht's jetzt weiter?!« Während ich mir darüber so meine Gedanken machte, rief mich ein paar Tage darauf jemand aus der Redaktion des Weekly Shonen Jump an. Und diese Person wurde dann später mein erster verantwortlicher Redakteur ...

Weiter geht's im nächsten Band?

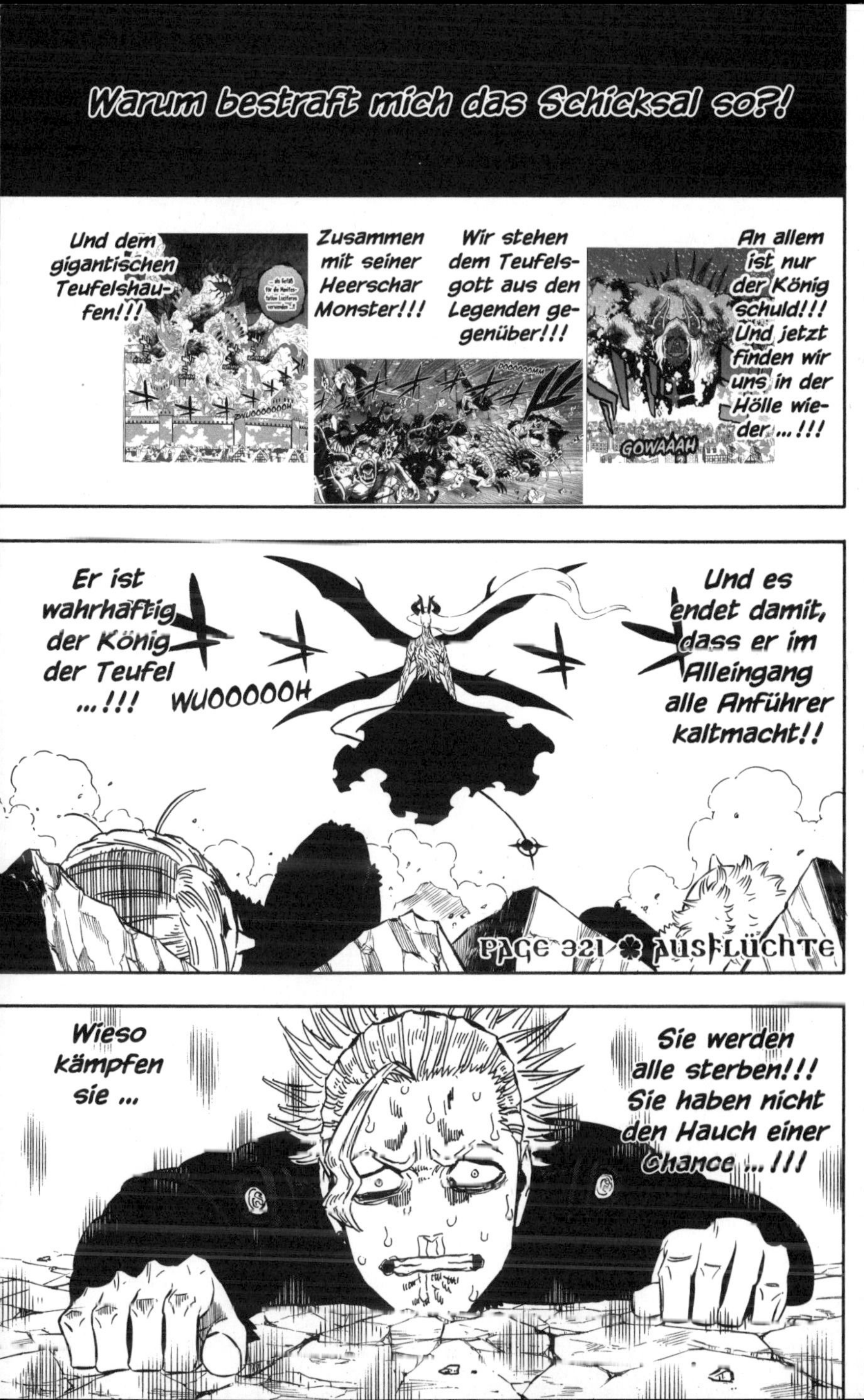
Warum bestraft mich das Schicksal so?!
An allem ist nur der König schuld!!! Und jetzt finden wir uns in der Hölle wieder ...!!!
GOWAAAH
Wir stehen dem Teufelsgott aus den Legenden gegenüber!!!
Zusammen mit seiner Heerschar Monster!!!
Und dem gigantischen Teufelshaufen!!!
Und es endet damit, dass er im Alleingang alle Anführer kaltmacht!!
WUOOOOOH
Er ist wahrhaftig der König der Teufel ...!!!
PAGE 321 ✿ AUSFLÜCHTE
Sie werden alle sterben!!! Sie haben nicht den Hauch einer Chance ...!!!
Wieso kämpfen sie ...

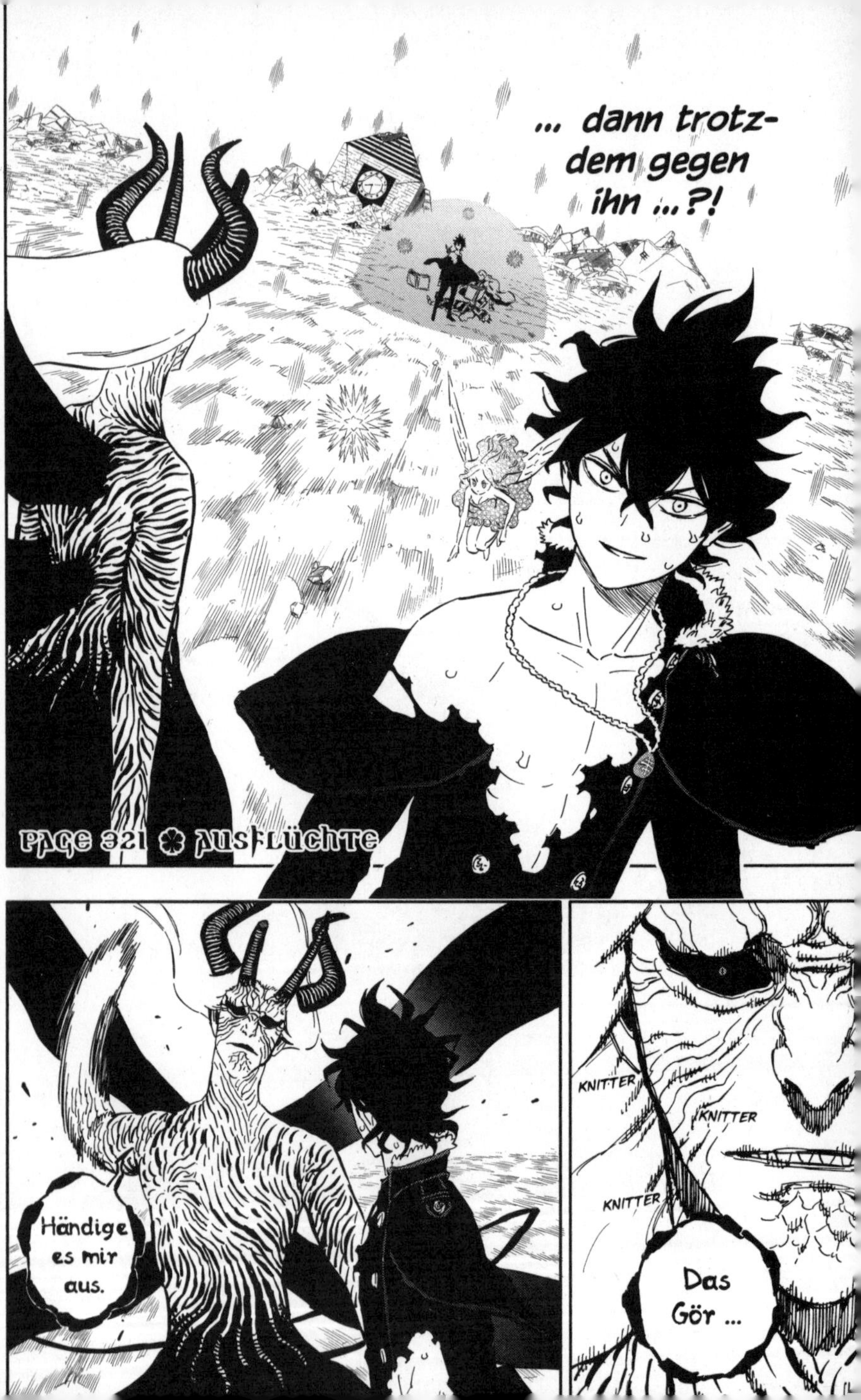
... dann trotzdem gegen ihn ...?!
PAGE 321 ✿ AUSFLÜCHTE
KNITTER
KNITTER
KNITTER
Das Gör ...
Händige es mir aus.

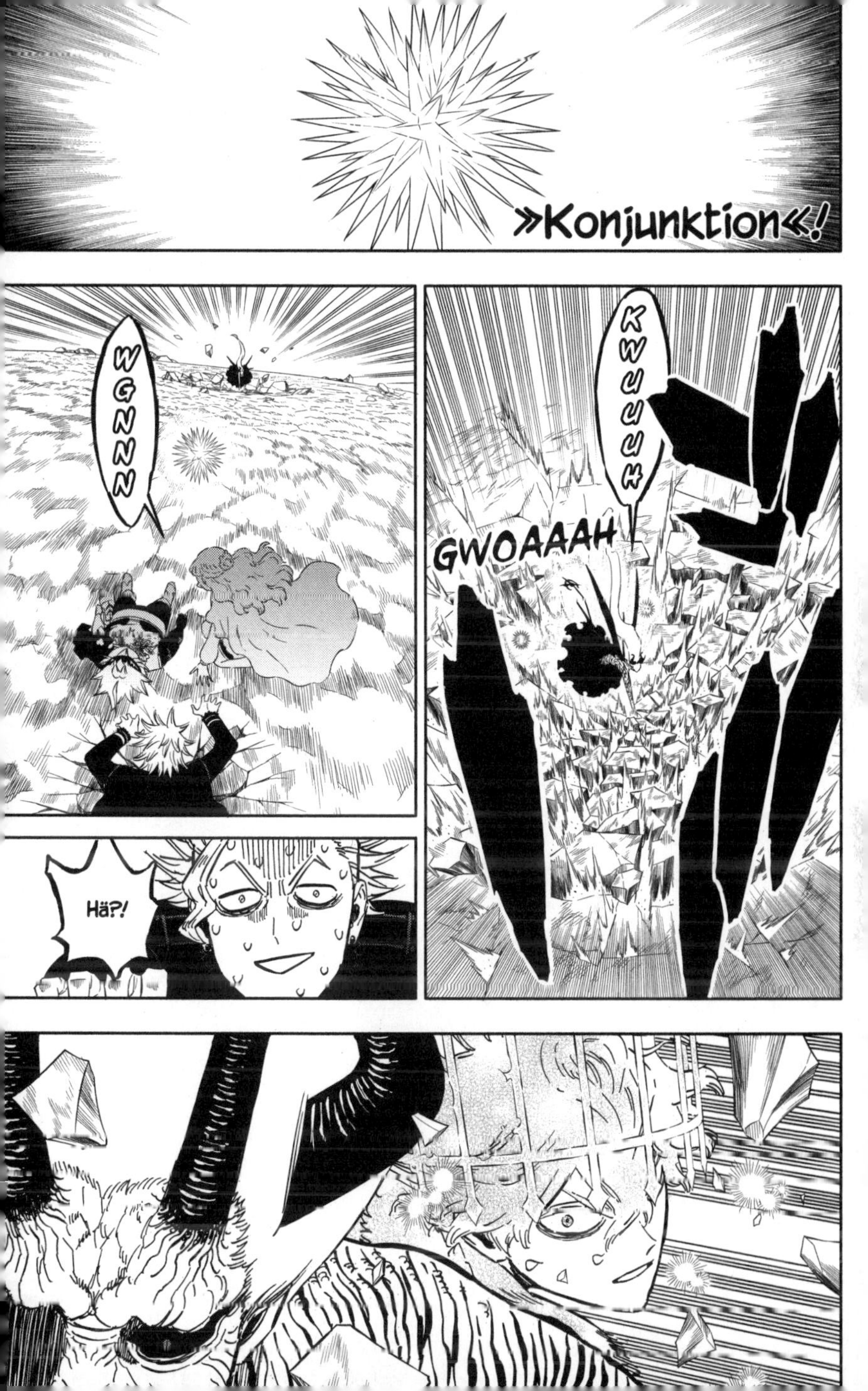
»Konjunktion«!
KWUUUH
GWOAAAH
WGNNN
Hä?!

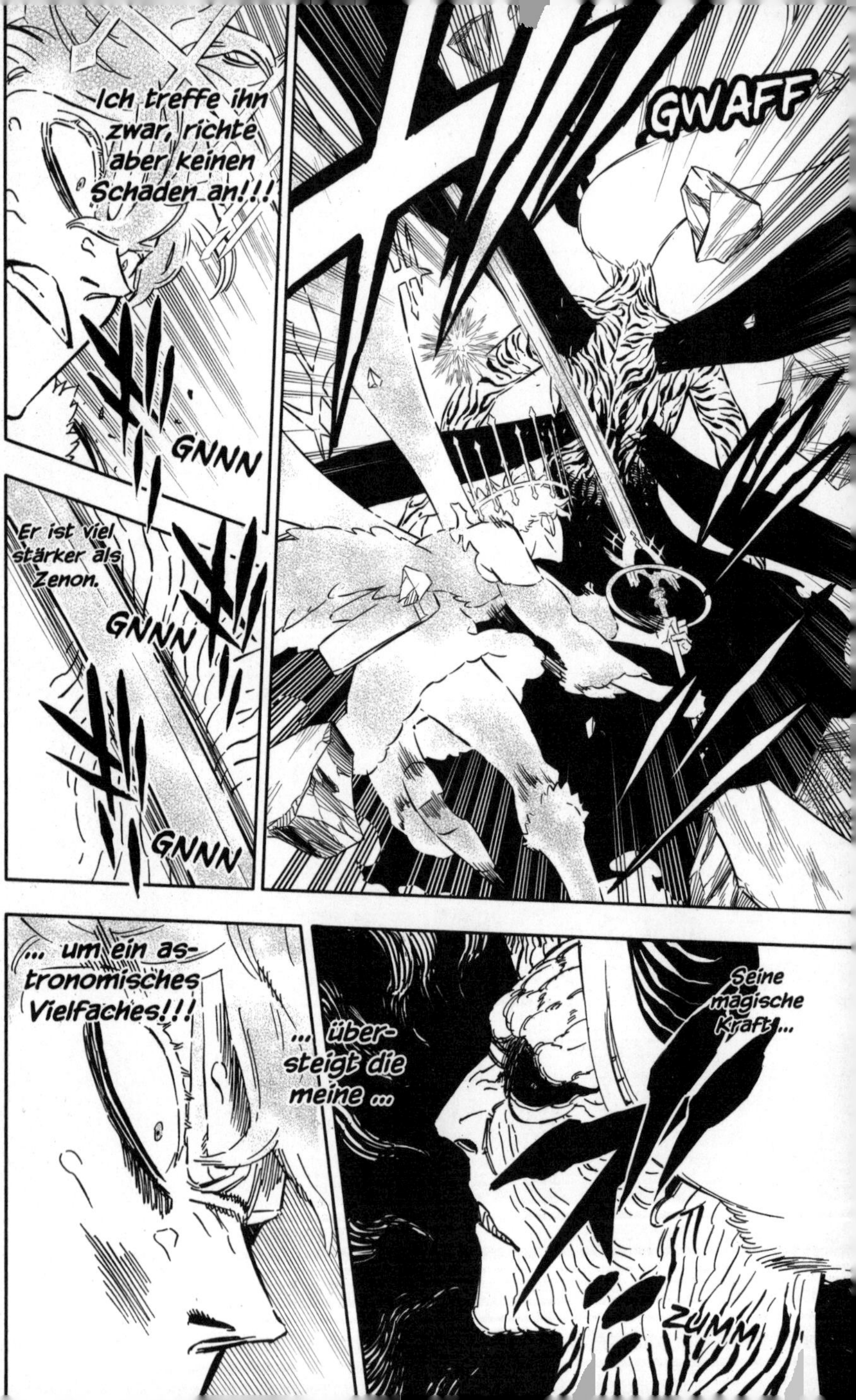
GWAFF
Ich treffe ihn zwar, richte aber keinen Schaden an!!!
GNNN
Er ist viel stärker als Zenon.
GNNN
GNNN
Seine magische Kraft ...
... übersteigt die meine ...
ZUMM
... um ein astronomisches Vielfaches!!!

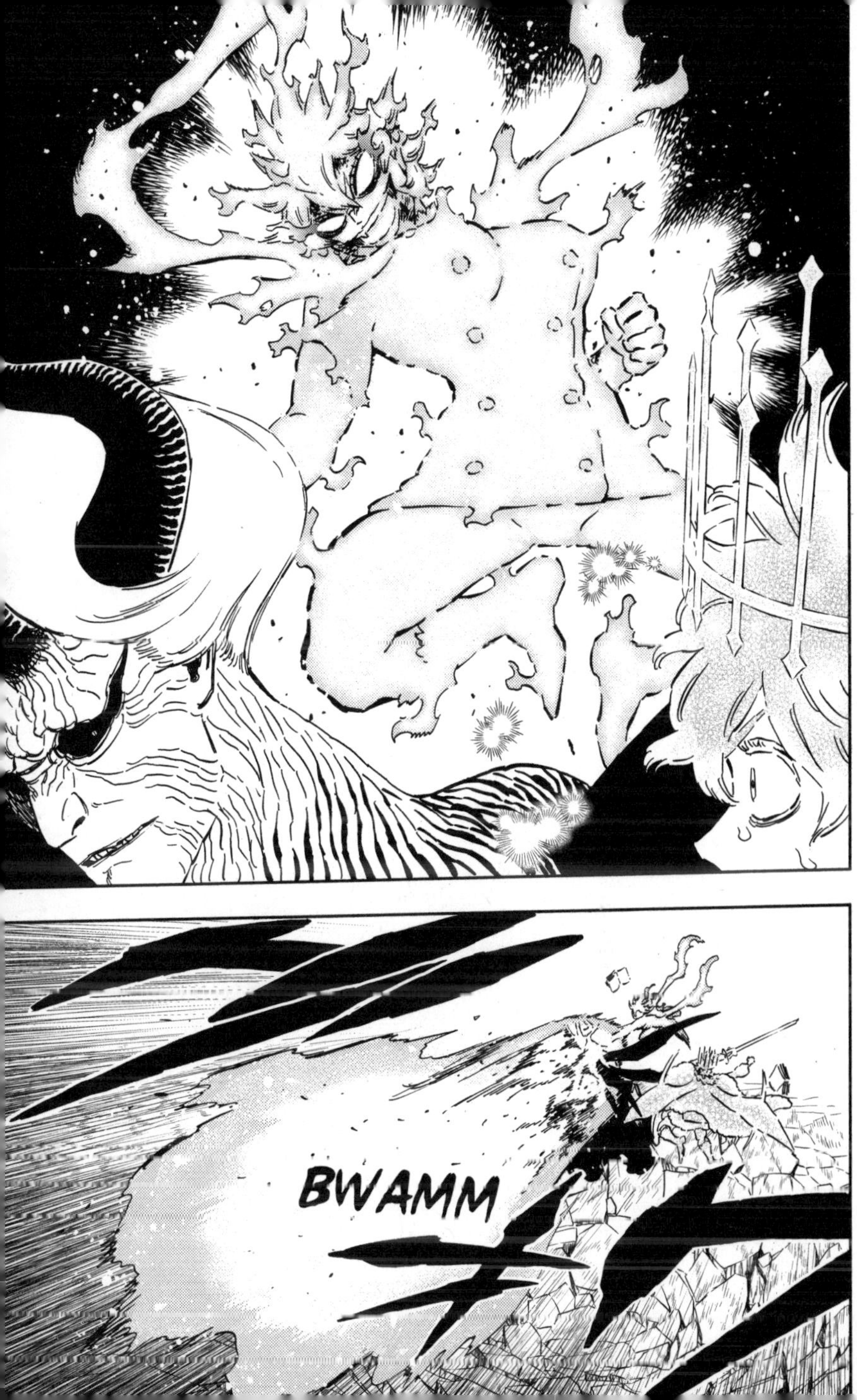
BWAMM

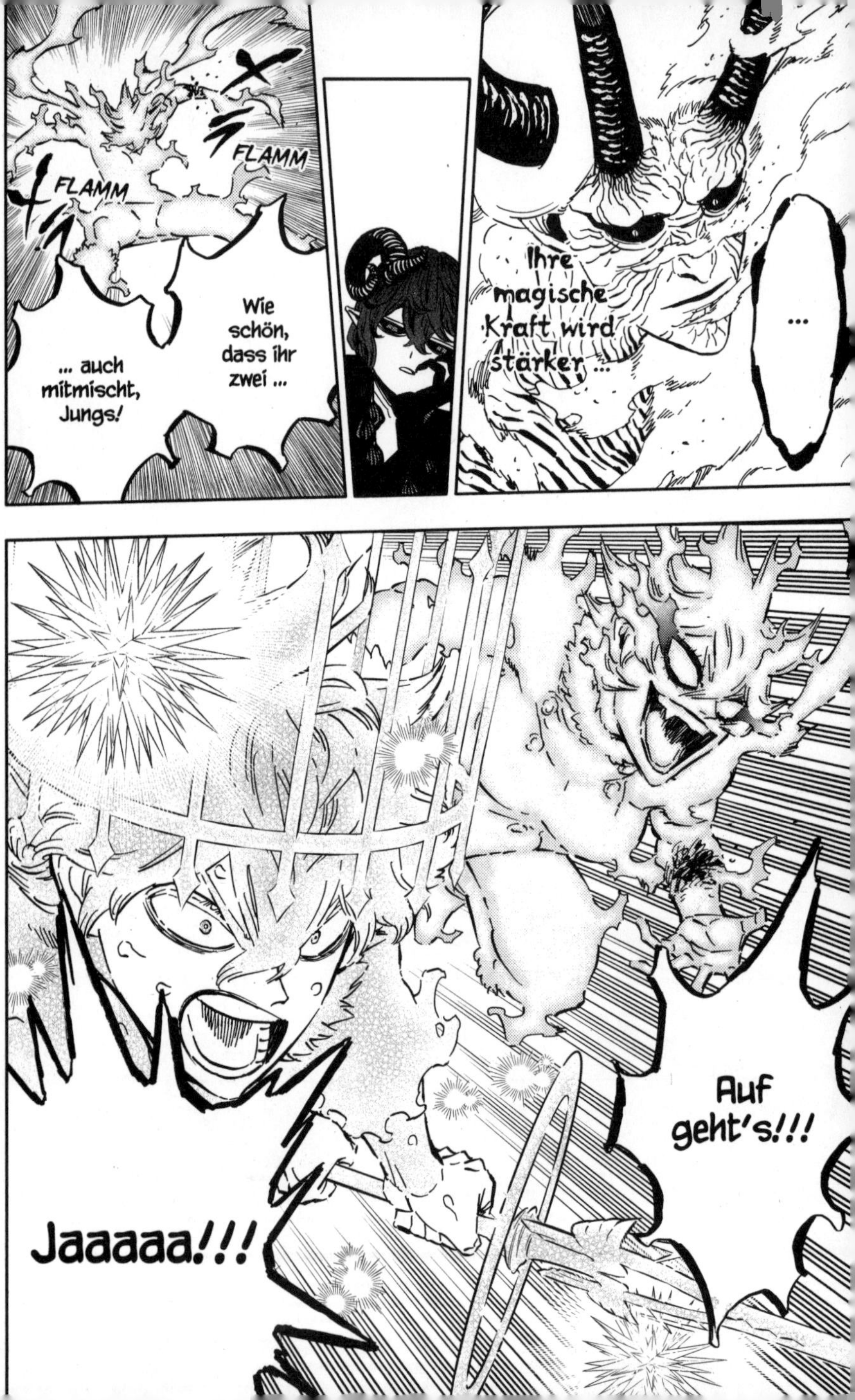
…
Ihre magische Kraft wird stärker …
Wie schön, dass ihr zwei …
… auch mitmischt, Jungs!
FLAMM
FLAMM
Auf geht's!!!
Jaaaaa!!!

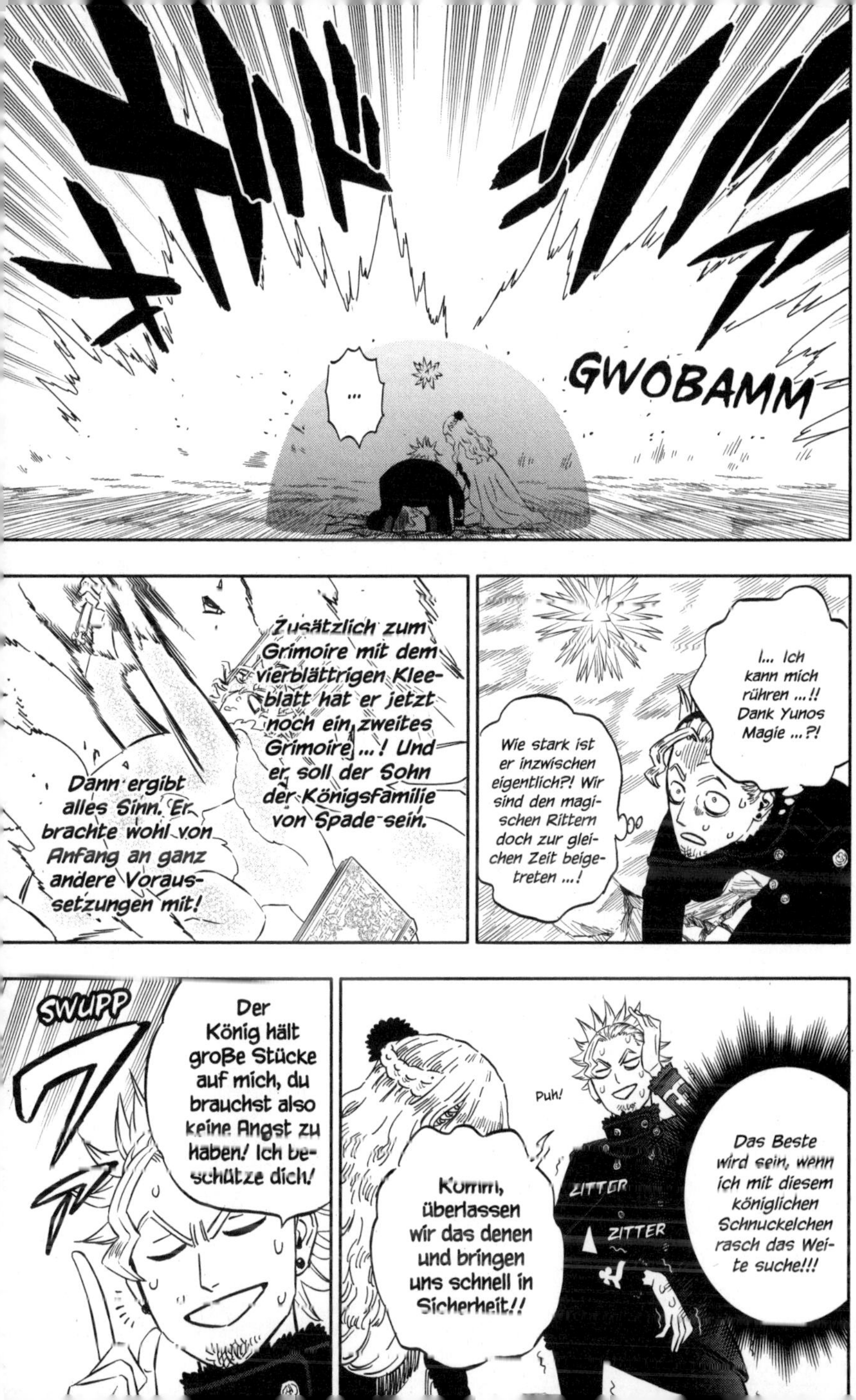
GWOBAMM
...
Zusätzlich zum Grimoire mit dem vierblättrigen Kleeblatt hat er jetzt noch ein zweites Grimoire ...! Und er soll der Sohn der Königsfamilie von Spade sein.
Dann ergibt alles Sinn. Er brachte wohl von Anfang an ganz andere Voraussetzungen mit!
I... Ich kann mich rühren ...!! Dank Yunos Magie ...?!
Wie stark ist er inzwischen eigentlich?! Wir sind den magischen Rittern doch zur gleichen Zeit beigetreten ...!
SWUPP
Der König hält große Stücke auf mich, du brauchst also keine Angst zu haben! Ich beschütze dich!
Puh!
Das Beste wird sein, wenn ich mit diesem königlichen Schnuckelchen rasch das Weite suche!!!
Komm, überlassen wir das denen und bringen uns schnell in Sicherheit!!
ZITTER
ZITTER

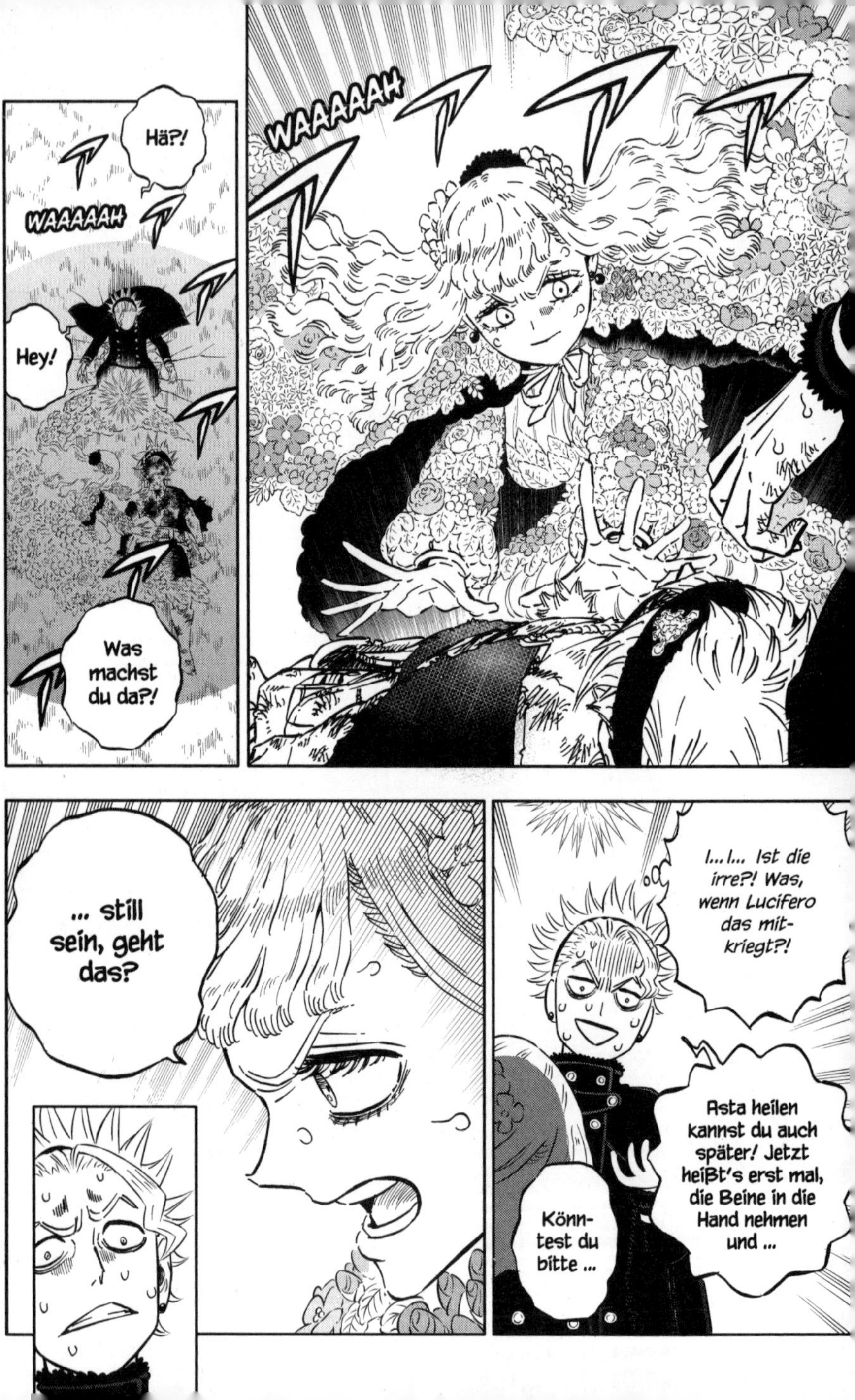
WAAAAAH
Hä?!
WAAAAAH
Hey!
Was machst du da?!
I... I... Ist die irre?! Was, wenn Lucifero das mitkriegt?!
Asta heilen kannst du auch später! Jetzt heißt's erst mal, die Beine in die Hand nehmen und ...
Könntest du bitte ...
... still sein, geht das?

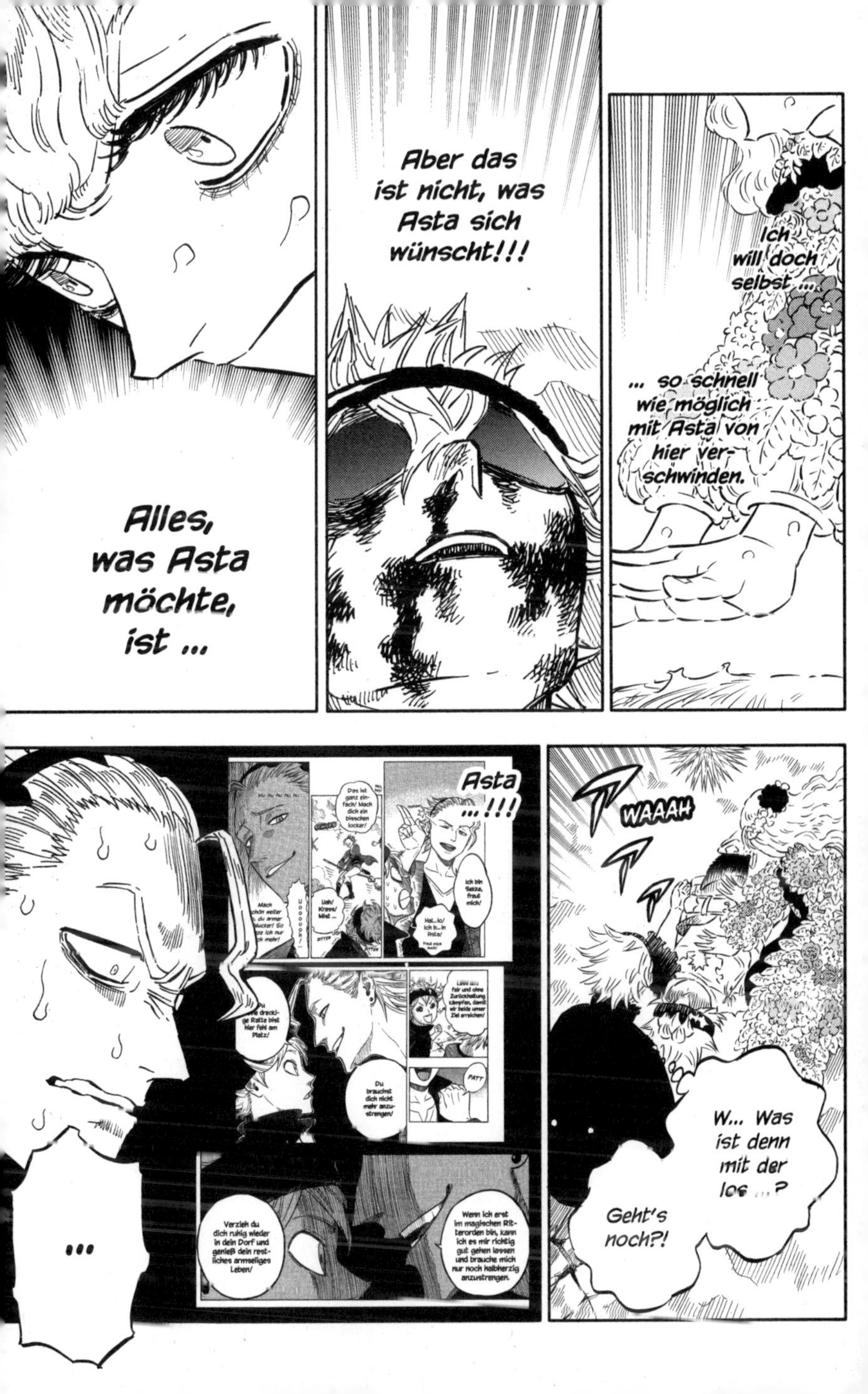
Ich will doch selbst ...
... so schnell wie möglich mit Asta von hier verschwinden.
Aber das ist nicht, was Asta sich wünscht!!!
Alles, was Asta möchte, ist ...
WAAAH
W... Was ist denn mit der los ...?
Geht's noch?!
Asta ...!!!
...

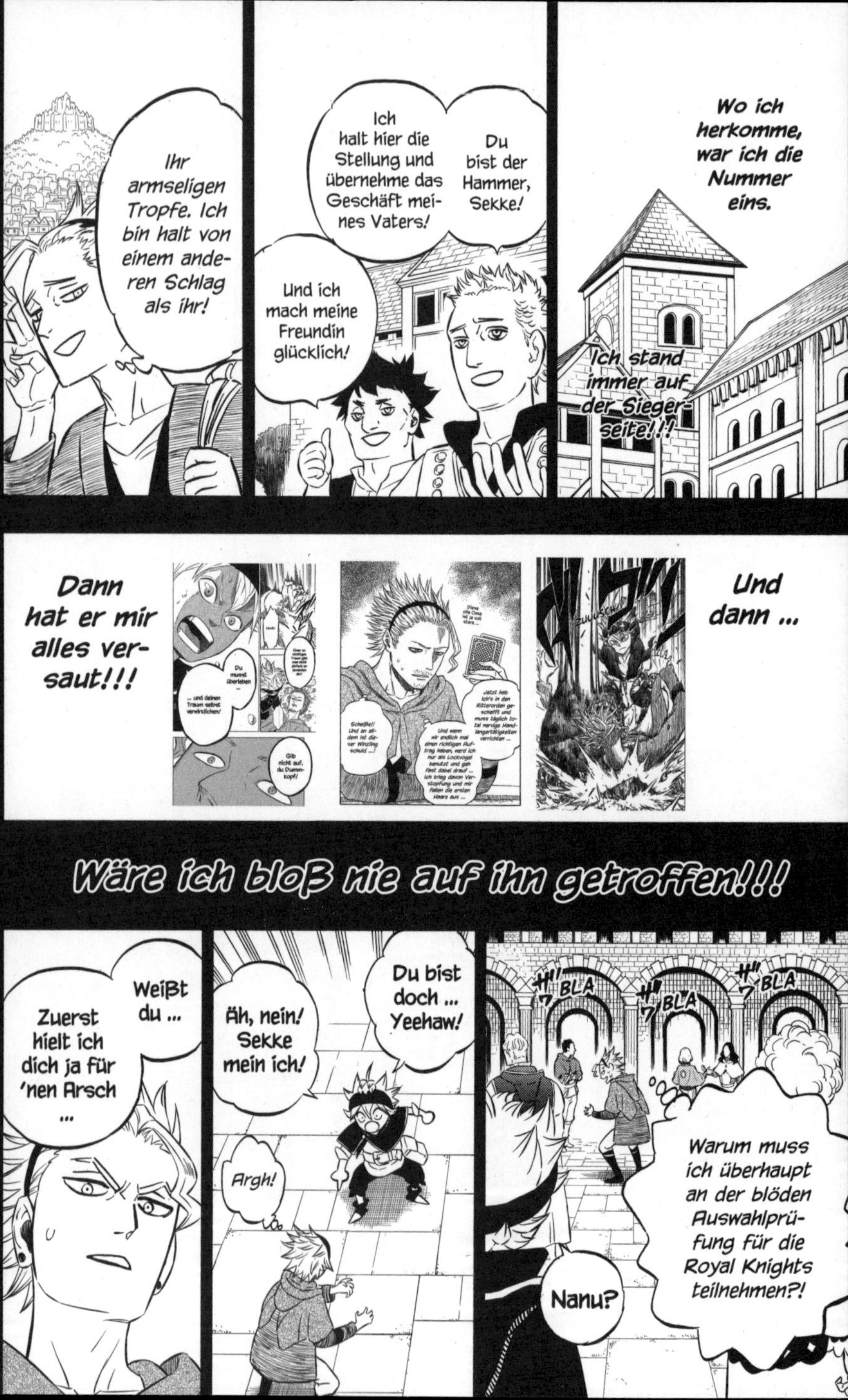

Wo ich herkomme, war ich die Nummer eins.
Ich stand immer auf der Sieger-seite!!!
Du bist der Hammer, Sekke!
Ich halt hier die Stellung und übernehme das Geschäft meines Vaters!
Und ich mach meine Freundin glücklich!
Ihr armseligen Tropfe. Ich bin halt von einem anderen Schlag als ihr!
Und dann ...
Dann hat er mir alles versaut!!!
Wäre ich bloß nie auf ihn getroffen!!!
BLA
BLA
BLA
Warum muss ich überhaupt an der blöden Auswahlprüfung für die Royal Knights teilnehmen?!
Nanu?
Du bist doch ... Yeehaw!
Äh, nein! Sekke mein ich!
Argh!
Weißt du ...
Zuerst hielt ich dich ja für 'nen Arsch ...

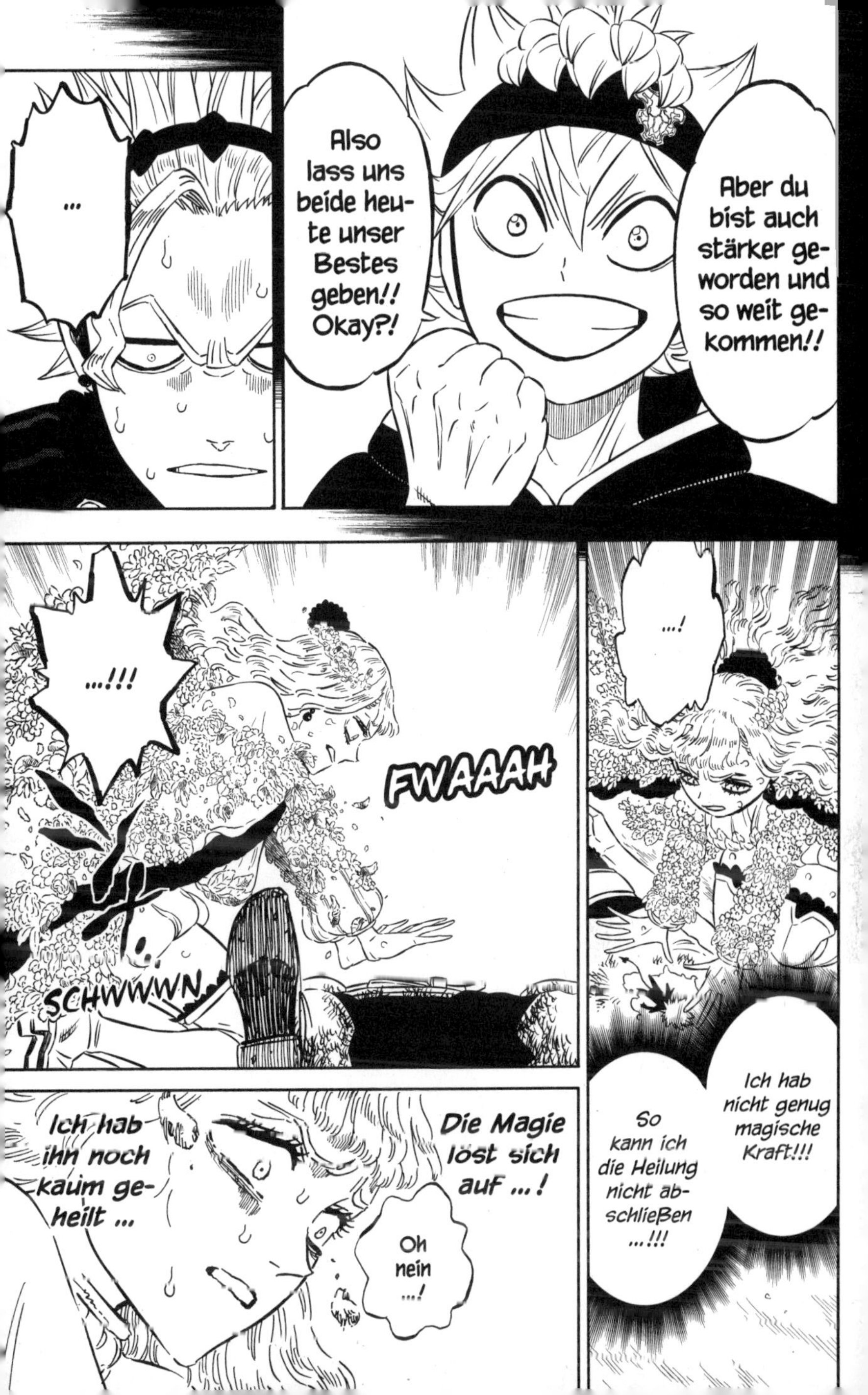
Aber du bist auch stärker geworden und so weit gekommen!!
Also lass uns beide heute unser Bestes geben!! Okay?!
...
...!
...!!!
FWAAAH
SCHWWWN
Ich hab nicht genug magische Kraft!!!
So kann ich die Heilung nicht abschließen ...!!!
Die Magie löst sich auf ...!
Ich hab ihn noch kaum geheilt ...
Oh nein ...!

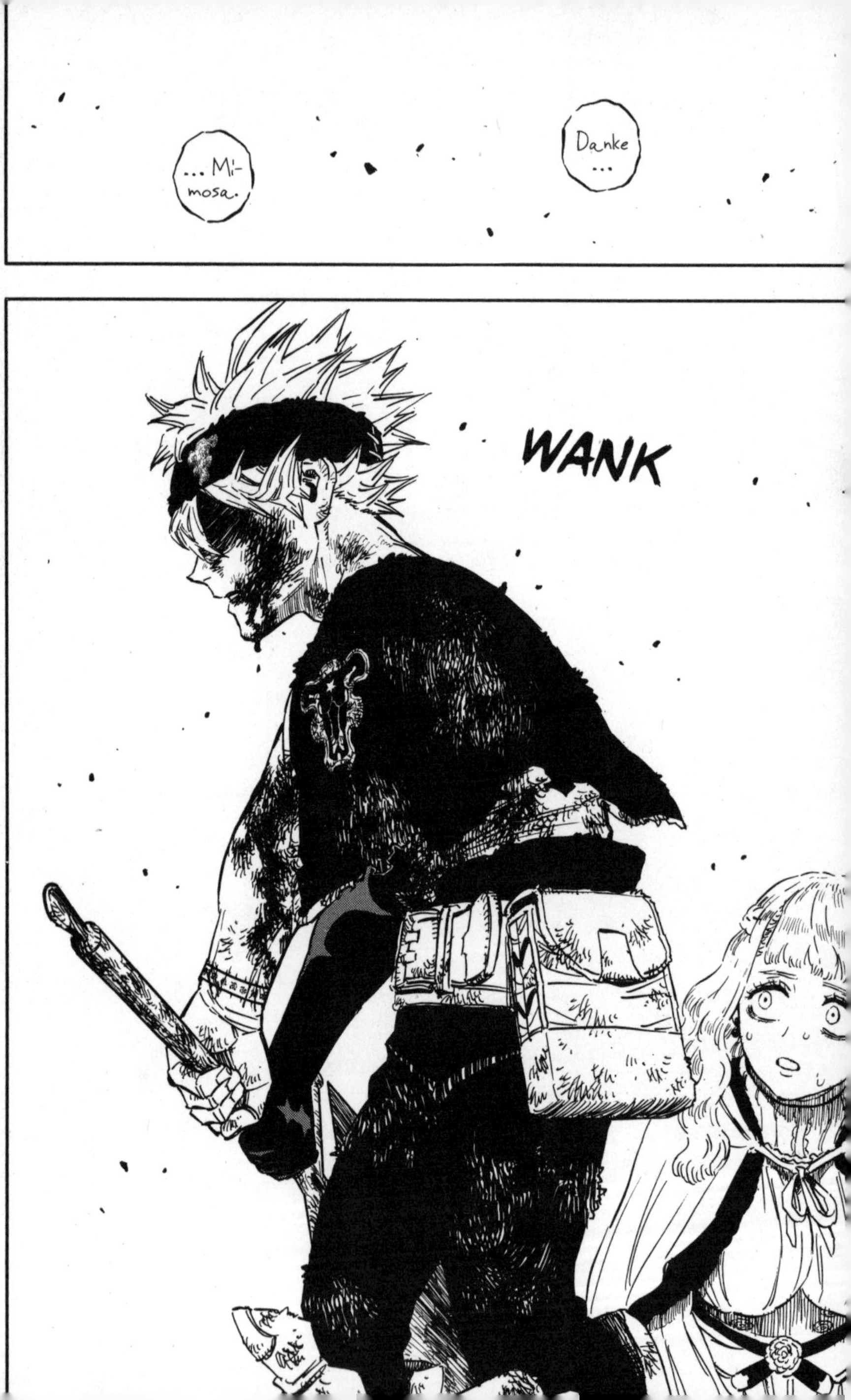
Danke ...
... Mi-mosa.
WANK

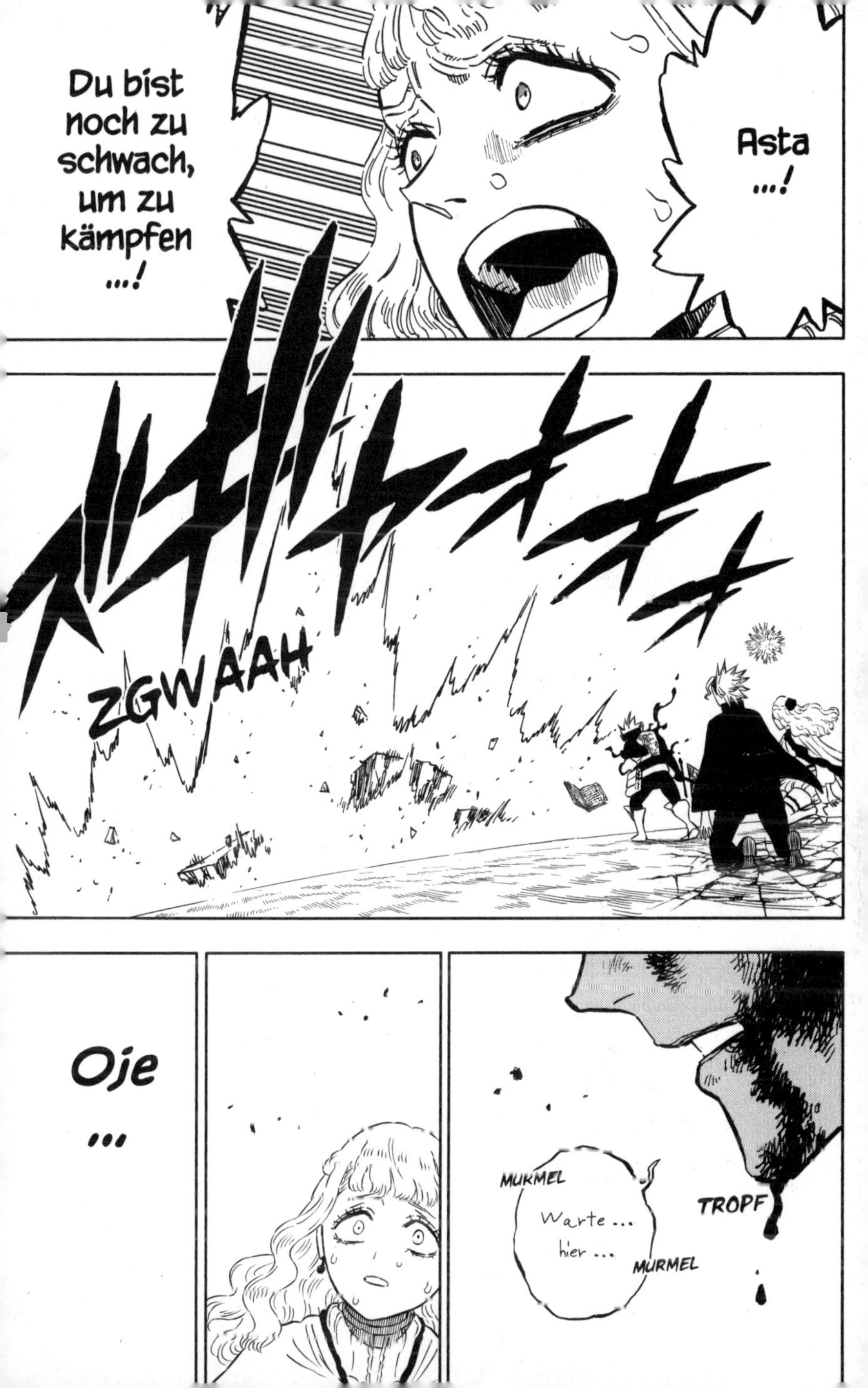
Asta …!
Du bist noch zu schwach, um zu kämpfen …!
ZGWAAH
Oje …
MURMEL
Warte … hier …
MURMEL
TROPF

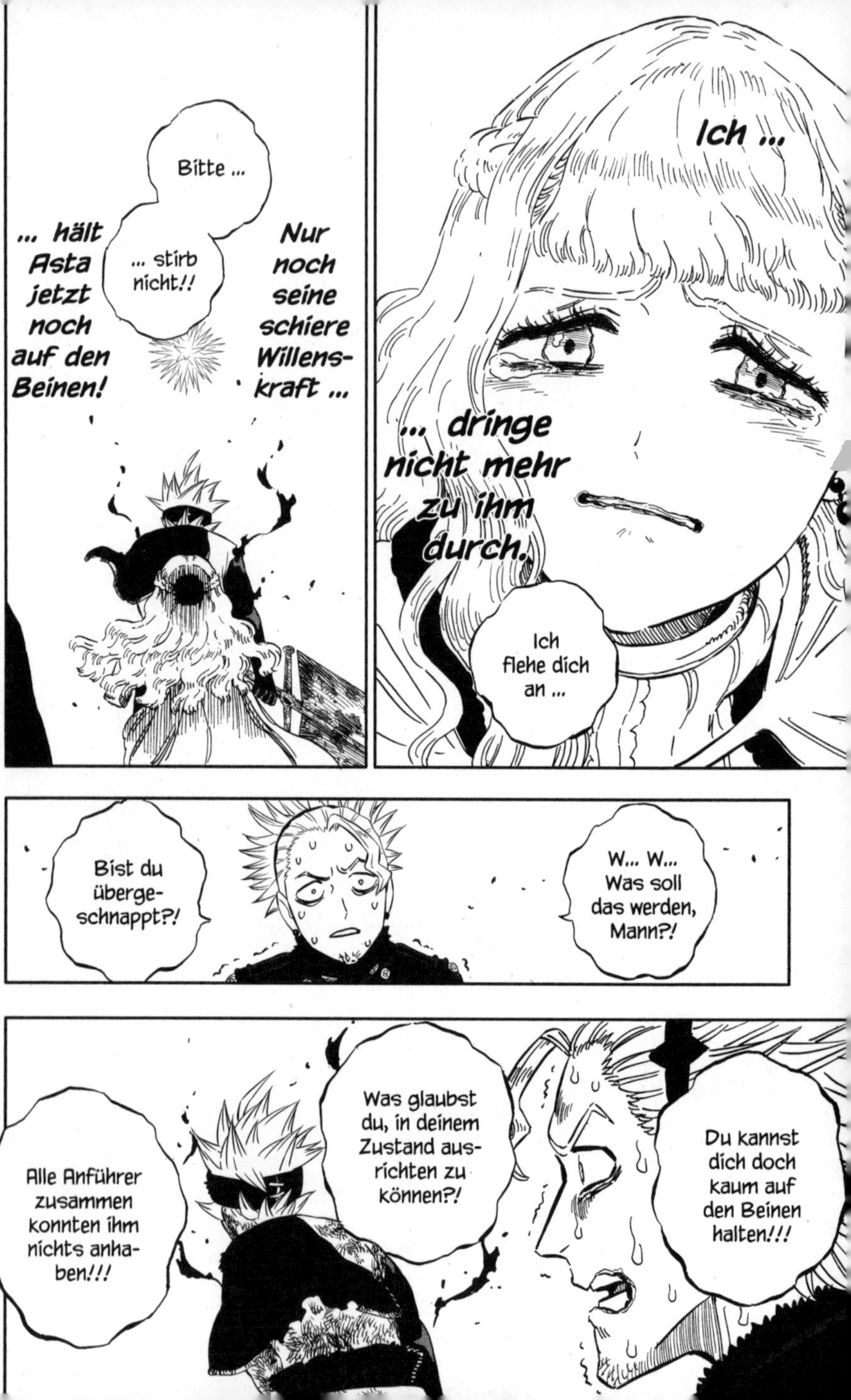
Ich ...
... dringe nicht mehr zu ihm durch.
Ich flehe dich an ...
Nur noch seine schiere Willenskraft ...
... hält Asta jetzt noch auf den Beinen!
Bitte ...
... stirb nicht!!
W... W... Was soll das werden, Mann?!
Bist du überge-schnappt?!
Du kannst dich doch kaum auf den Beinen halten!!!
Was glaubst du, in deinem Zustand aus-richten zu können?!
Alle Anführer zusammen konnten ihm nichts anha-ben!!!

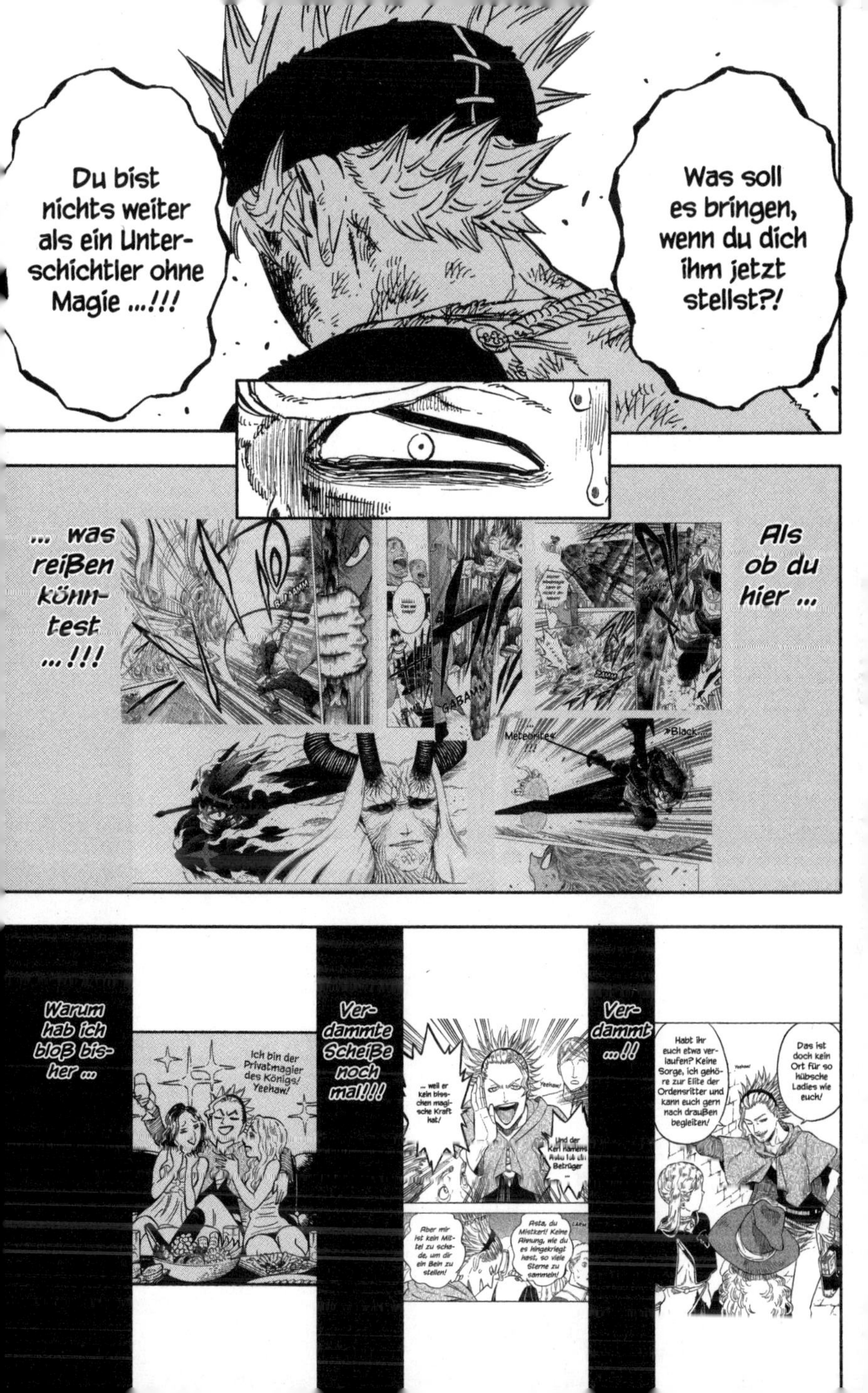
Was soll es bringen, wenn du dich ihm jetzt stellst?!
Du bist nichts weiter als ein Unter-schichtler ohne Magie ...!!!
Als ob du hier ...
... was reißen könntest ...!!!
Verdammt ...!!
Das ist doch kein Ort für so hübsche Ladies wie euch!
Habt ihr euch etwa verlaufen? Keine Sorge, ich gehöre zur Elite der Ordensritter und kann euch gern nach draußen begleiten!
Verdammte Scheiße noch mal!!!
Yeehaw!
... weil er kein bisschen magische Kraft hat!
Asta, du Mistkerl! Keine Ahnung, wie du es hingekriegt hast, so viele Sterne zu sammeln!
Aber mir ist kein Mittel zu schade, um dir ein Bein zu stellen!
Warum hab ich bloß bisher ...
Ich bin der Privatmagier des Königs! Yeehaw!

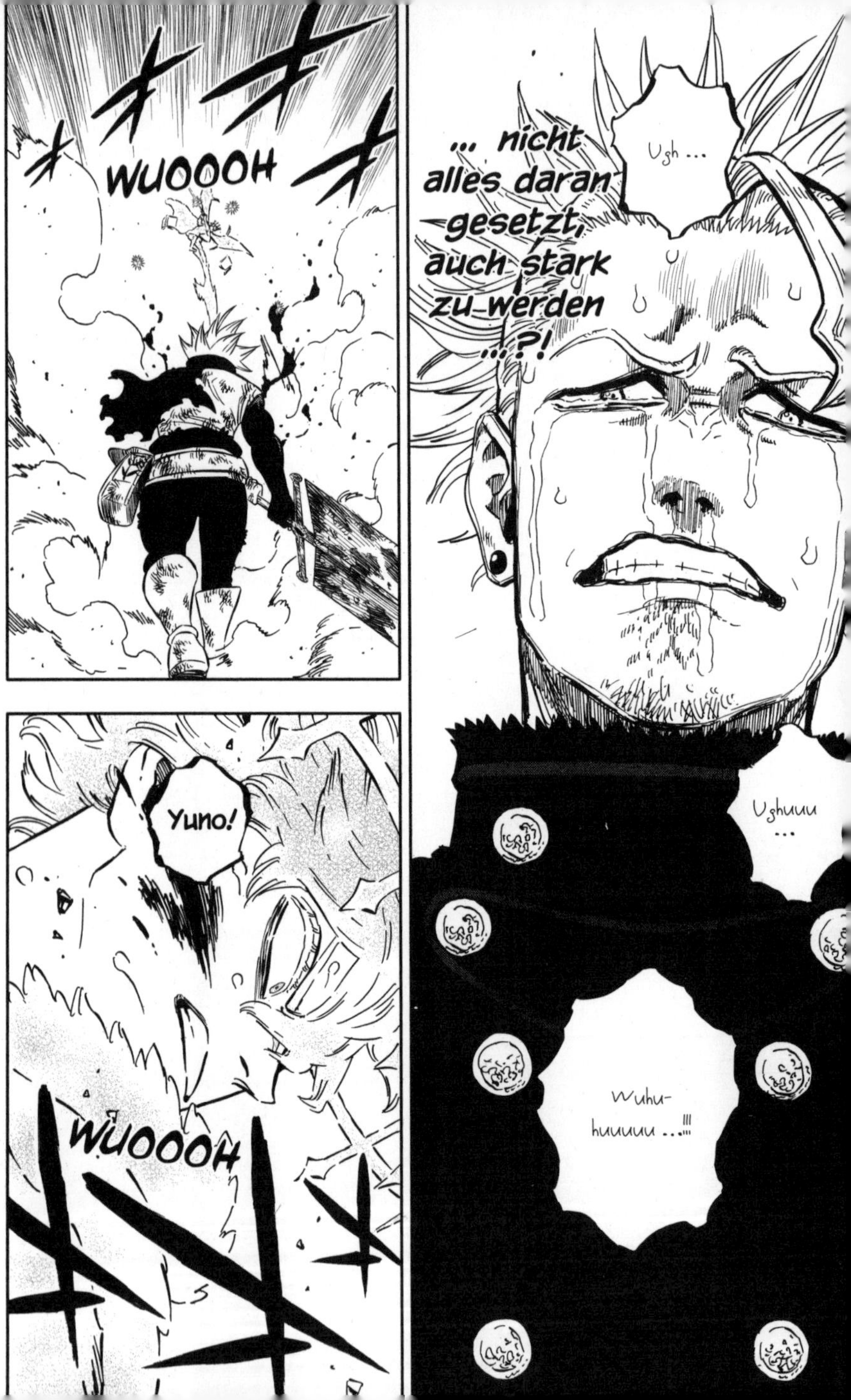
... nicht alles daran gesetzt, auch stark zu werden ...?!
Ugh ...
Ughuuu ...
Wuhu-huuuuu ...!!!
WUOOOH
Yuno!
WUOOOH

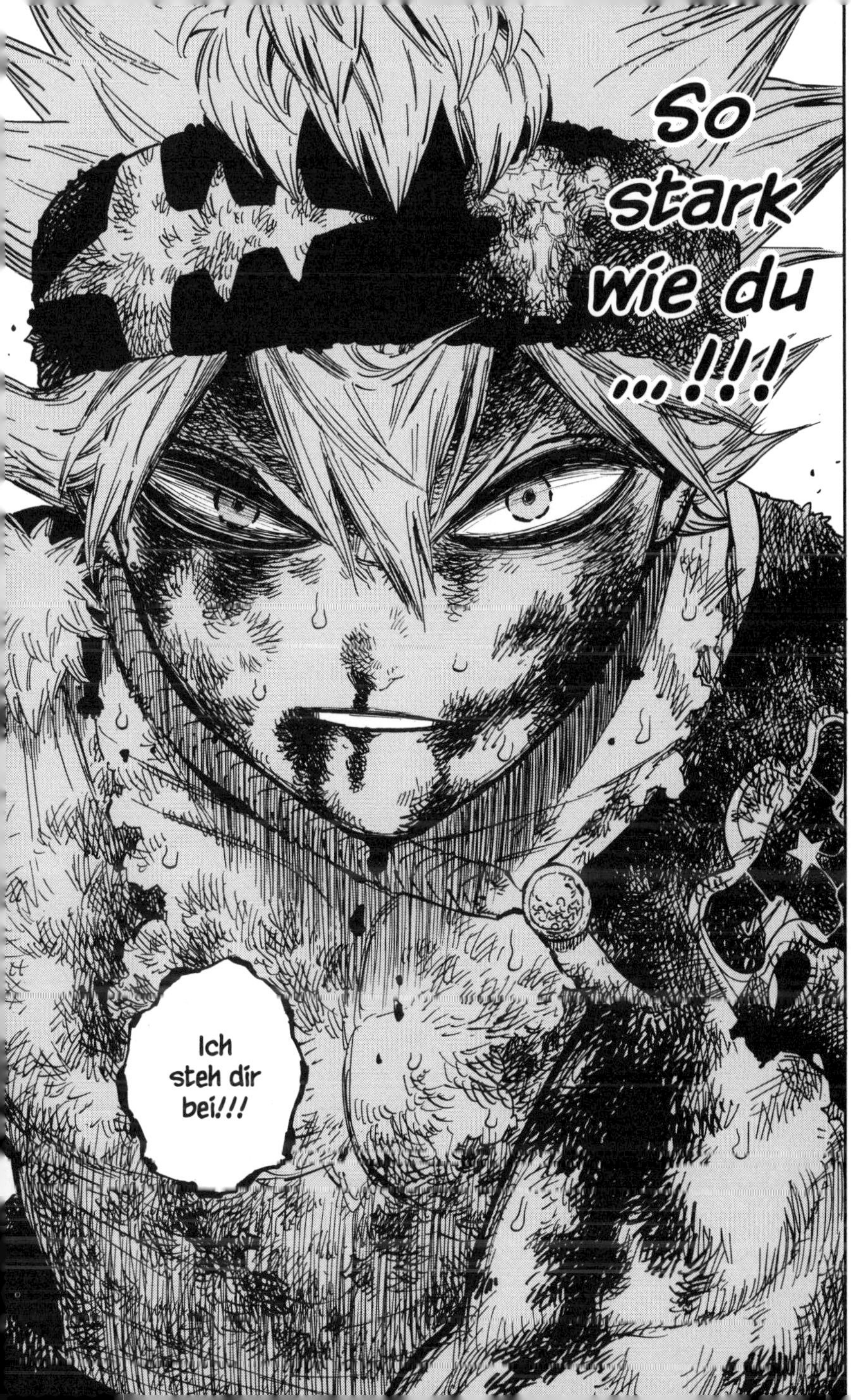
So stark wie du ...!!!
Ich steh dir bei!!!

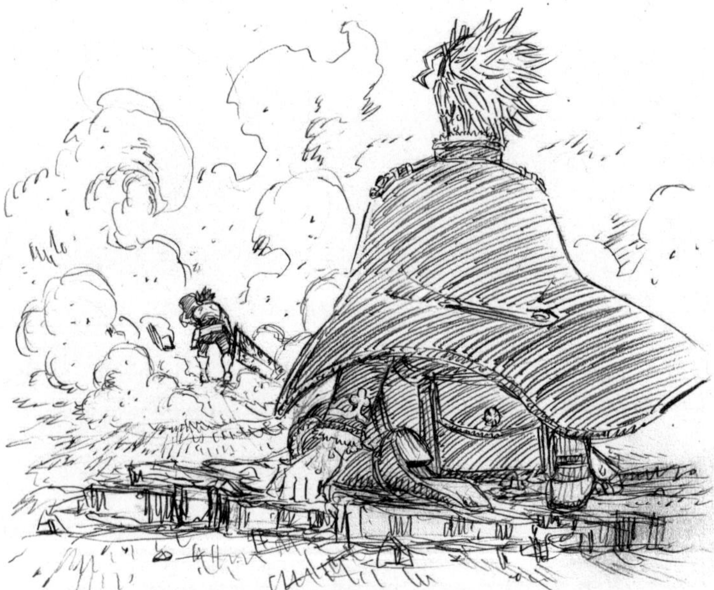

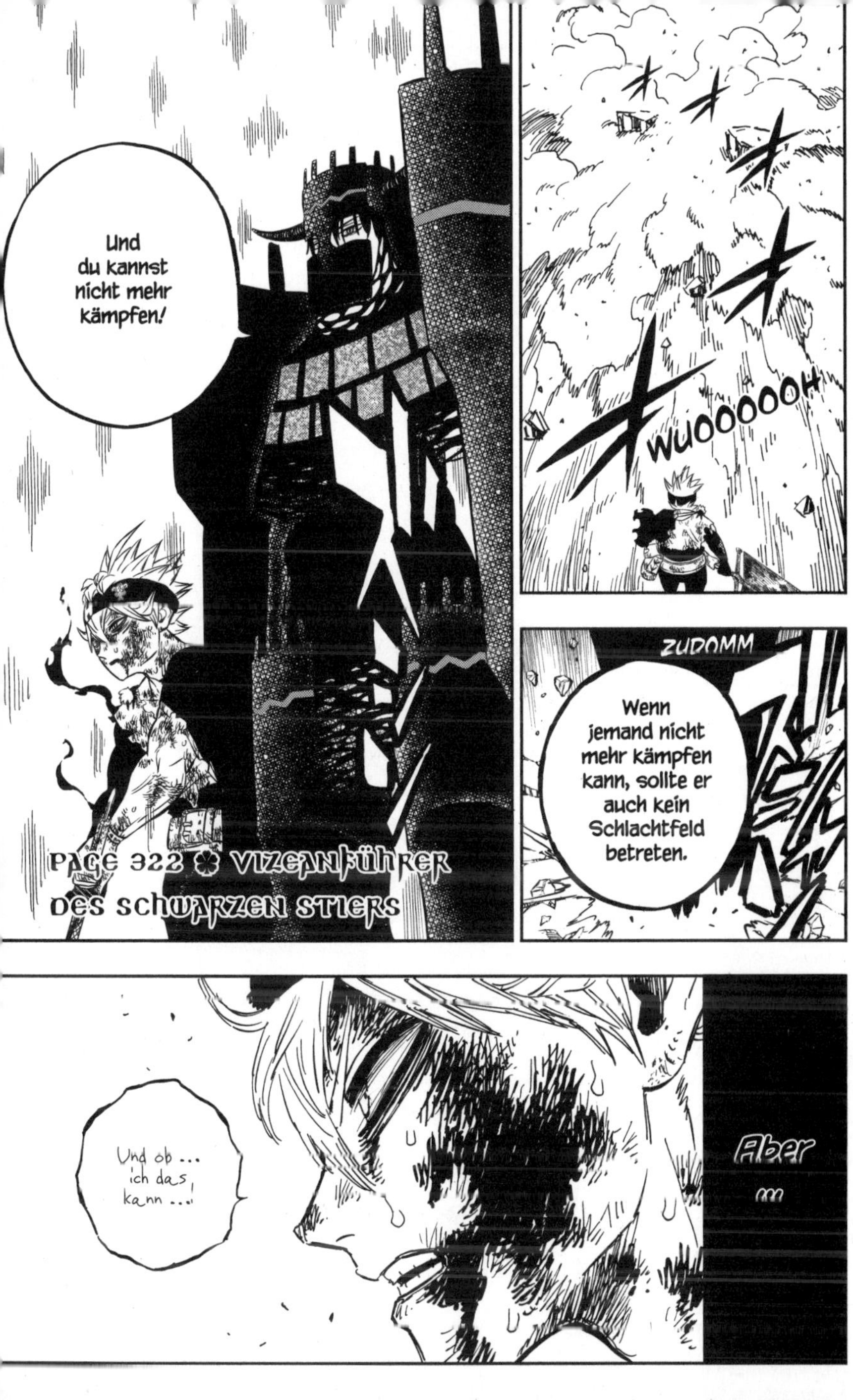
WUOOOOOH
ZUDOMM
Wenn jemand nicht mehr kämpfen kann, sollte er auch kein Schlachtfeld betreten.
Und du kannst nicht mehr kämpfen!
PAGE 322 ✿ VIZEANFÜHRER DES SCHWARZEN STIERS
Aber ...
Und ob ... ich das kann ...!

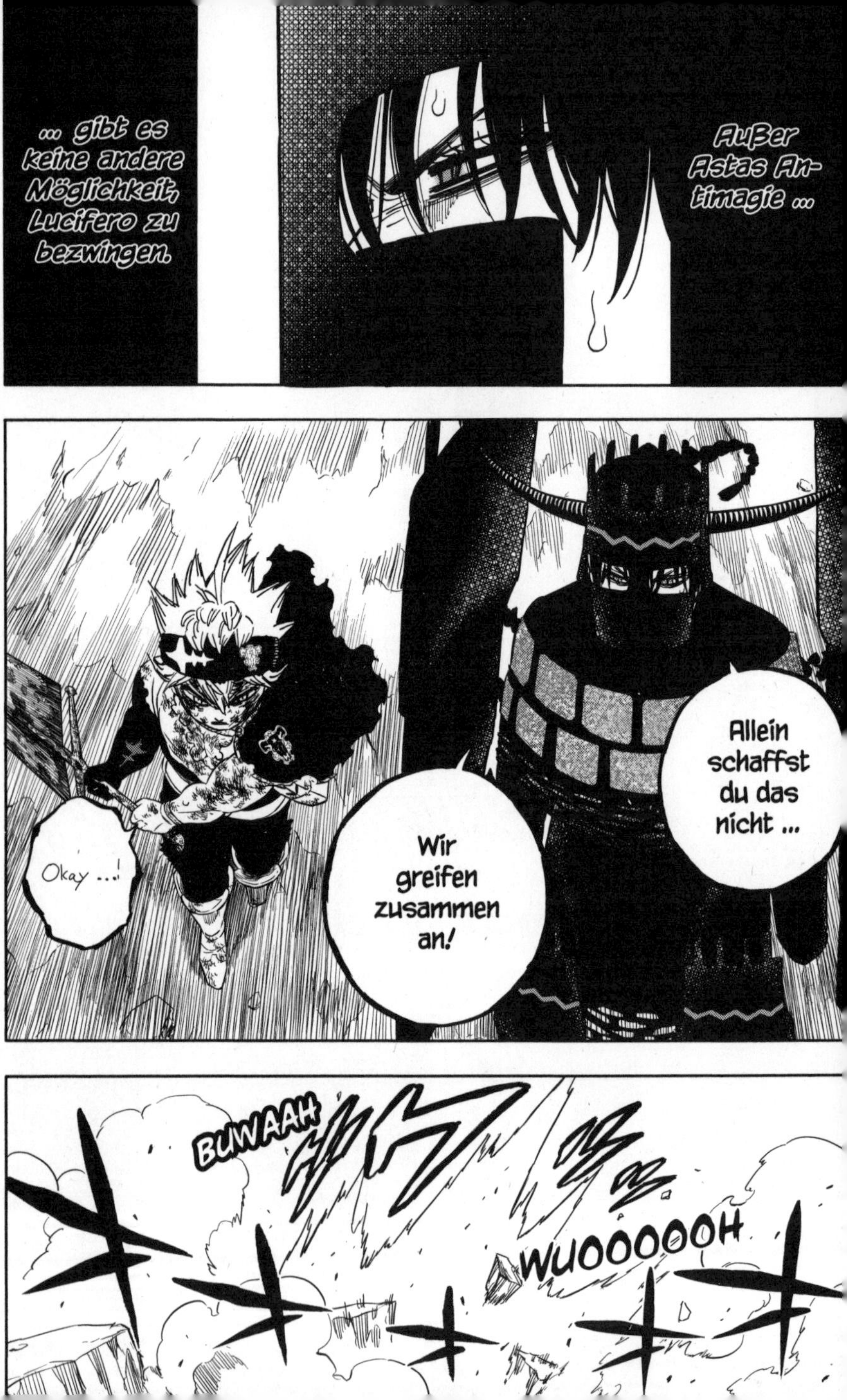
Außer Astas Antimagie ...
... gibt es keine andere Möglichkeit, Lucifero zu bezwingen.
Allein schaffst du das nicht ...
Wir greifen zusammen an!
Okay ...!
WUOOOOOH
BUWAAH

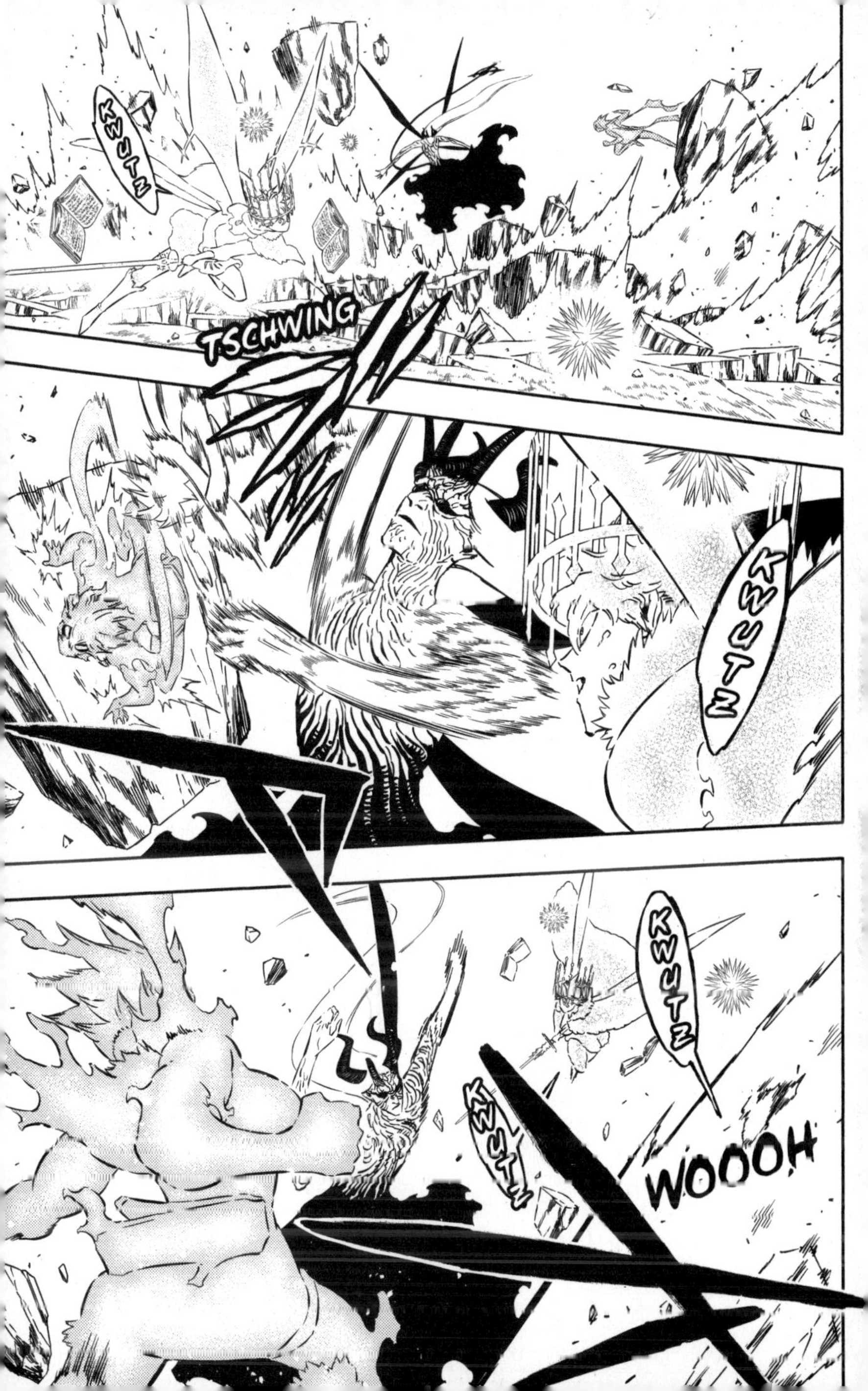
KWUTZ
TSCHWING
KWUTZ
KWUTZ
KWUTZ
WOOOH

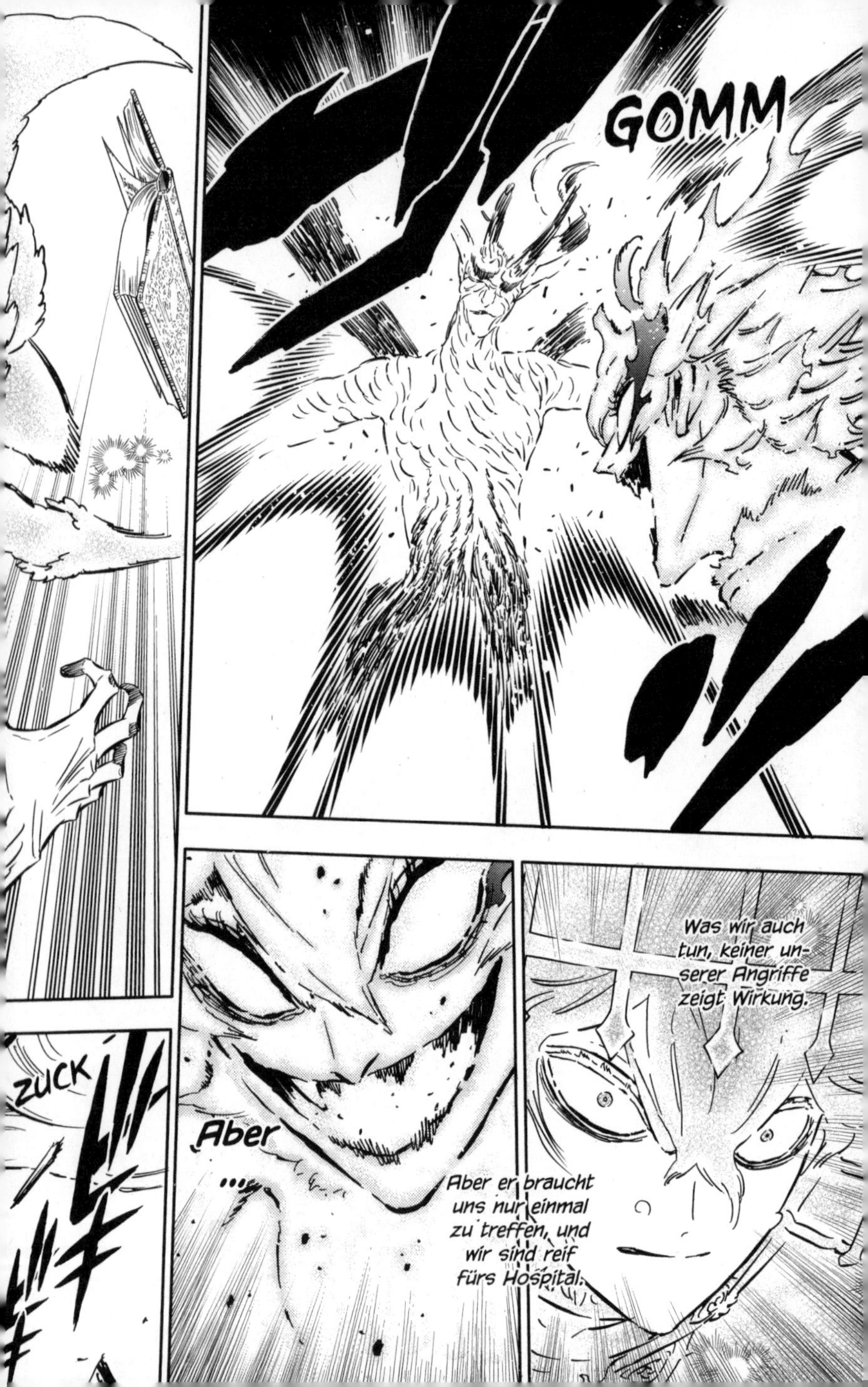
GOMM
ZUCK
Aber
...
Was wir auch tun, keiner unserer Angriffe zeigt Wirkung.
Aber er braucht uns nur einmal zu treffen, und wir sind reif fürs Hospital.

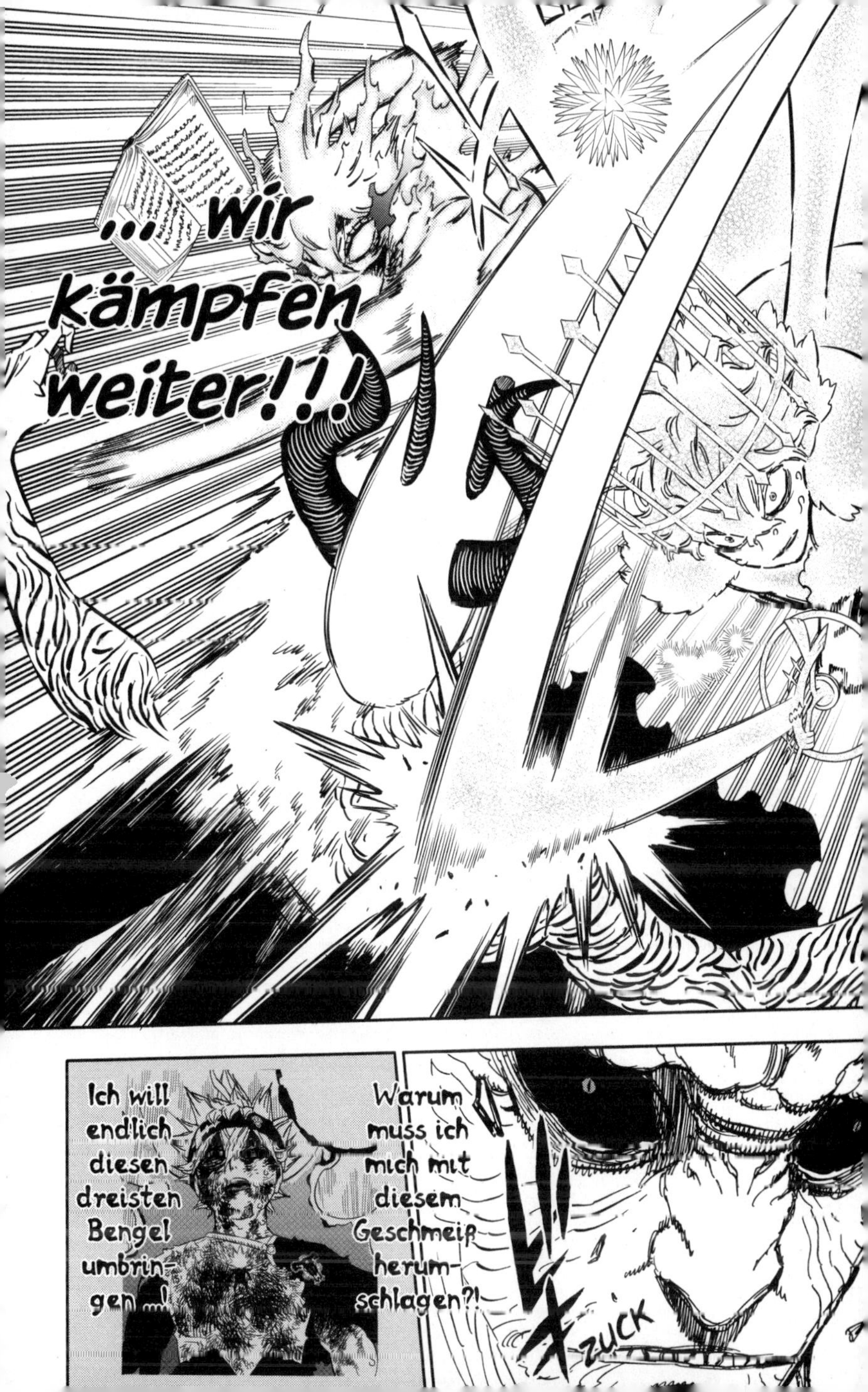

...wir kämpfen weiter!!!
Warum muss ich mich mit diesem Geschmeiß herumschlagen?!
Ich will endlich diesen dreisten Bengel umbringen ...!
ZUCK

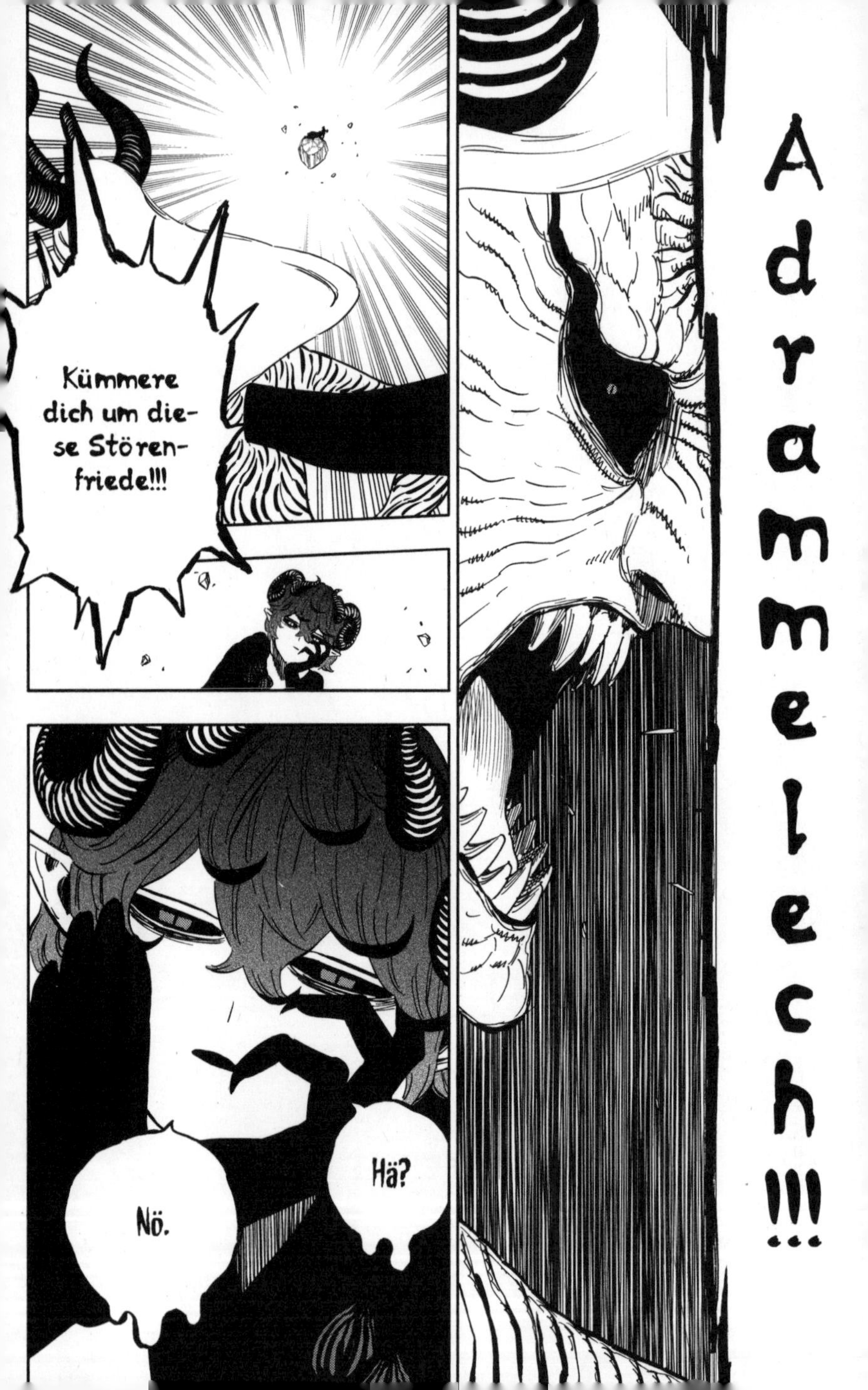
Adrammelech!!!
Kümmere dich um diese Störenfriede!!!
Hä?
Nö.

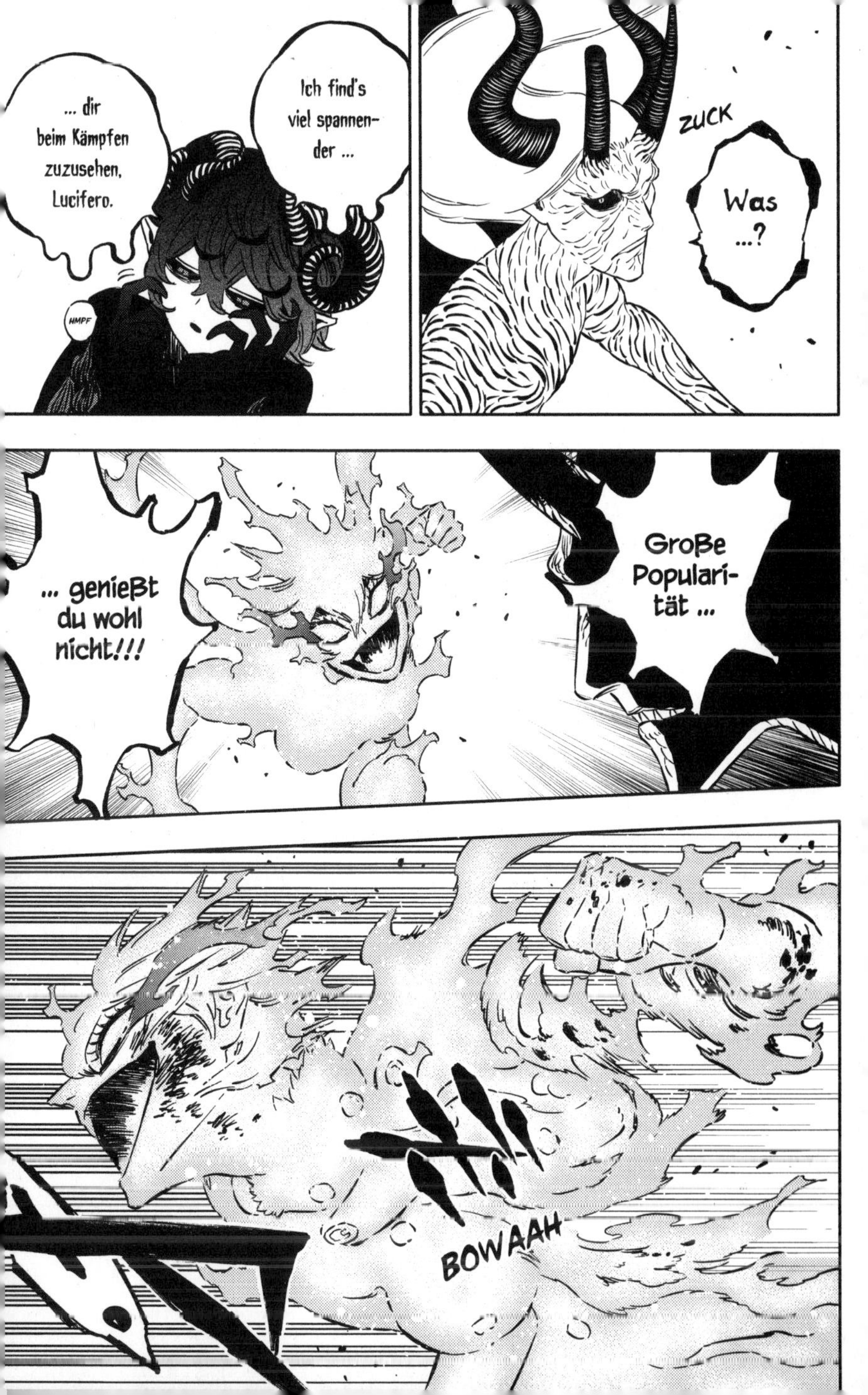
Ich find's viel spannen-der ...
... dir beim Kämpfen zuzusehen, Lucifero.
HMPF
ZUCK
Was ...?
Große Populari-tät ...
... genießt du wohl nicht!!!
BOWAAH

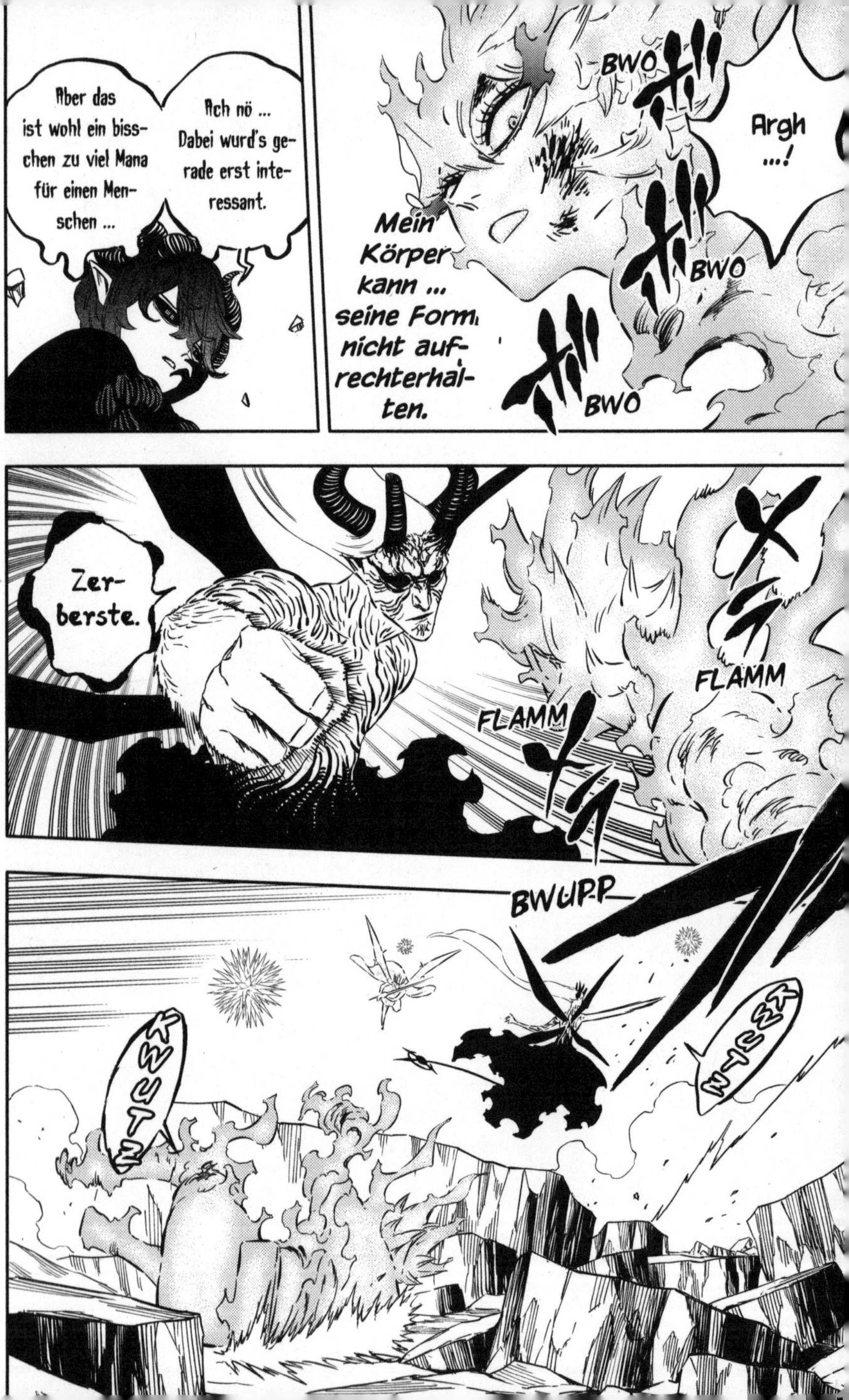
Ach nö ... Dabei wurd's gerade erst interessant.
Aber das ist wohl ein bisschen zu viel Mana für einen Menschen ...
BWO
Argh ...!
BWO
Mein Körper kann ... seine Form nicht aufrechterhalten.
BWO
FLAMM
FLAMM
Zerberste.
BWUPP
KNUTSCH
KNUTSCH

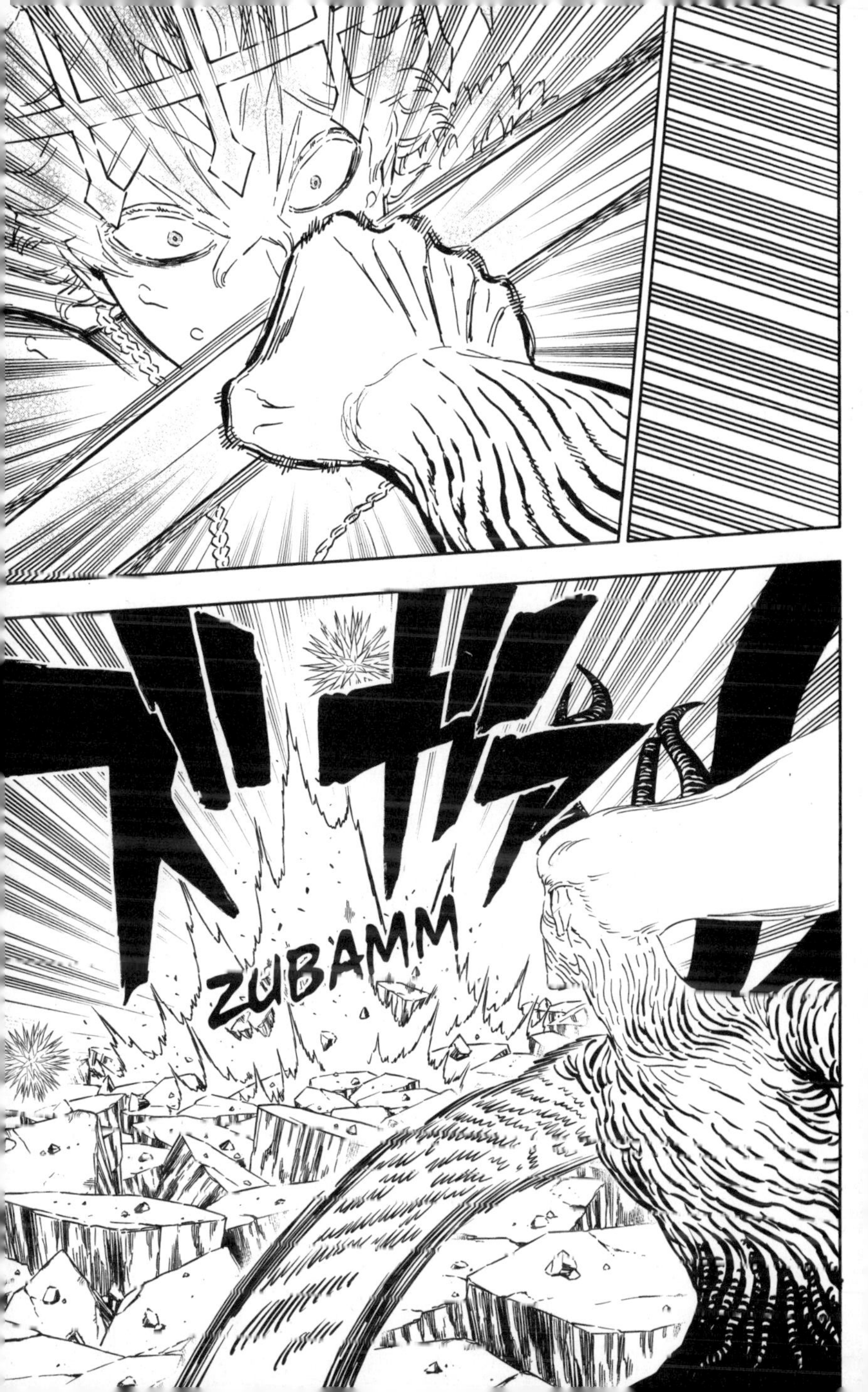
ZUBAMM

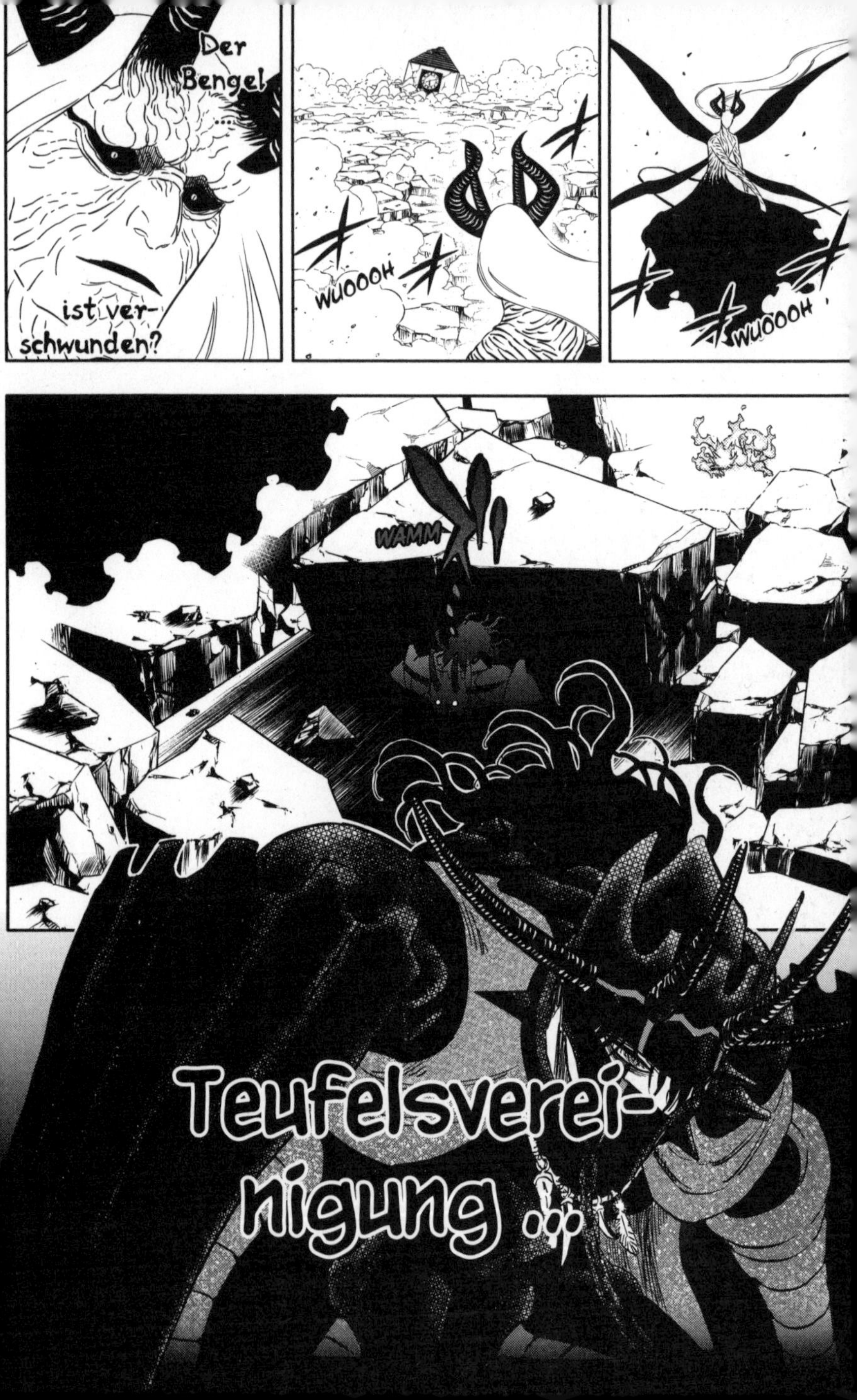
Der Bengel ...
ist verschwunden?
WUOOOH
WUOOOH
WAMM
Teufelsvereinigung ...

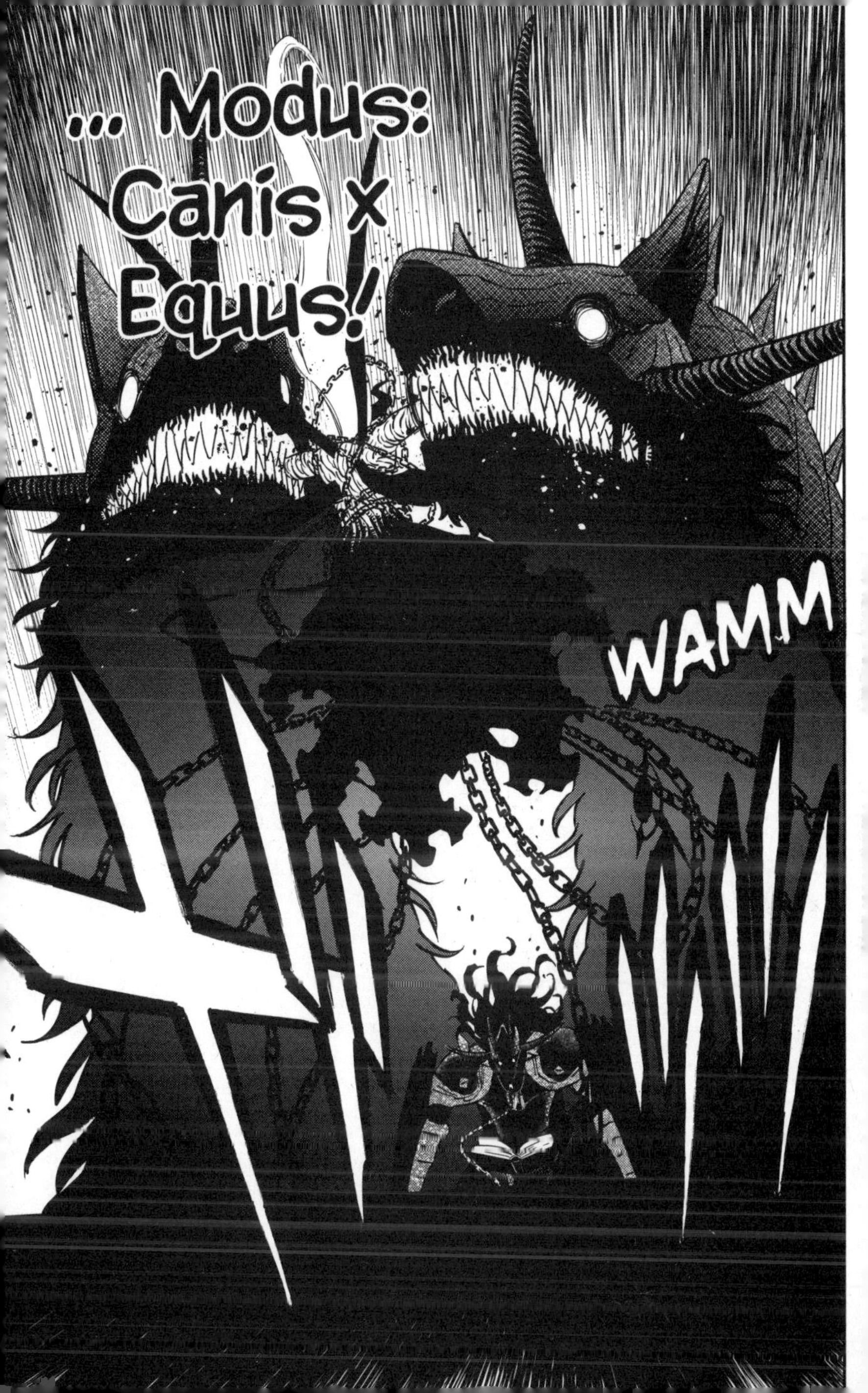
... Modus: Canis x Equus!!
WAMM

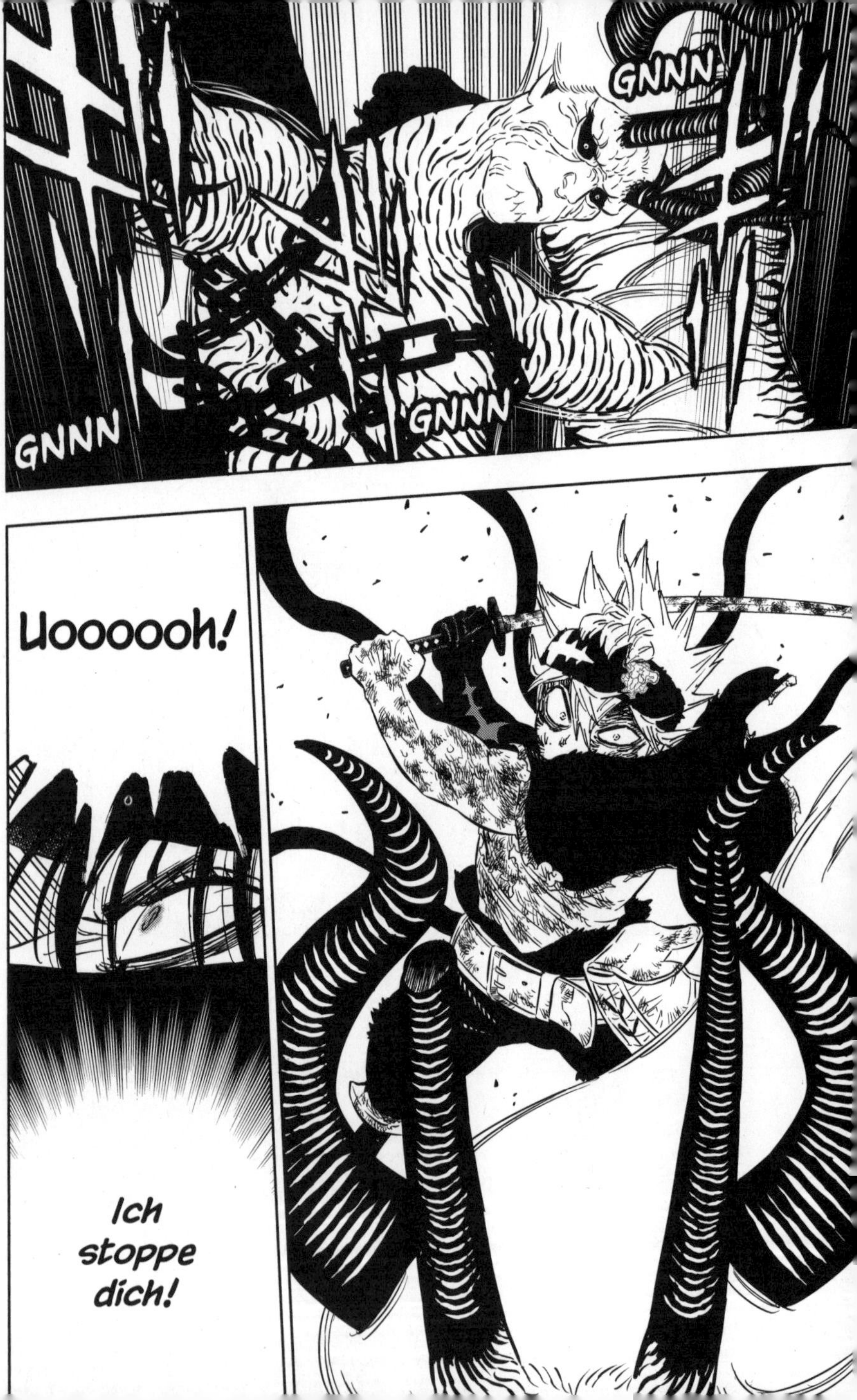
GNNN
GNNN
GNNN
Uoooooh!
Ich stoppe dich!

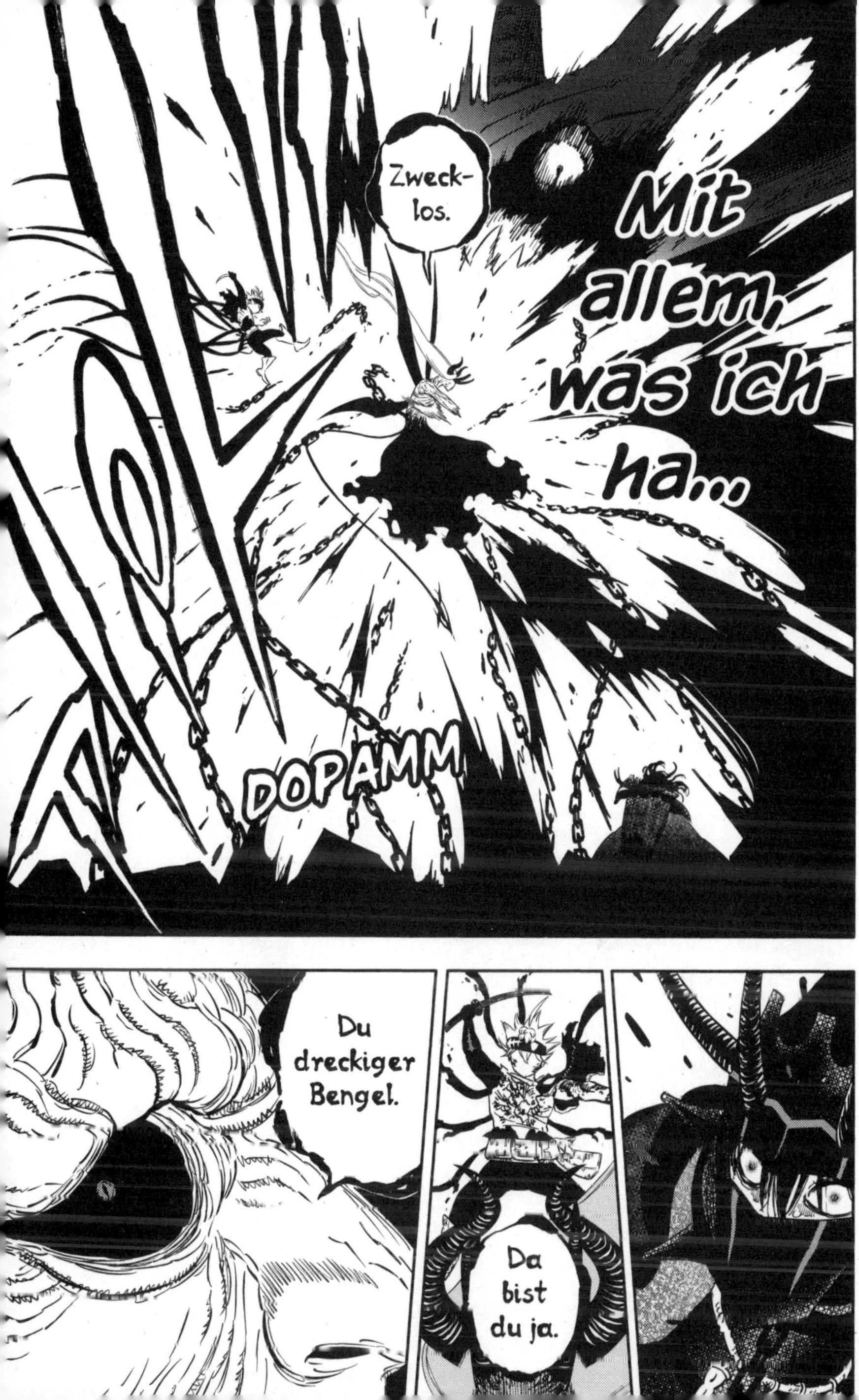
Mit allem, was ich ha...
Zweck-los.
DOPAMM
Da bist du ja.
Du dreckiger Bengel.

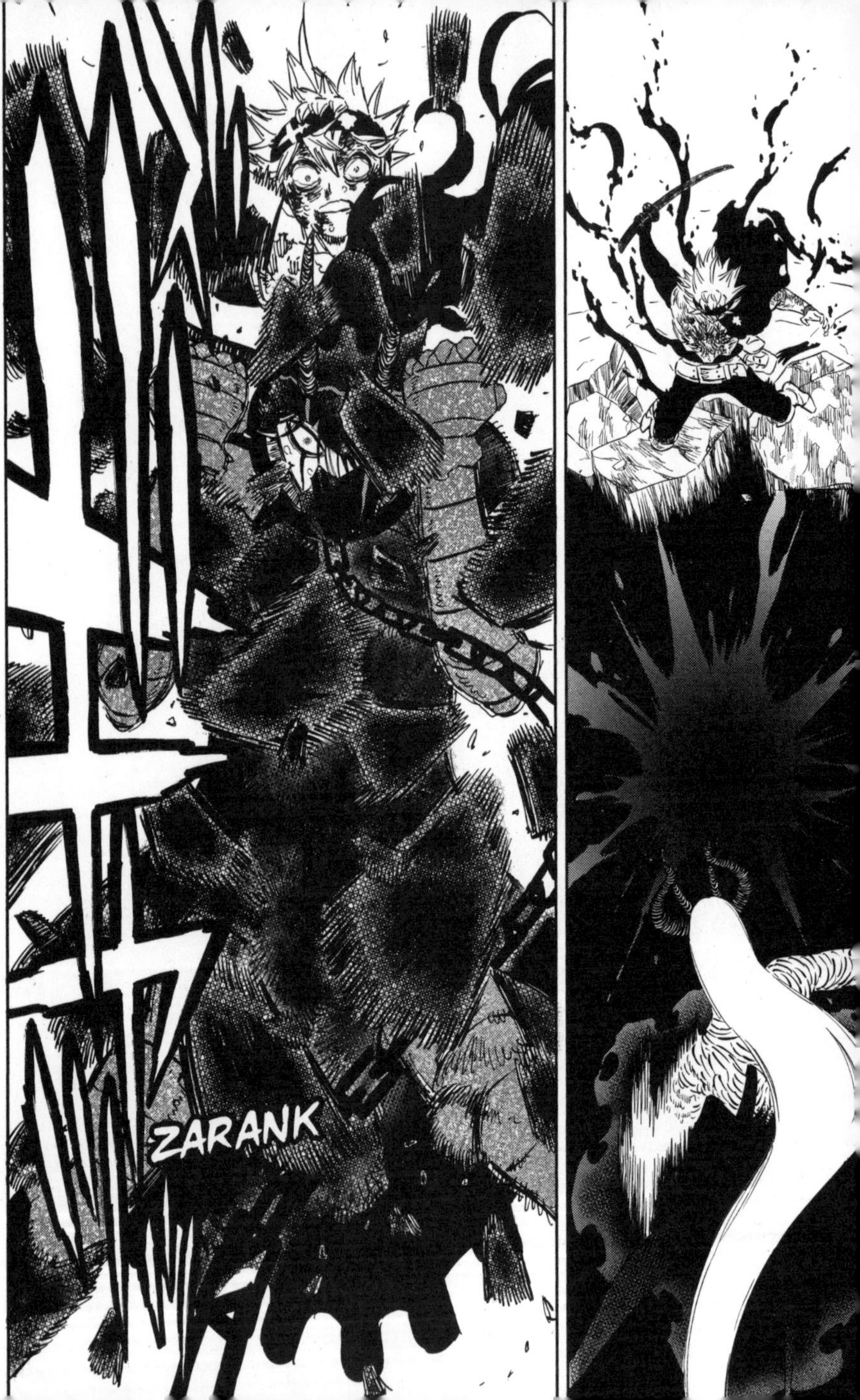
ZARANK

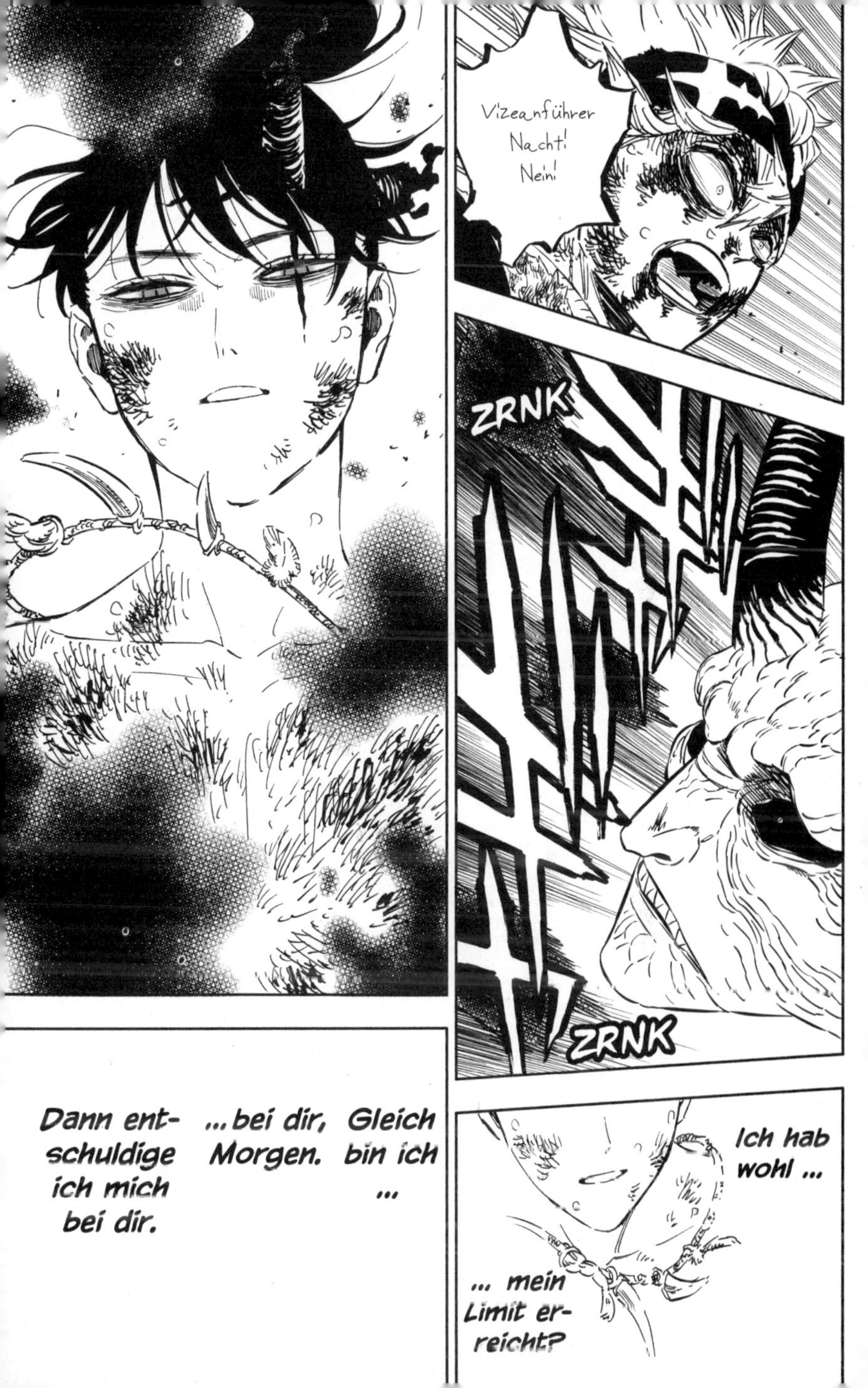
Vizeanführer Nacht! Nein!
ZRNK
ZRNK
Ich hab wohl ...
... mein Limit erreicht?
Gleich bin ich ...
... bei dir, Morgen.
Dann entschuldige ich mich bei dir.

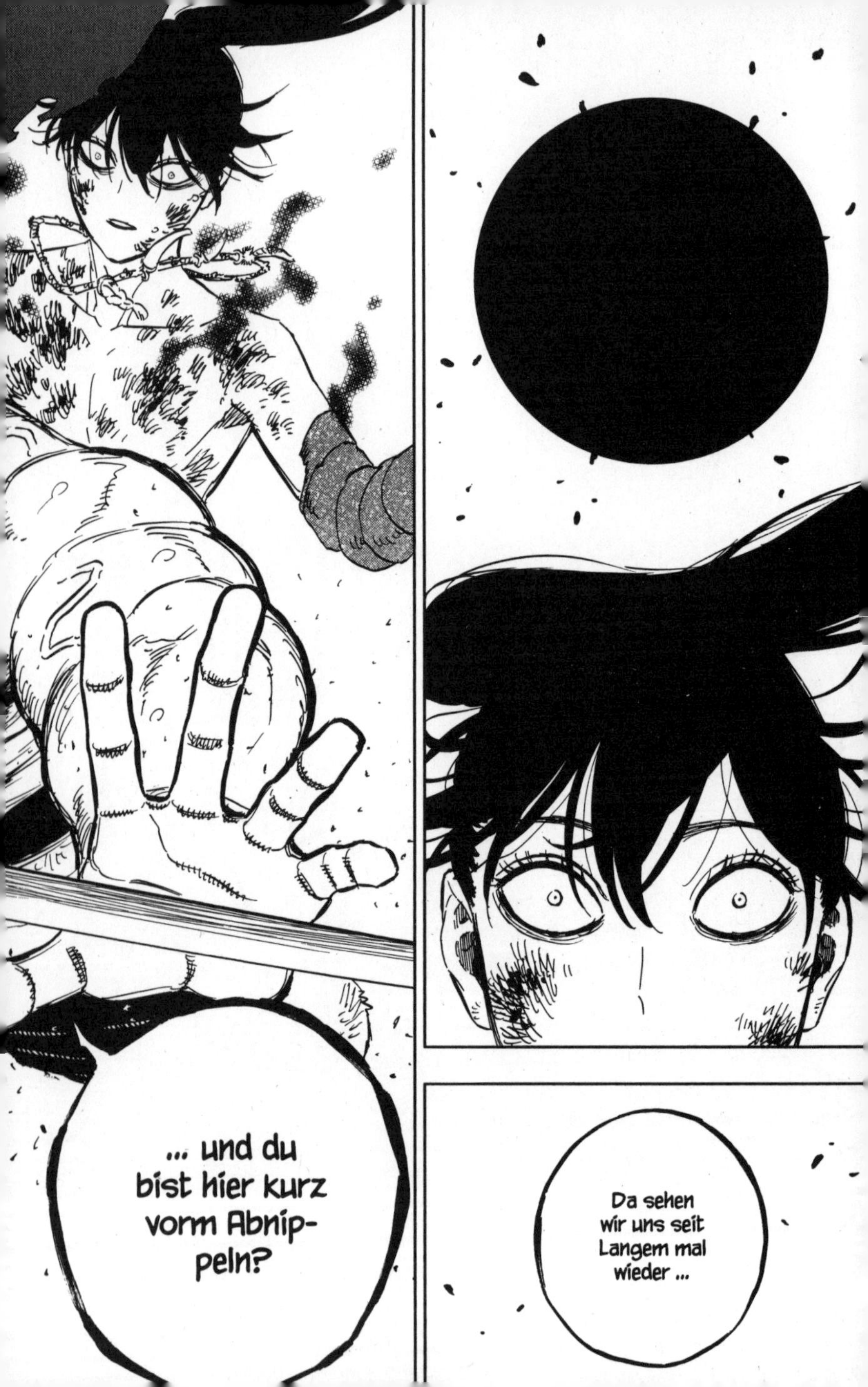
Da sehen wir uns seit Langem mal wieder …
… und du bist hier kurz vorm Abnip-peln?

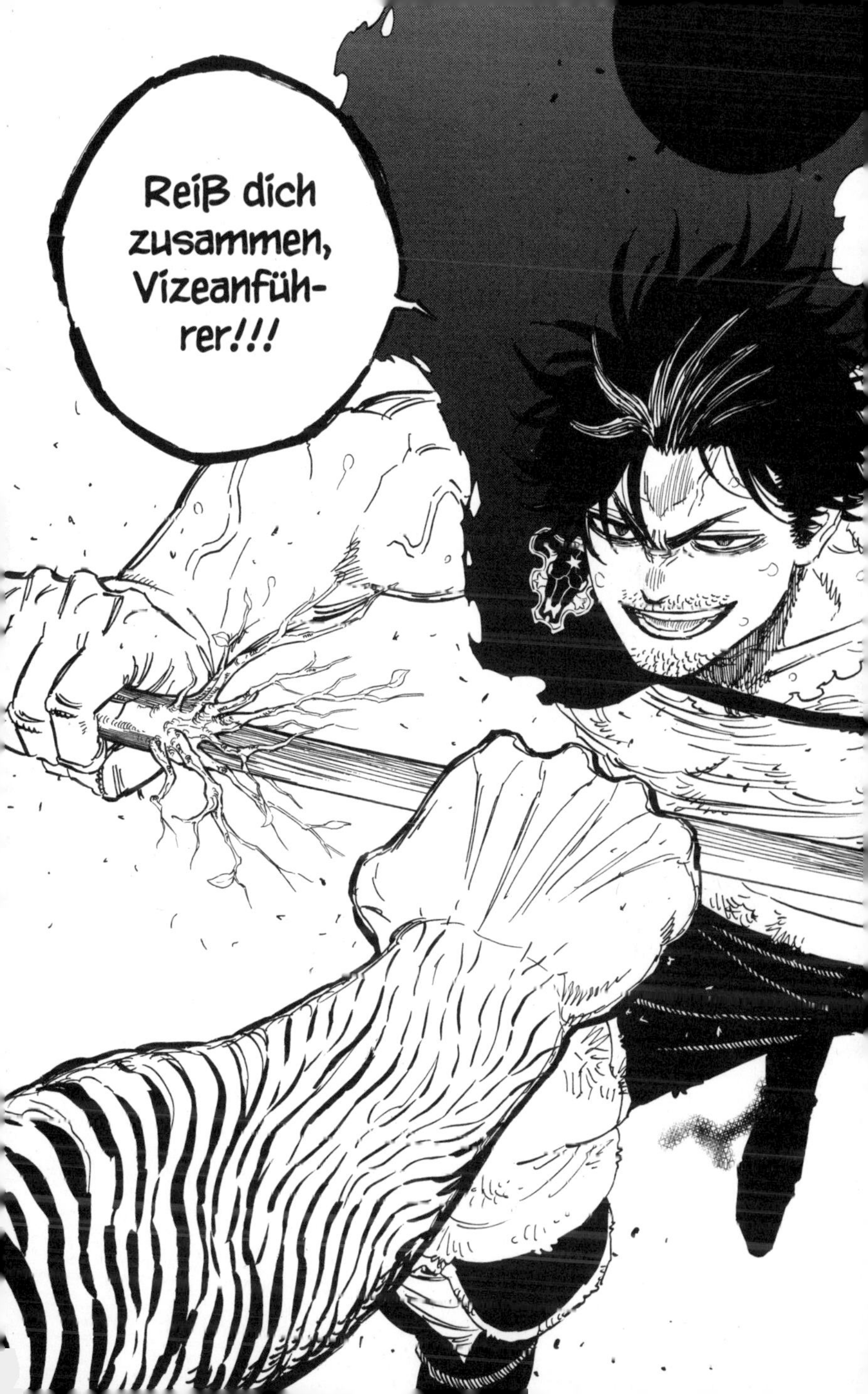
Reiß dich zusammen, Vizeanführer!!!

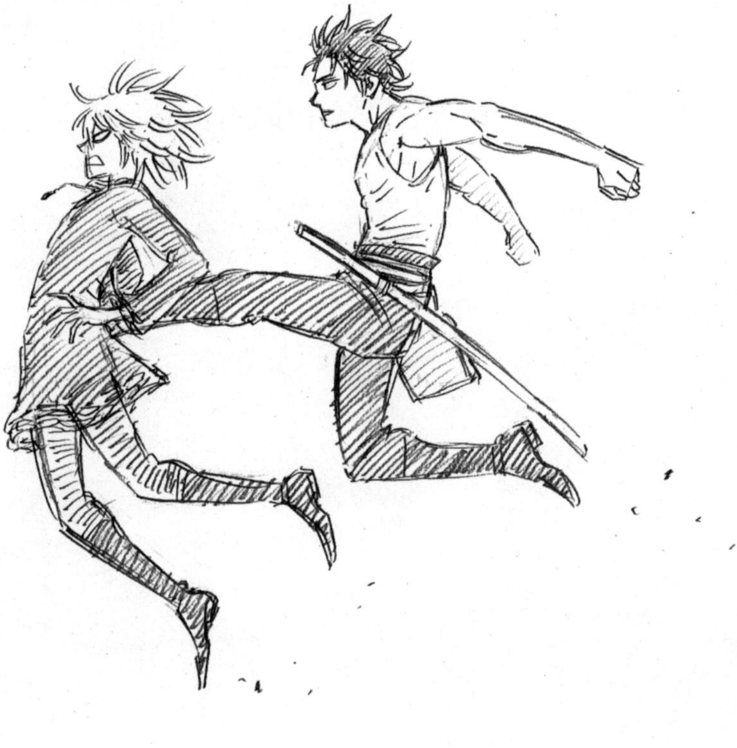

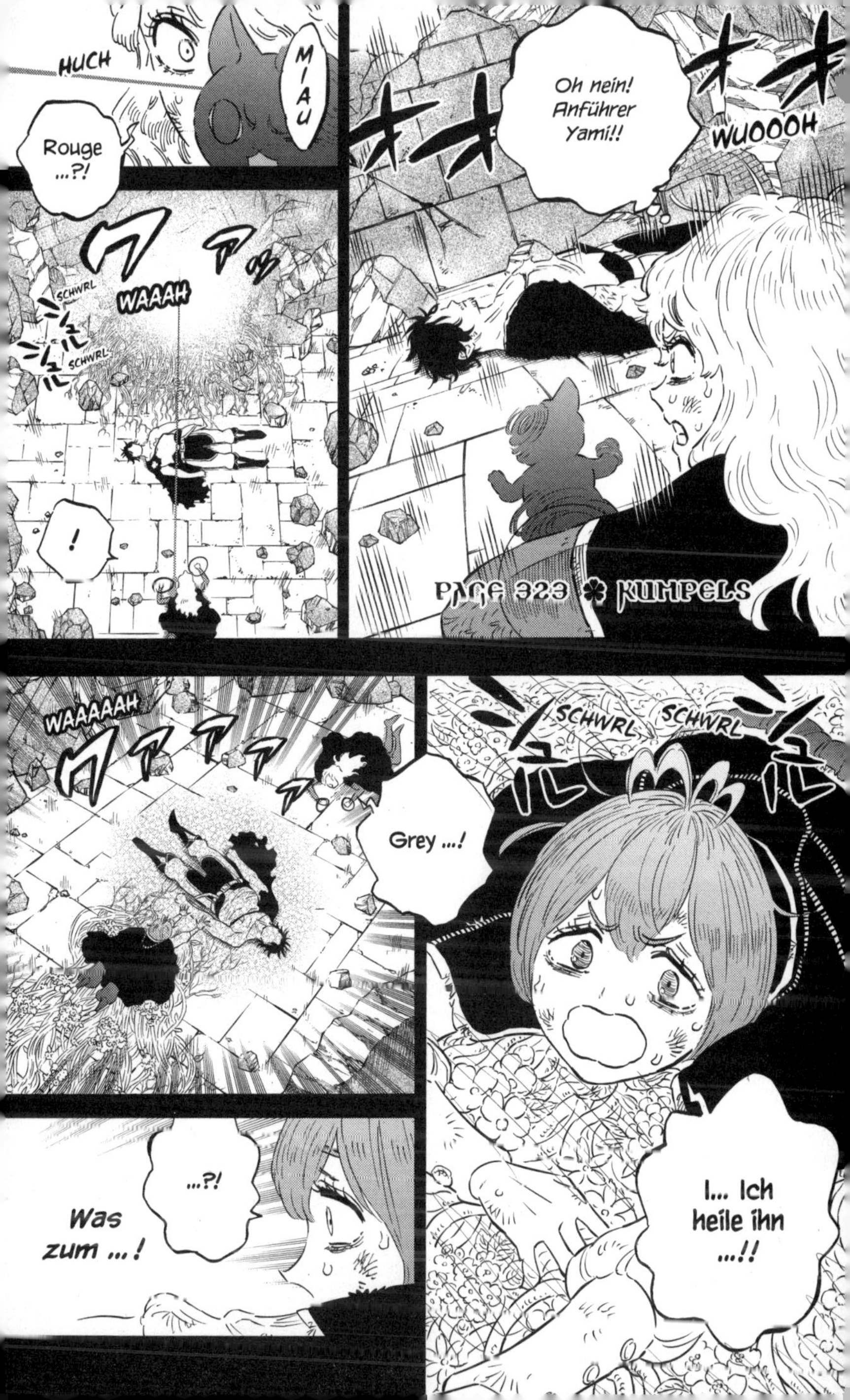
Oh nein! Anführer Yami!!
WUOOOH
PAGE 323 ✤ KUMPELS
MIAU
HUCH
Rouge ...?!
WAAAH
SCHWRL
SCHWRL
!
SCHWRL
SCHWRL
Grey ...!
I... Ich heile ihn ...!!
WAAAAAH
...?!
Was zum ...!

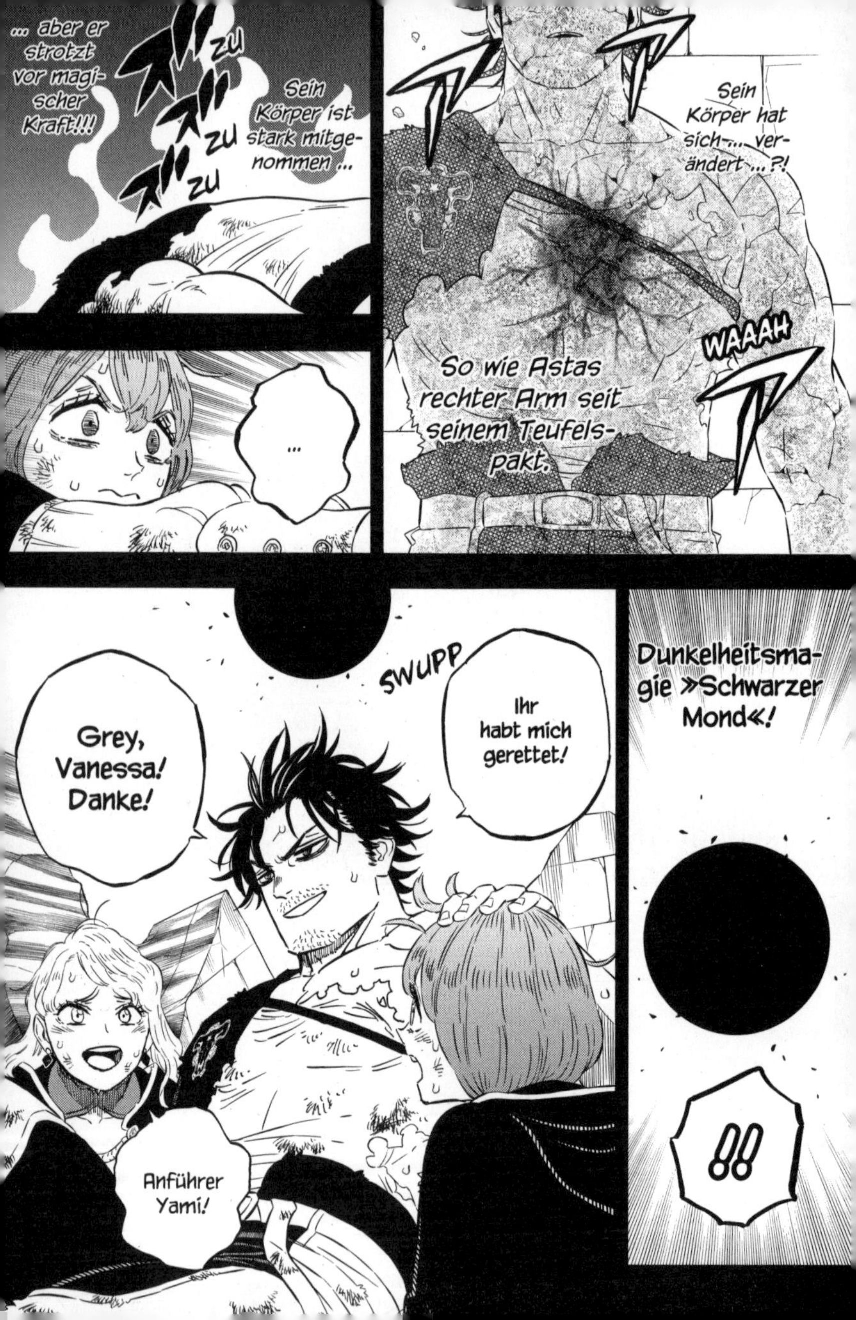

Sein Körper hat sich ... verändert ...?!
WAAAH
So wie Astas rechter Arm seit seinem Teufelspakt.
Sein Körper ist stark mitgenommen ...
... aber er strotzt vor magischer Kraft!!!
ZU
ZU
ZU
...
Dunkelheitsmagie »Schwarzer Mond«!
!!
SWUPP
Ihr habt mich gerettet!
Grey, Vanessa! Danke!
Anführer Yami!

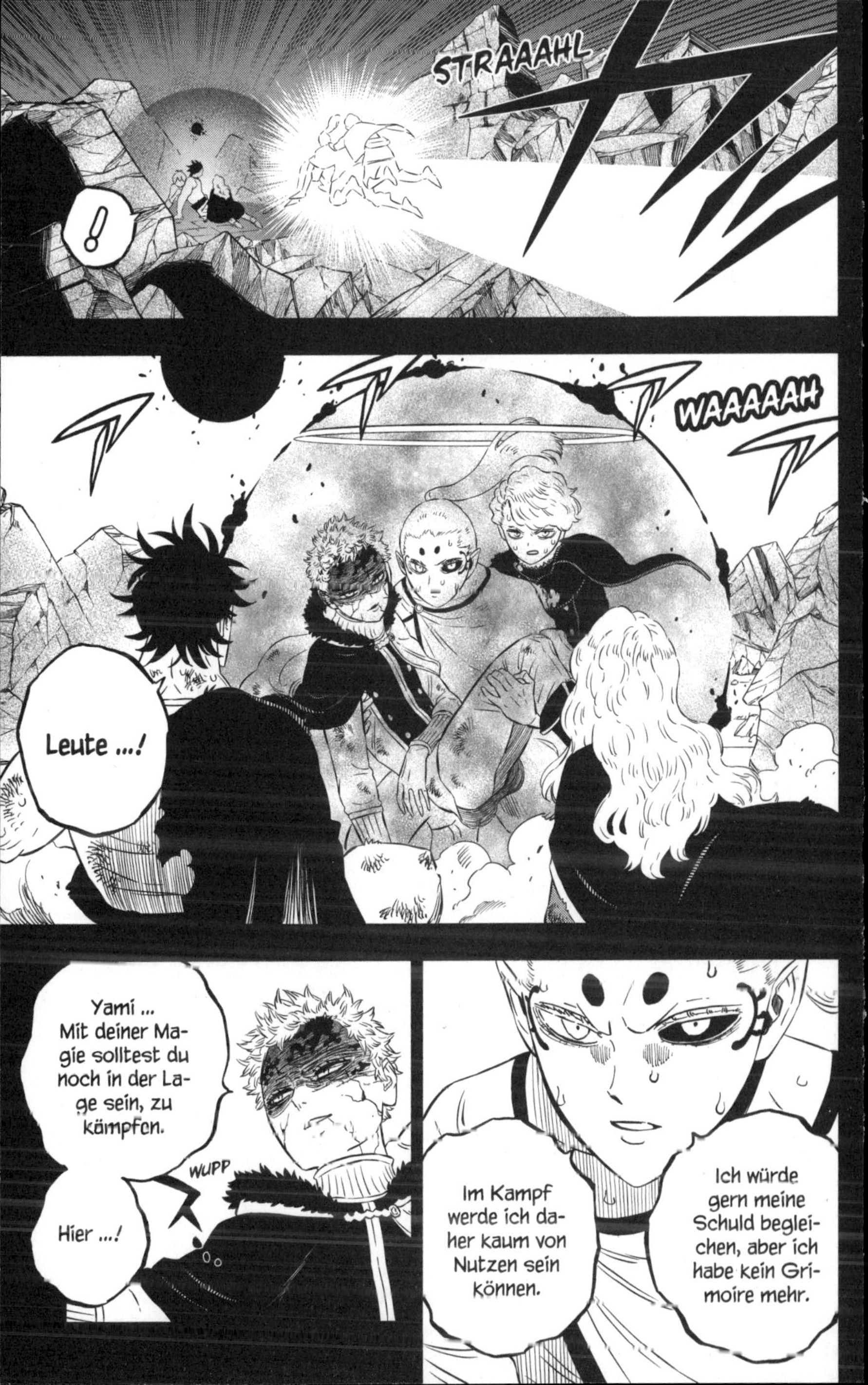

STRAAAHL
!
WAAAAAH
Leute ...!
Ich würde gern meine Schuld begleichen, aber ich habe kein Grimoire mehr.
Im Kampf werde ich daher kaum von Nutzen sein können.
Yami ... Mit deiner Magie solltest du noch in der Lage sein, zu kämpfen.
WUPP
Hier ...!

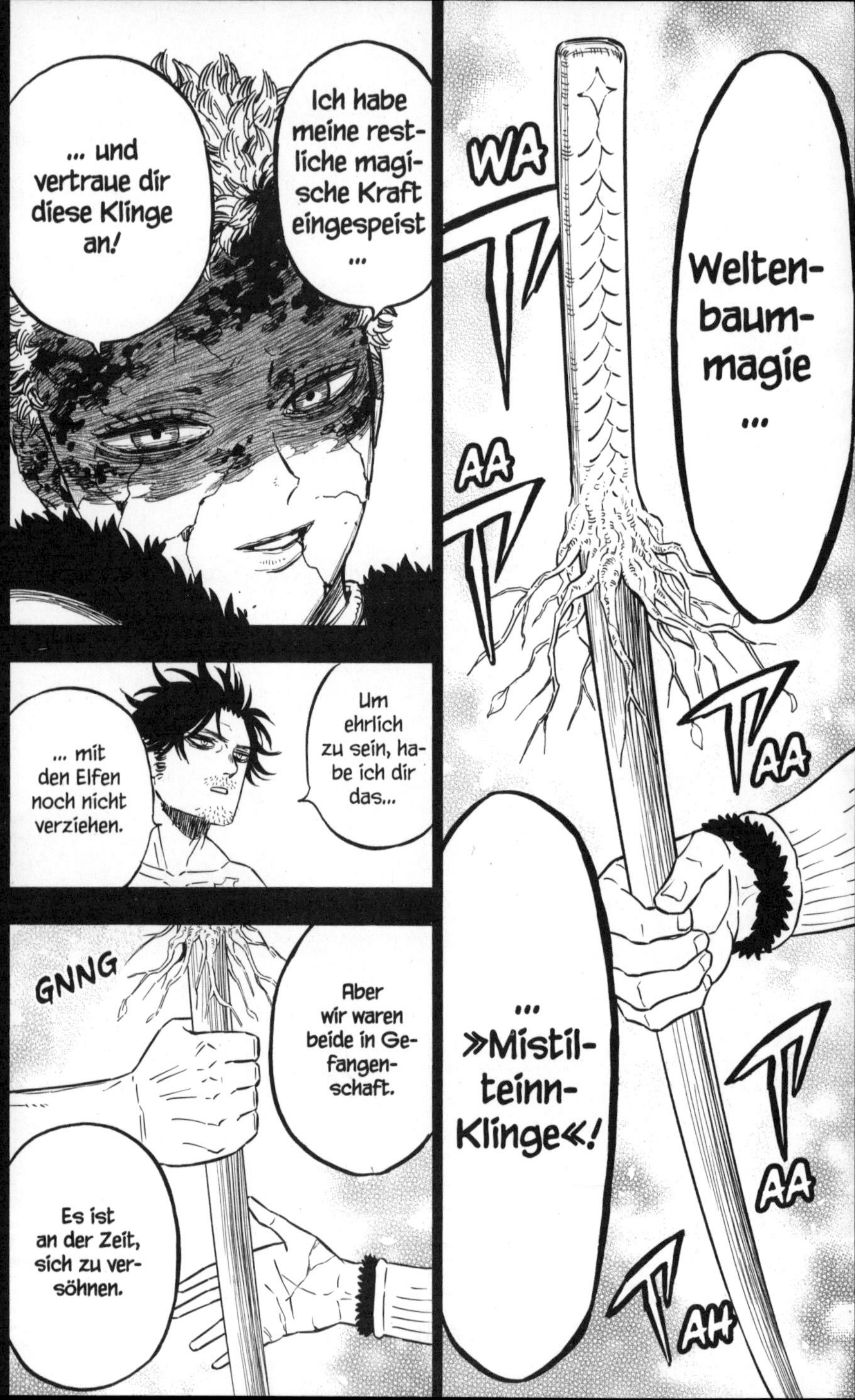
Ich habe meine restliche magische Kraft eingespeist ...
... und vertraue dir diese Klinge an!
Um ehrlich zu sein, habe ich dir das...
... mit den Elfen noch nicht verziehen.
GNNG
Aber wir waren beide in Gefangenschaft.
Es ist an der Zeit, sich zu versöhnen.
WA
AA
Weltenbaummagie ...
AA
... »Mistilteinn-Klinge«!
AA
AH

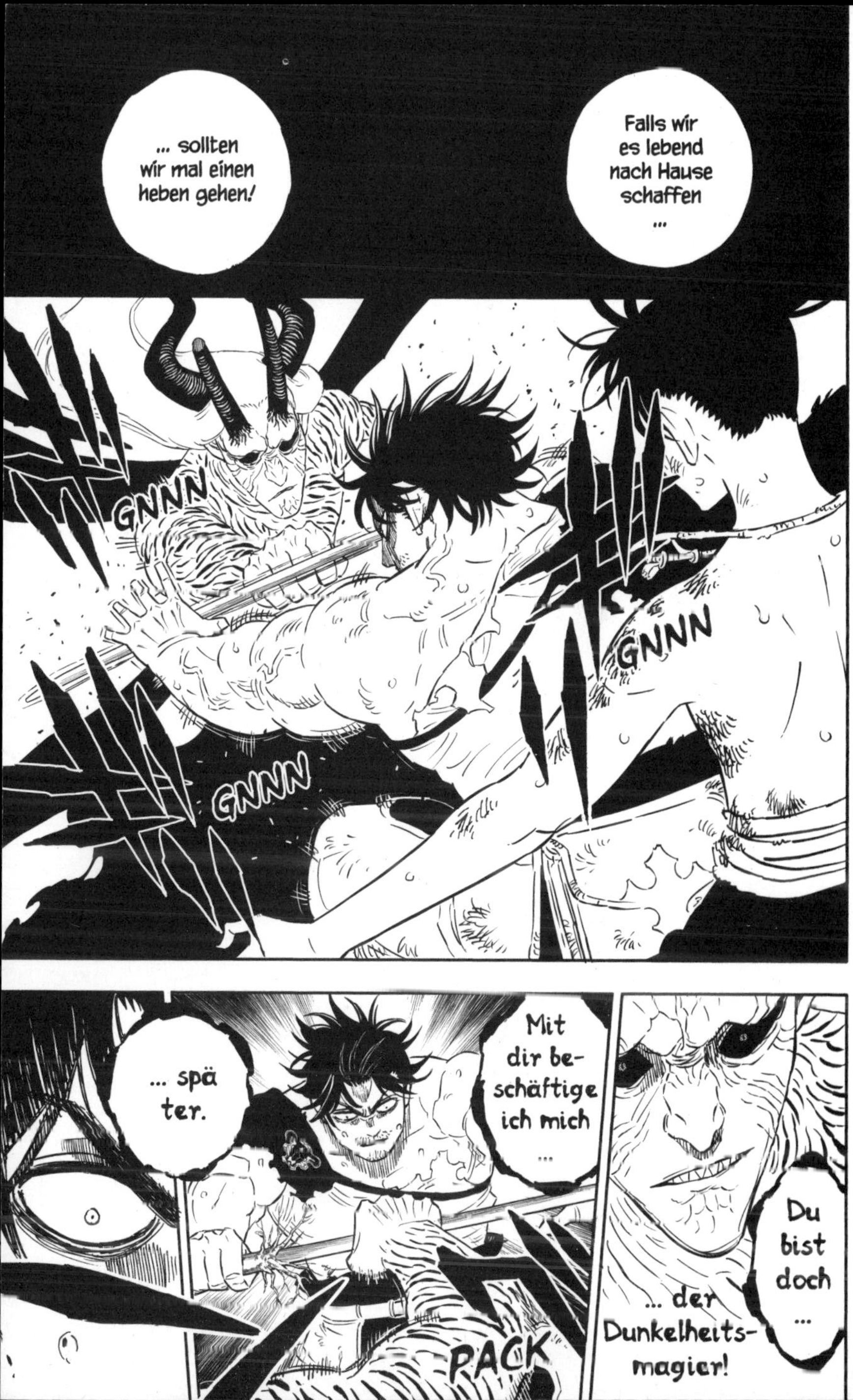
Falls wir es lebend nach Hause schaffen ...
... sollten wir mal einen heben gehen!
GNNN
GNNN
GNNN
Du bist doch ...
... der Dunkelheits-magier!
Mit dir be-schäftige ich mich ...
... spä ter.
PACK

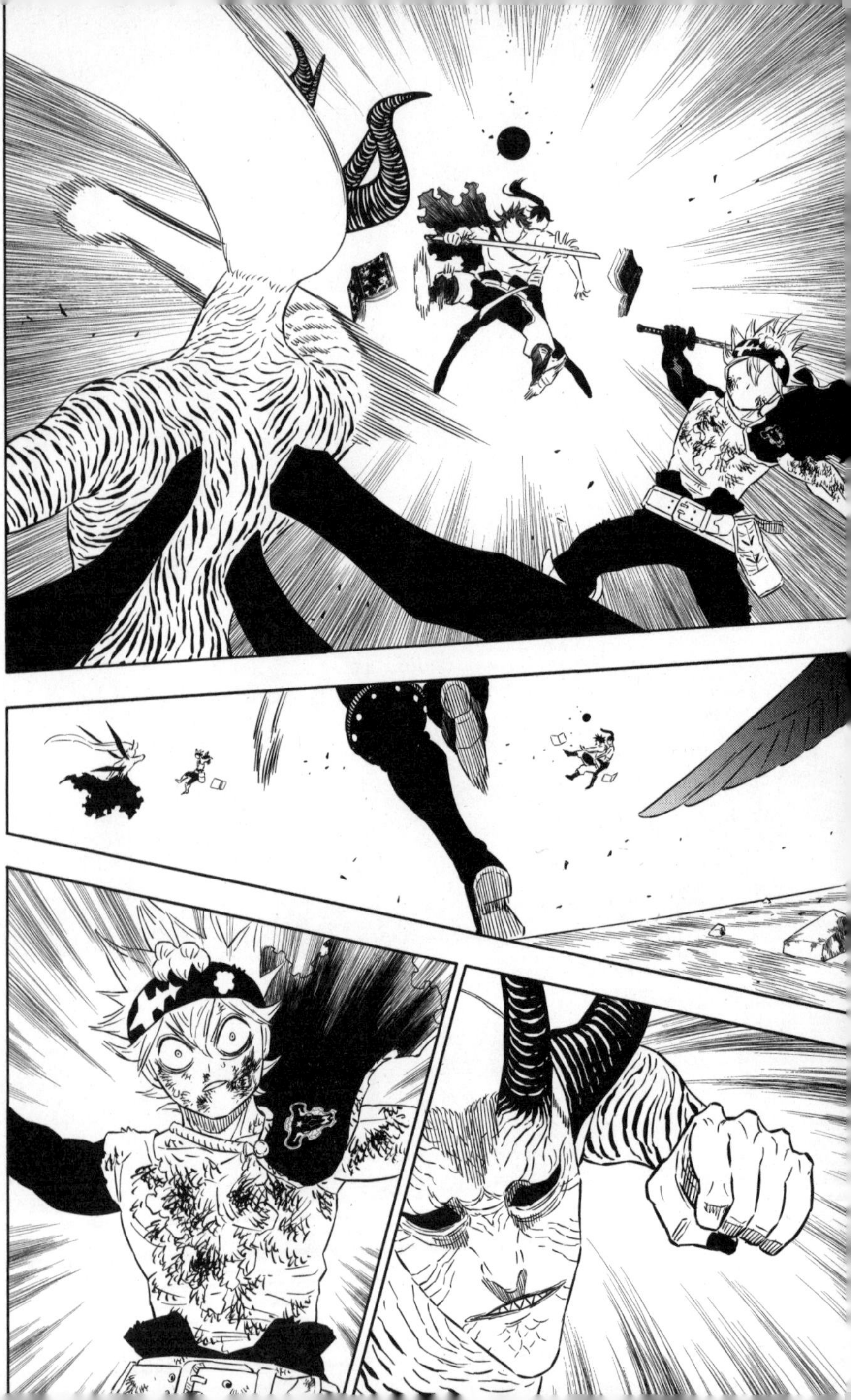

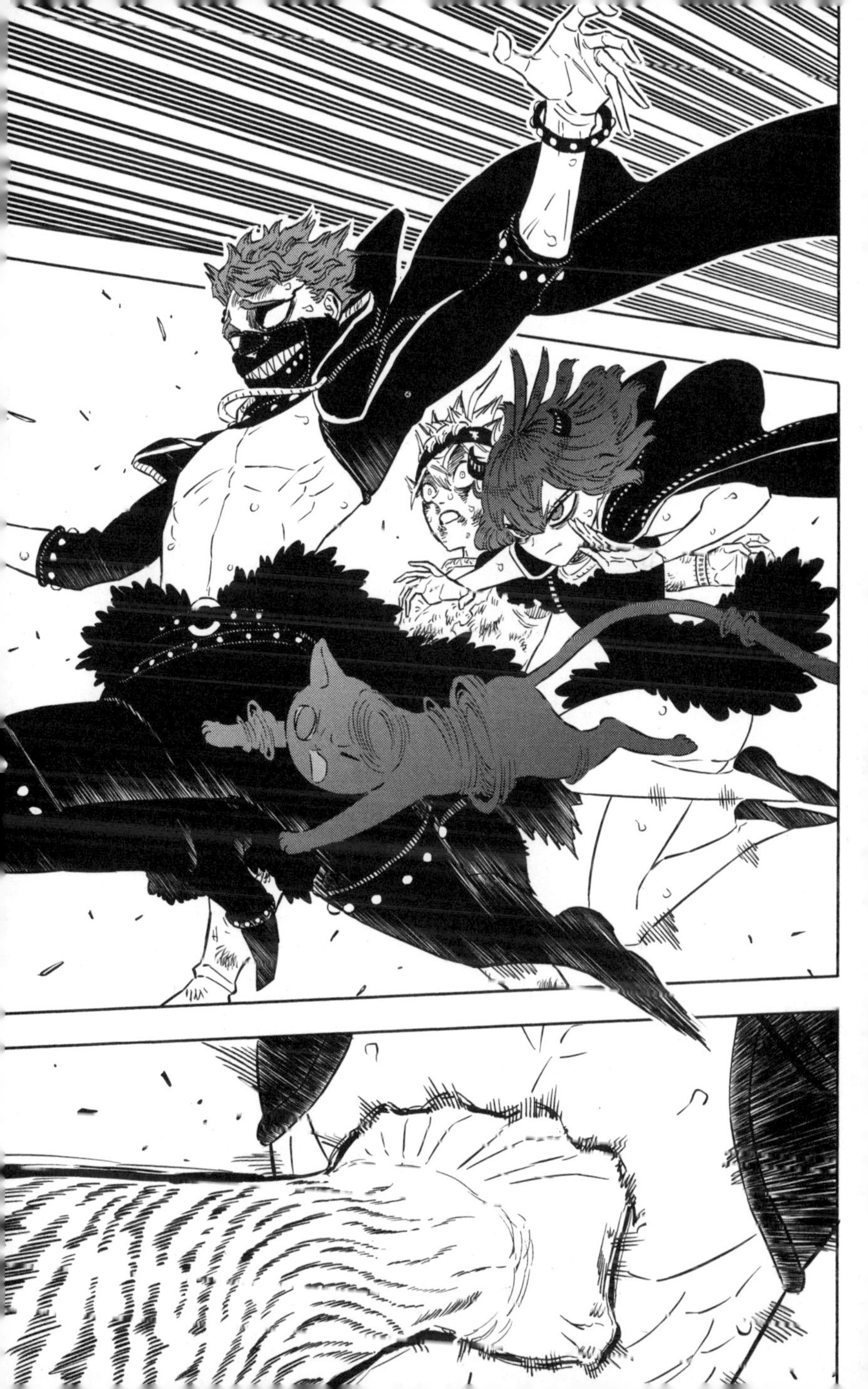

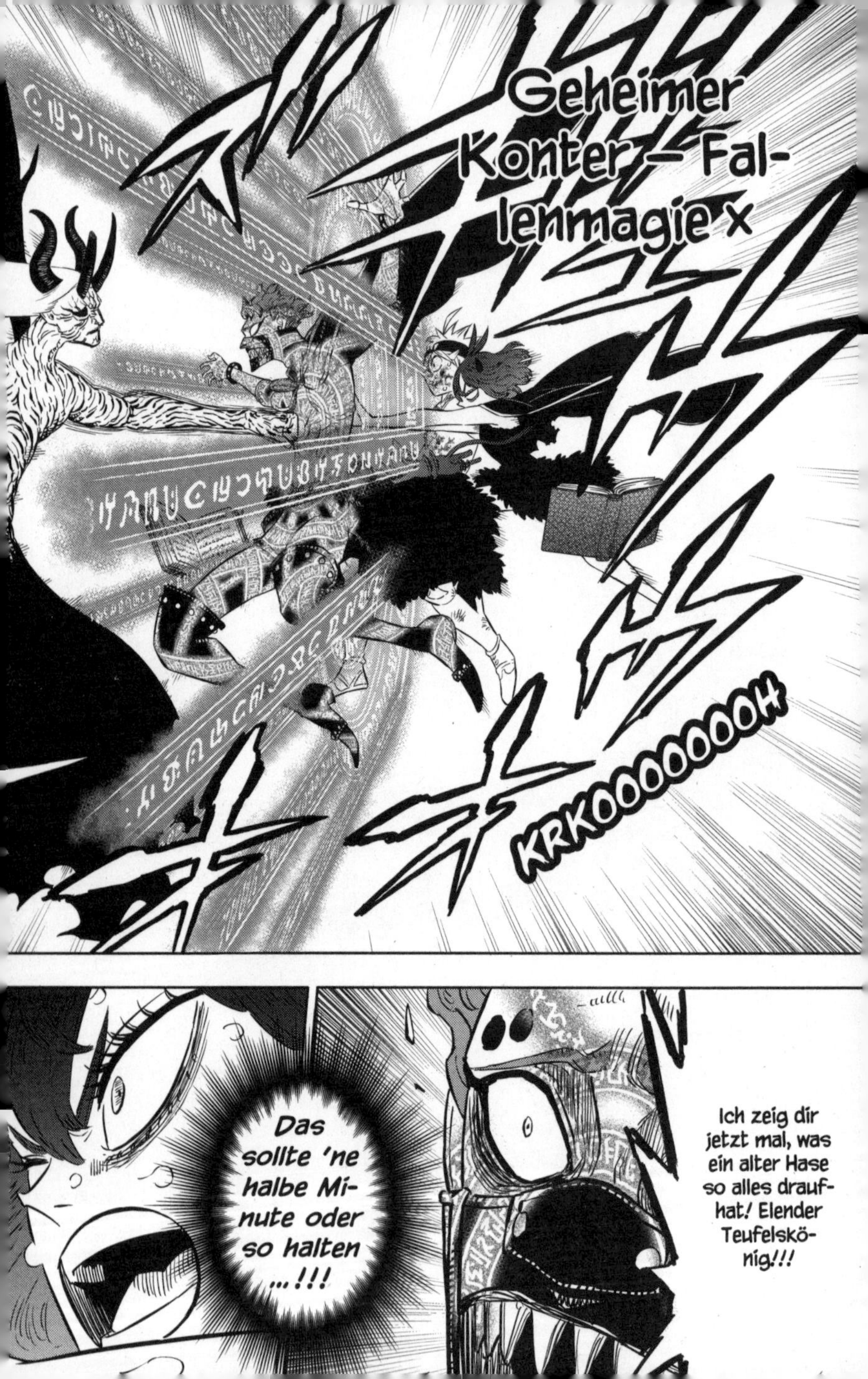
Geheimer Konter-Fallenmagie x
KRKOOOOOOOOH
Ich zeig dir jetzt mal, was ein alter Hase so alles drauf- hat! Elender Teufelskö- nig!!!
Das sollte 'ne halbe Mi- nute oder so halten ...!!!

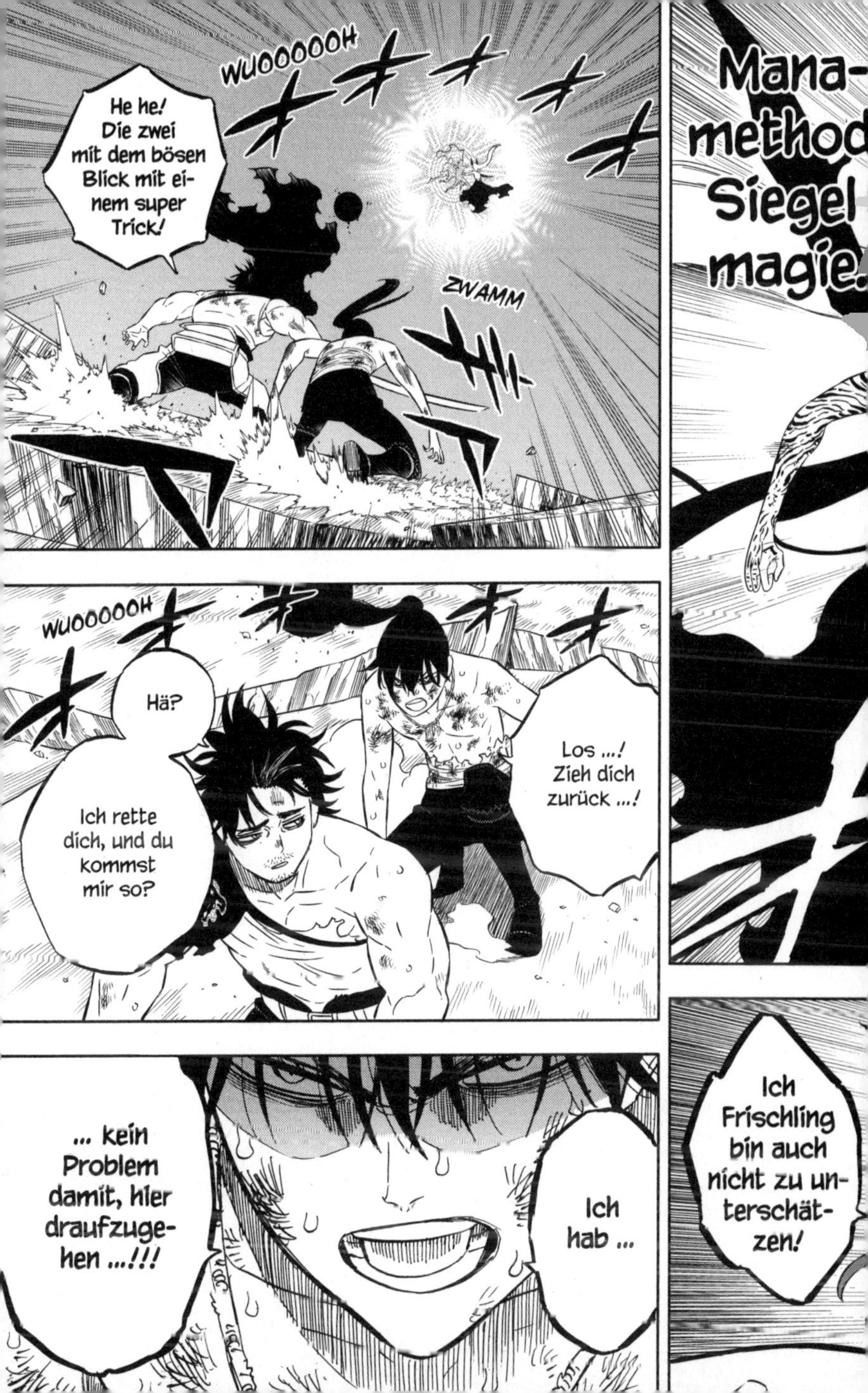
Mana-method Siegelmagie.
WUOOOOOH
He he! Die zwei mit dem bösen Blick mit einem super Trick!
ZWAMM
WUOOOOOH
Los ...! Zieh dich zurück ...!
Hä?
Ich rette dich, und du kommst mir so?
Ich Frischling bin auch nicht zu unterschätzen!
Ich hab ...
... kein Problem damit, hier draufzugehen ...!!!

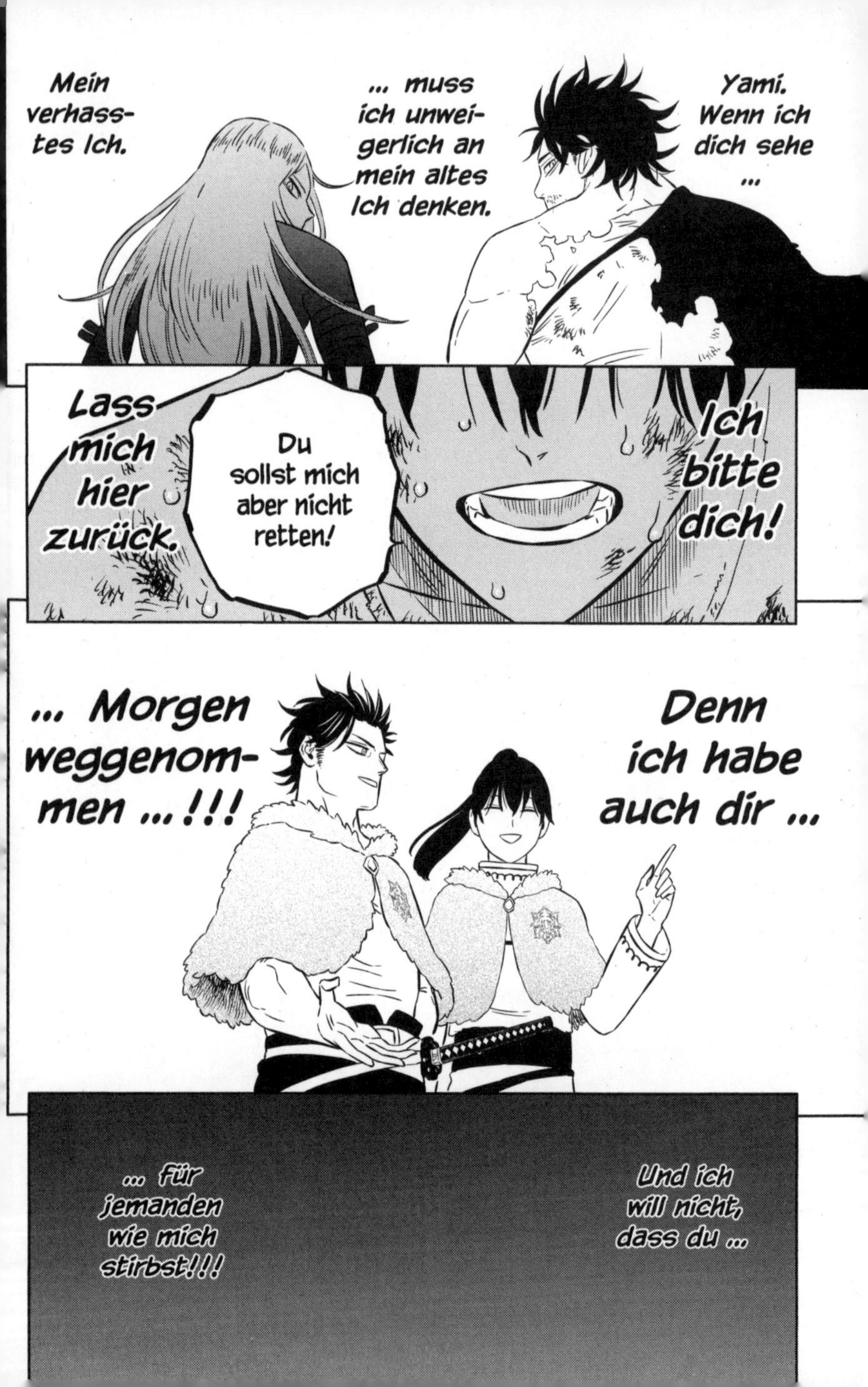
Yami. Wenn ich dich sehe ...
... muss ich unweigerlich an mein altes Ich denken.
Mein verhasstes Ich.
Ich bitte dich!
Du sollst mich aber nicht retten!
Lass mich hier zurück.
Denn ich habe auch dir ...
... Morgen weggenommen ...!!!
Und ich will nicht, dass du ...
... für jemanden wie mich stirbst!!!

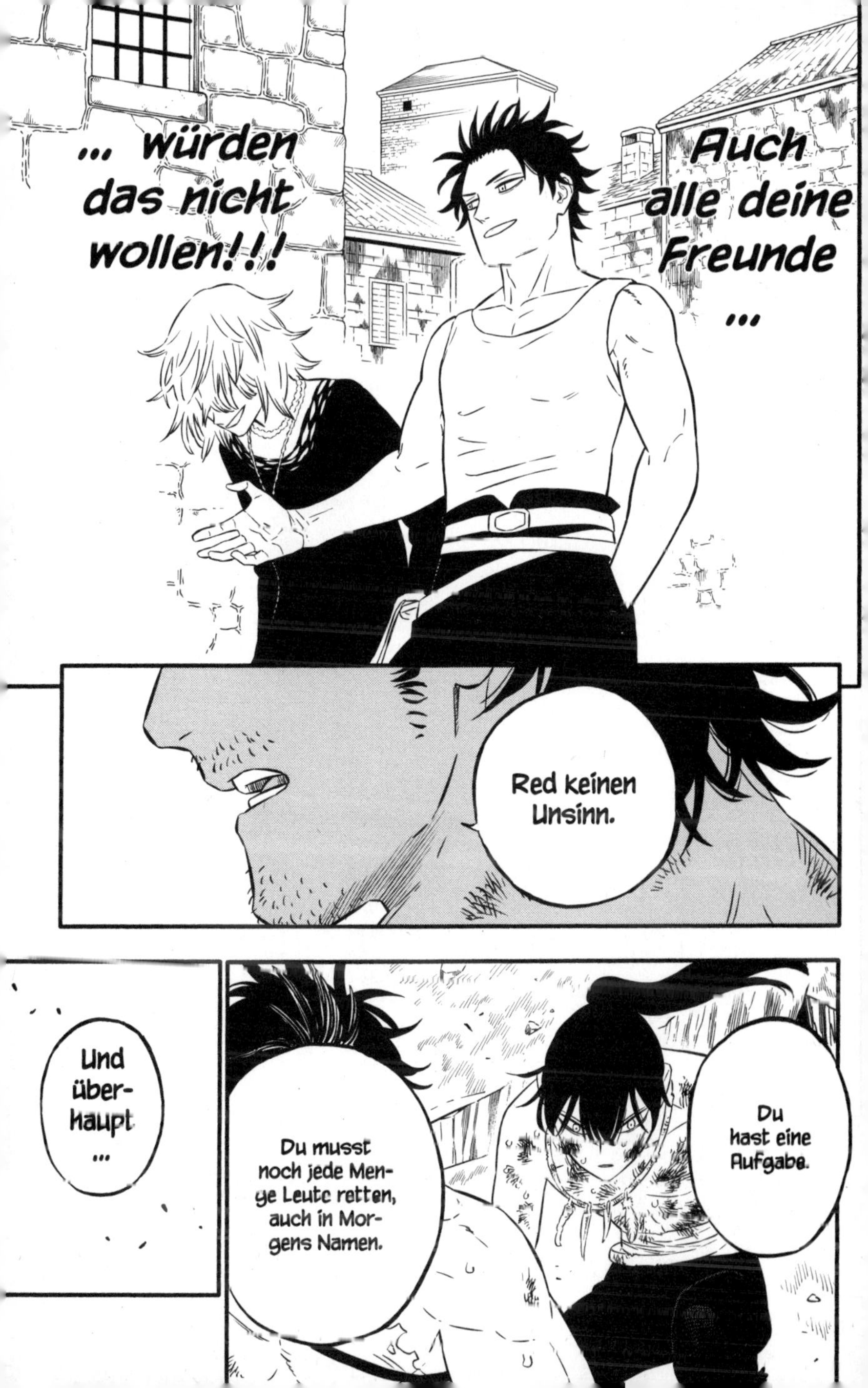
Auch alle deine Freunde ...
... würden das nicht wollen!!!
Red keinen Unsinn.
Du hast eine Aufgabe.
Du musst noch jede Menge Leute retten, auch in Morgens Namen.
Und überhaupt ...

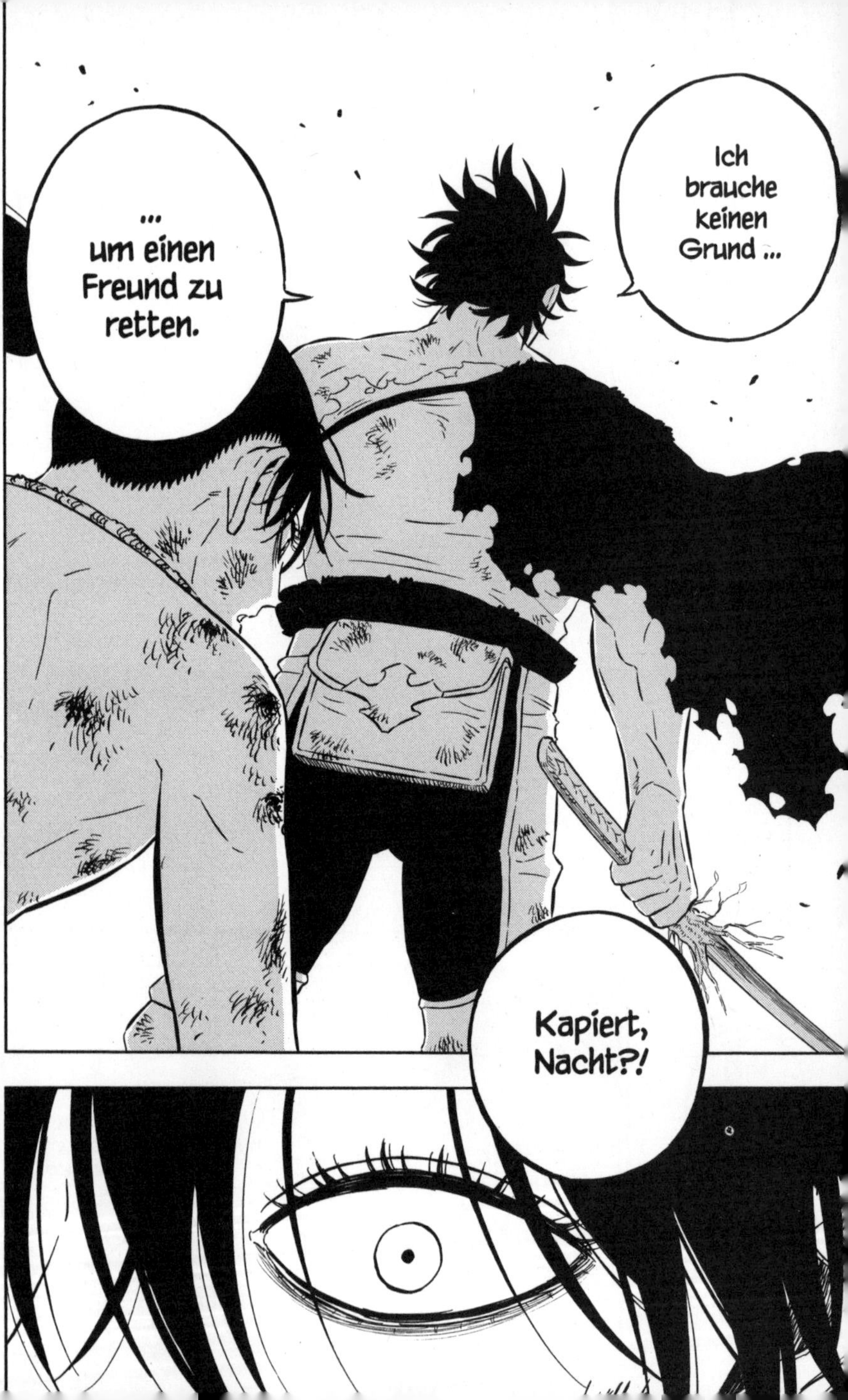
Ich brauche keinen Grund ...
... um einen Freund zu retten.
Kapiert, Nacht?!

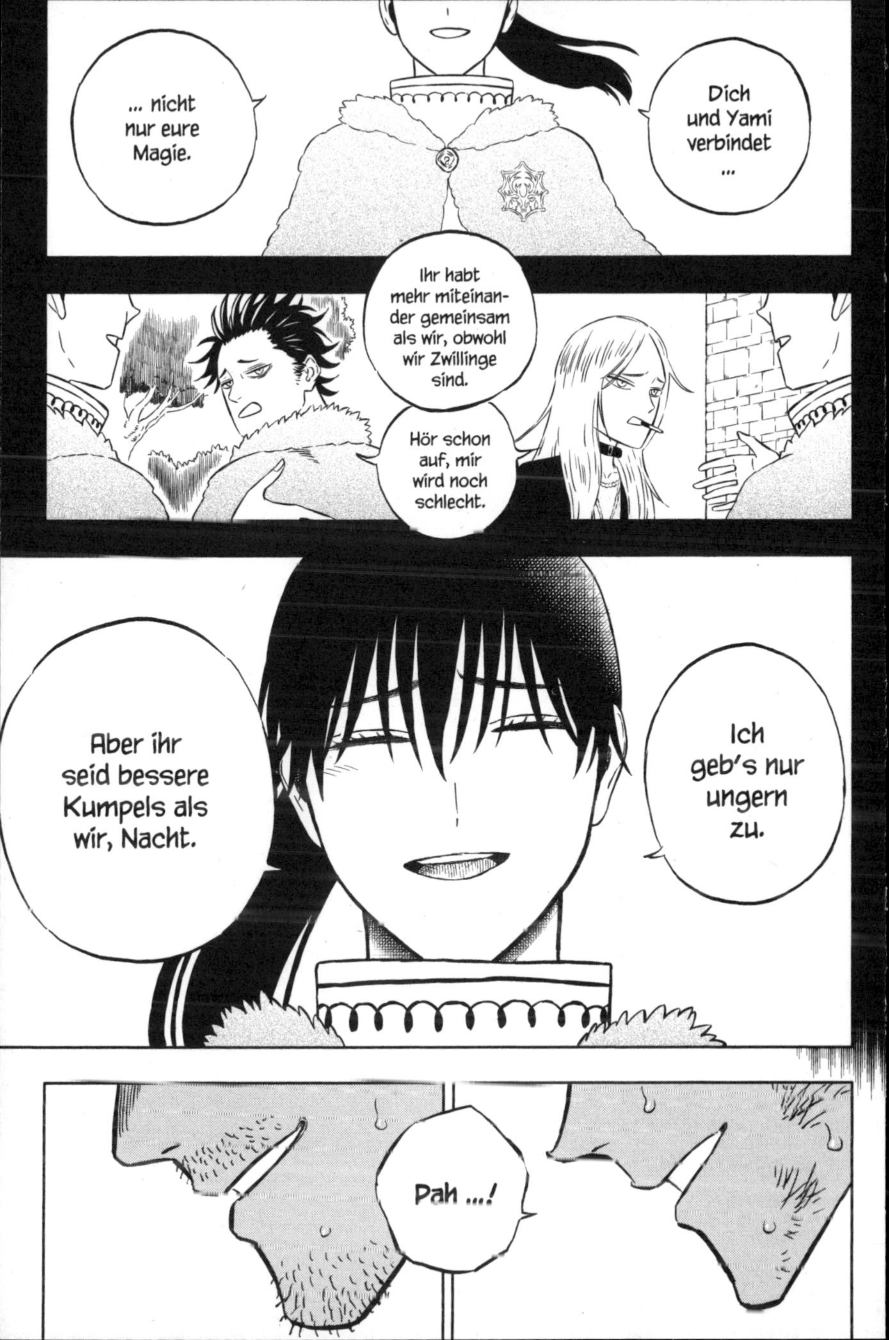
Dich und Yami verbindet ...
... nicht nur eure Magie.
Ihr habt mehr miteinander gemeinsam als wir, obwohl wir Zwillinge sind.
Hör schon auf, mir wird noch schlecht.
Ich geb's nur ungern zu.
Aber ihr seid bessere Kumpels als wir, Nacht.
Pah ...!

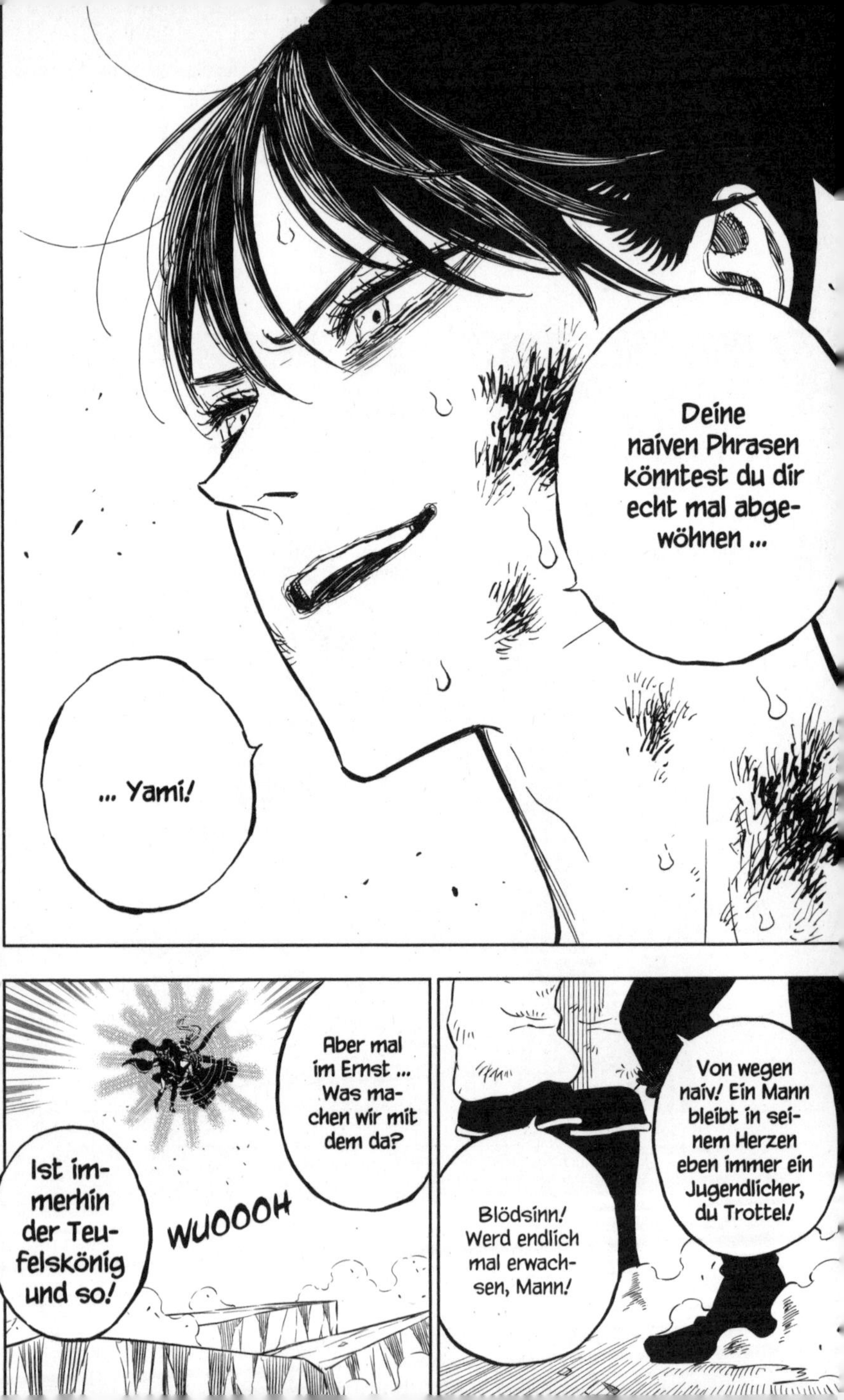
Deine naiven Phrasen könntest du dir echt mal abgewöhnen ...
... Yami!
Von wegen naiv! Ein Mann bleibt in seinem Herzen eben immer ein Jugendlicher, du Trottel!
Blödsinn! Werd endlich mal erwachsen, Mann!
Aber mal im Ernst ... Was machen wir mit dem da?
WUOOOH
Ist immerhin der Teufelskönig und so!

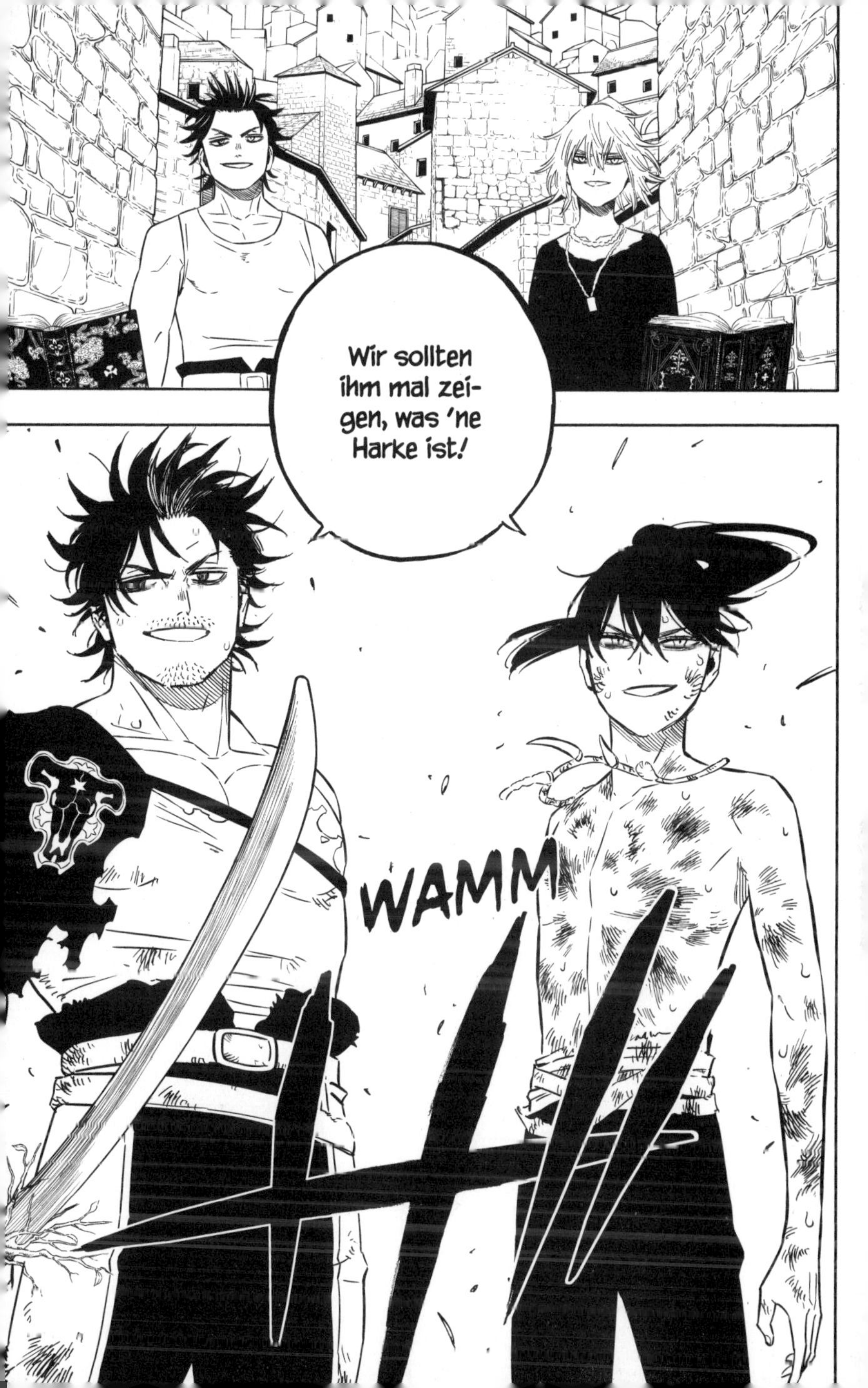
Wir sollten ihm mal zeigen, was 'ne Harke ist!
WAMM

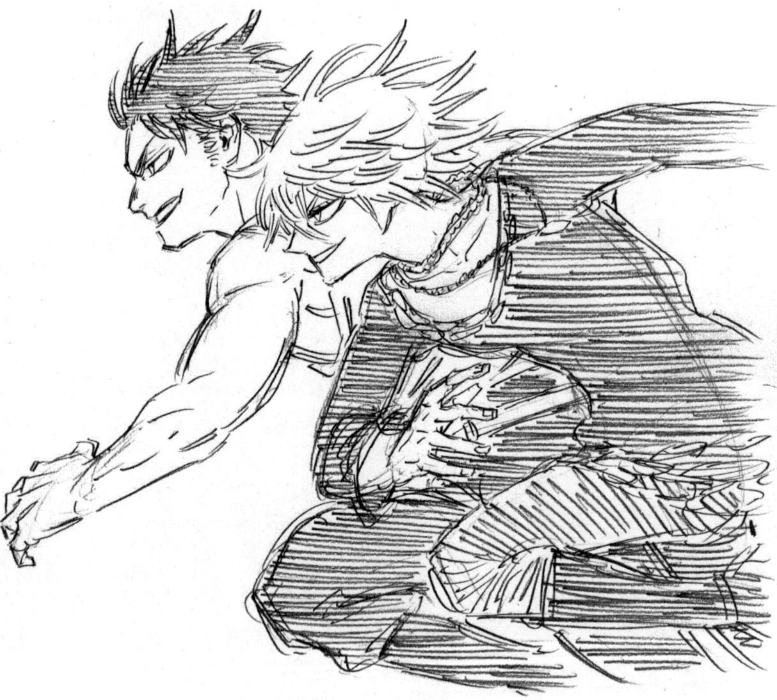

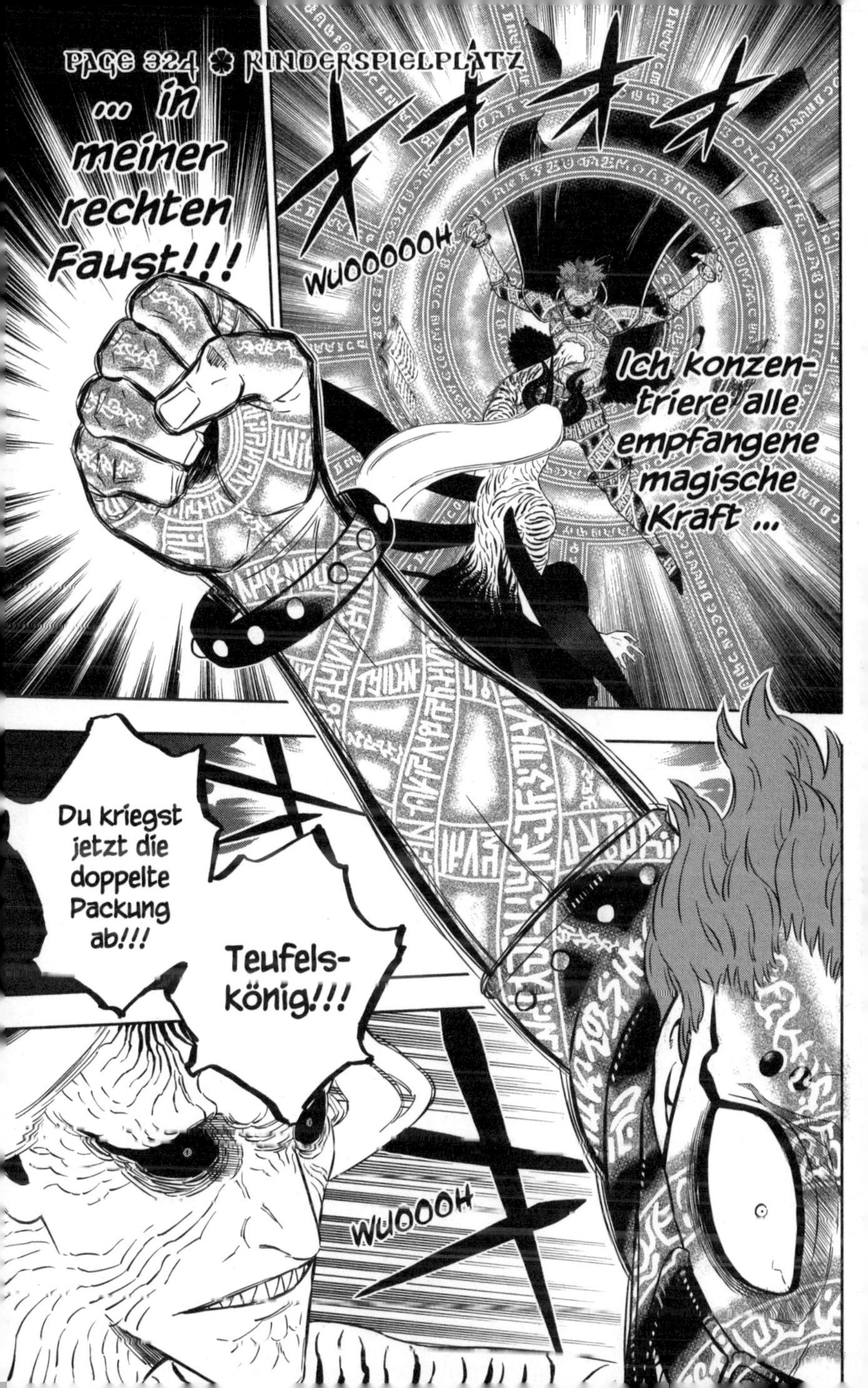
PAGE 324 ✿ KINDERSPIELPLATZ
... in meiner rechten Faust!!!
WUOOOOOH
Ich konzentriere alle empfangene magische Kraft ...
Du kriegst jetzt die doppelte Packung ab!!!
Teufelskönig!!!
WUOOOH

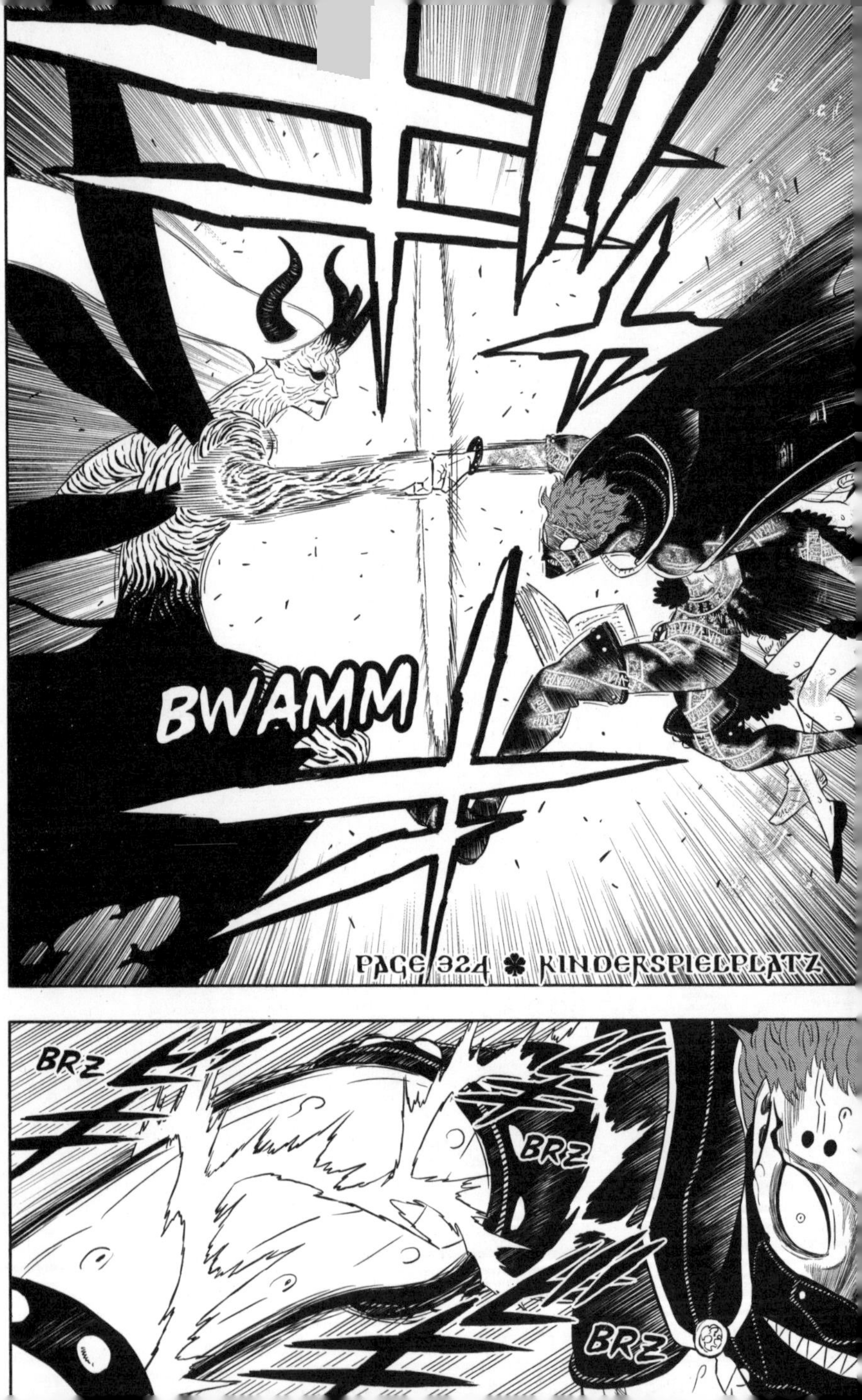
BWAMM
PAGE 324 ✿ KINDERSPIELPLATZ
BRZ
BRZ
BRZ

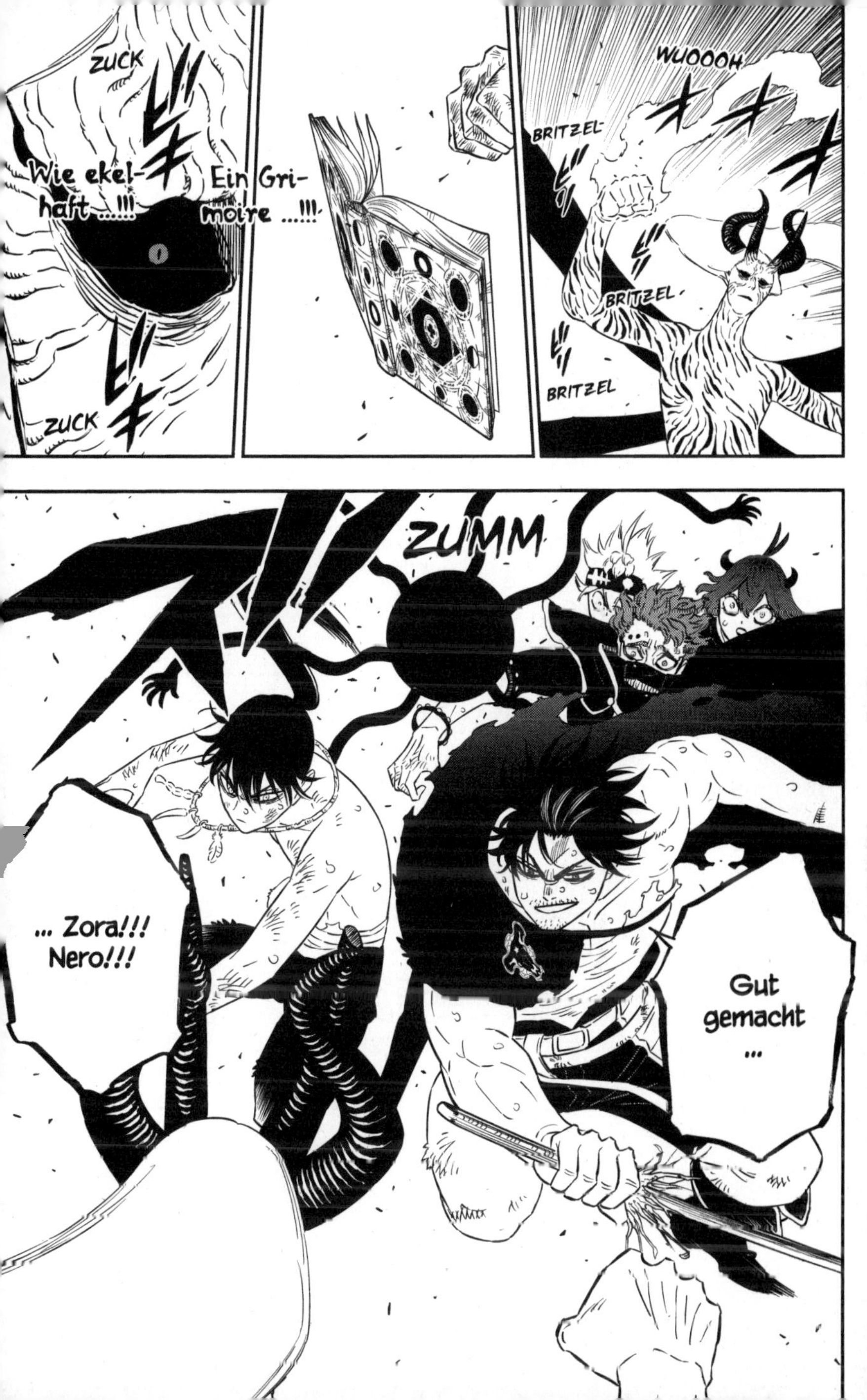
WUOOOH
BRITZEL
BRITZEL
BRITZEL
Ein Grimoire ...!!!
Wie ekelhaft ...!!!
ZUCK
ZUCK
ZUMM
Gut gemacht ...
... Zora!!! Nero!!!

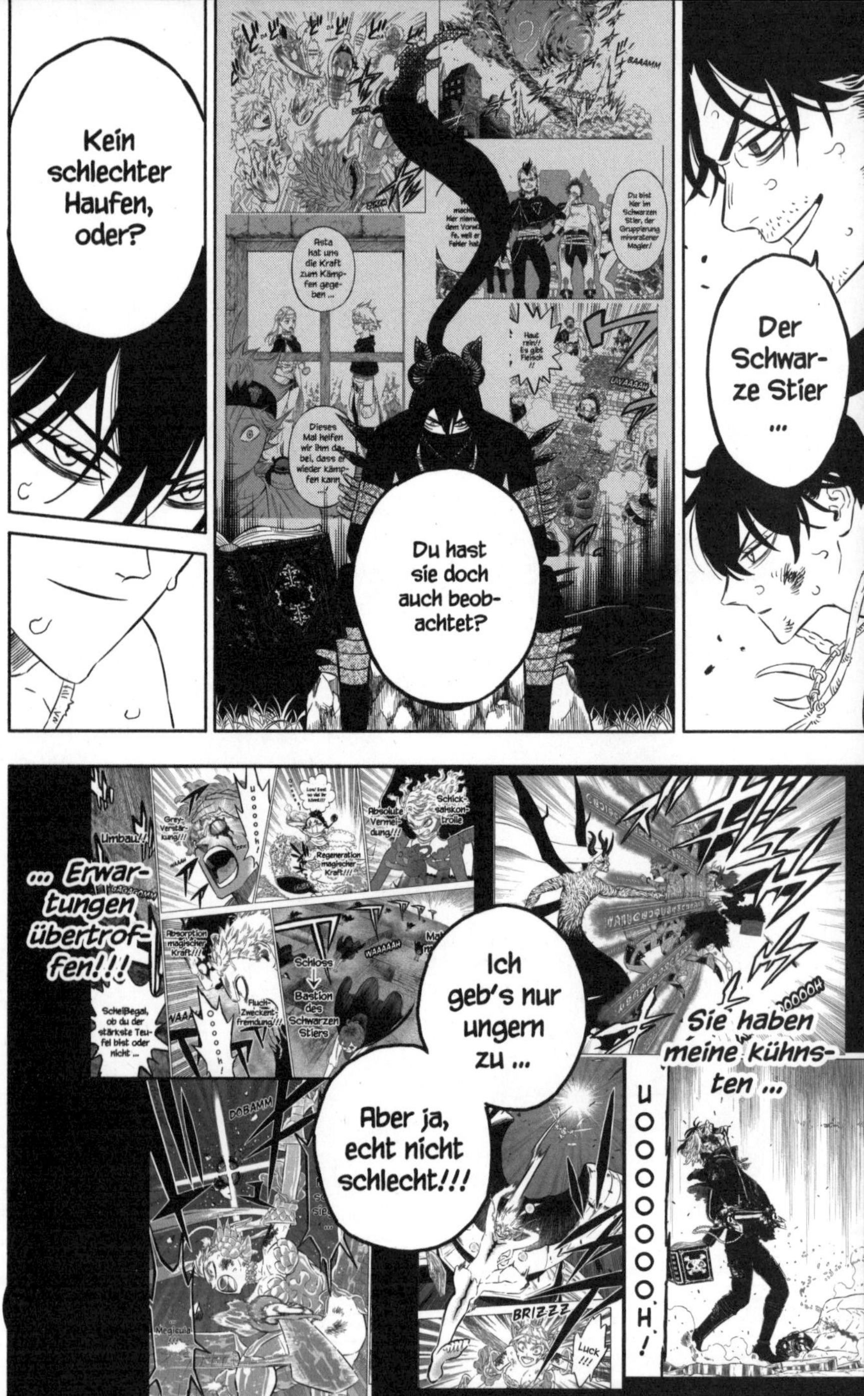
Der Schwarze Stier ...
Du bist hier im Schwarzen Stier, der Gruppierung missratener Magier!
Haut rein!! Es gibt Fleisch!!
Asta hat uns die Kraft zum Kämpfen gegeben ...
Dieses Mal helfen wir ihm dabei, dass er wieder kämpfen kann ...!
Du hast sie doch auch beobachtet?
Kein schlechter Haufen, oder?
Sie haben meine kühnsten ...
UOOOOOOOOOH!
Schicksalskontrolle
Absolute Vermeidung!!!
Regeneration magischer Kraft!!!
Grey-Verstärkung!!!
Umbau!!
Absorption magischer Kraft!!!
Schloss
Bastion des Schwarzen Stiers
Fluch-Zweckentfremdung!!!
Scheißegal, ob du der stärkste Teufel bist oder nicht ...
... Erwartungen übertroffen!!!
Ich geb's nur ungern zu ...
Aber ja, echt nicht schlecht!!!
Luck!!!
Megicula ...!!

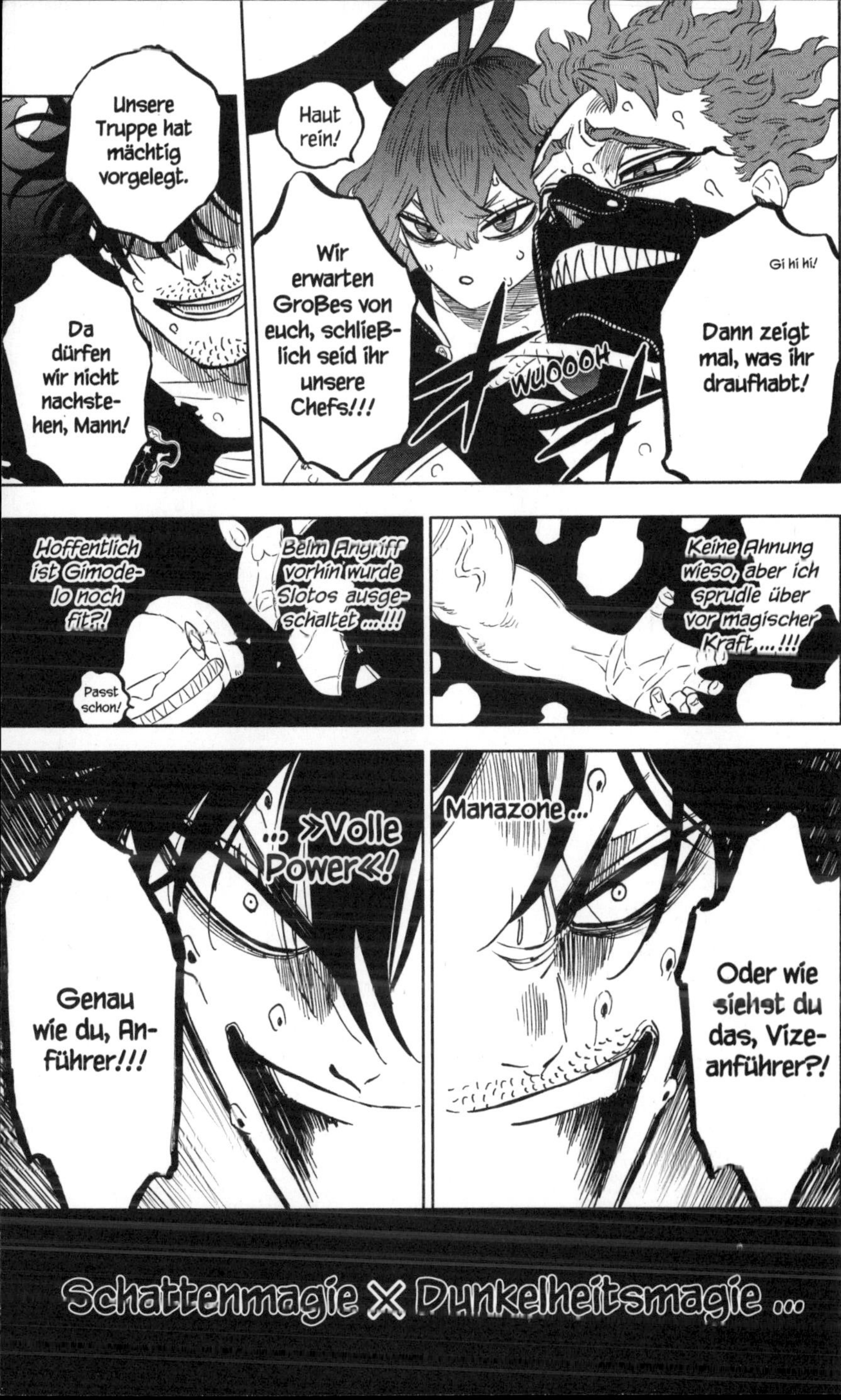
Gi hi hi!
Dann zeigt mal, was ihr draufhabt!
WUOOOH
Haut rein!
Wir erwarten Großes von euch, schließlich seid ihr unsere Chefs!!!
Unsere Truppe hat mächtig vorgelegt.
Da dürfen wir nicht nachstehen, Mann!
Keine Ahnung wieso, aber ich sprudle über vor magischer Kraft ...!!!
Beim Angriff vorhin wurde Slotos ausgeschaltet ...!!!
Hoffentlich ist Gimodelo noch fit?!
Passt schon!
Manazone ...
Oder wie siehst du das, Vizeanführer?!
... »Volle Power«!
Genau wie du, Anführer!!!
Schattenmagie × Dunkelheitsmagie ...

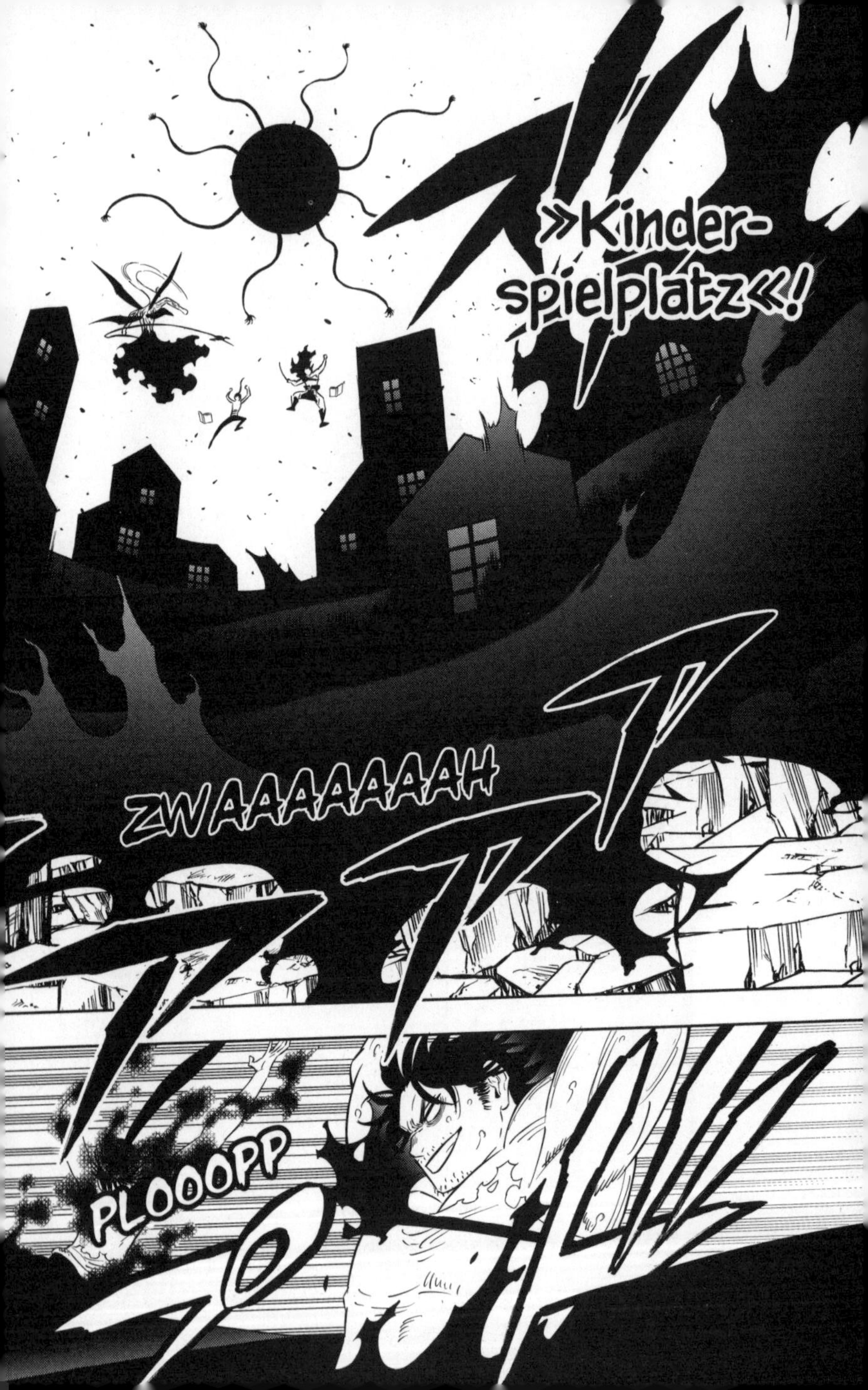
»Kinder-
spielplatz«!
ZWAAAAAAAAH
PLOOOPP

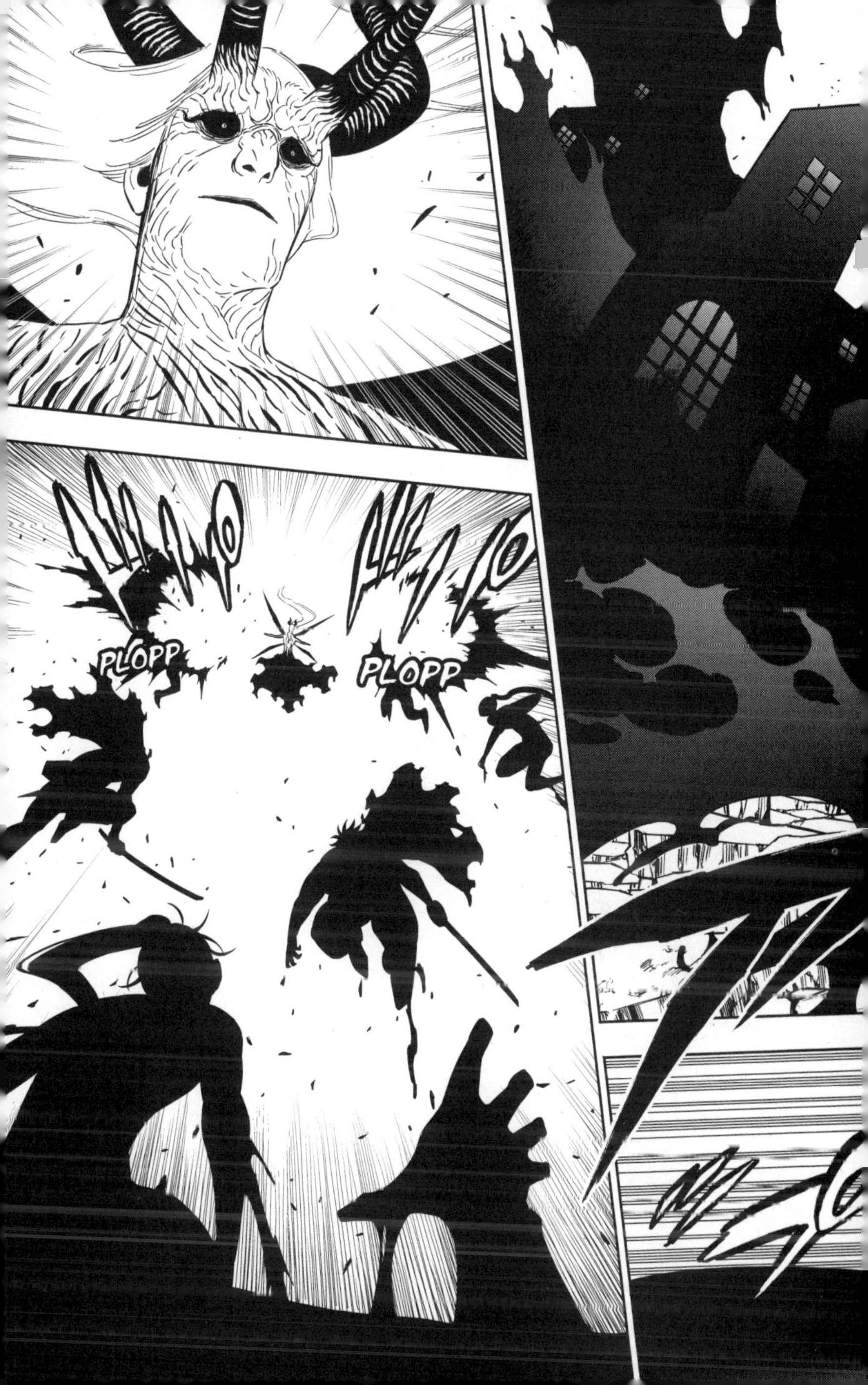
PLOPP
PLOPP

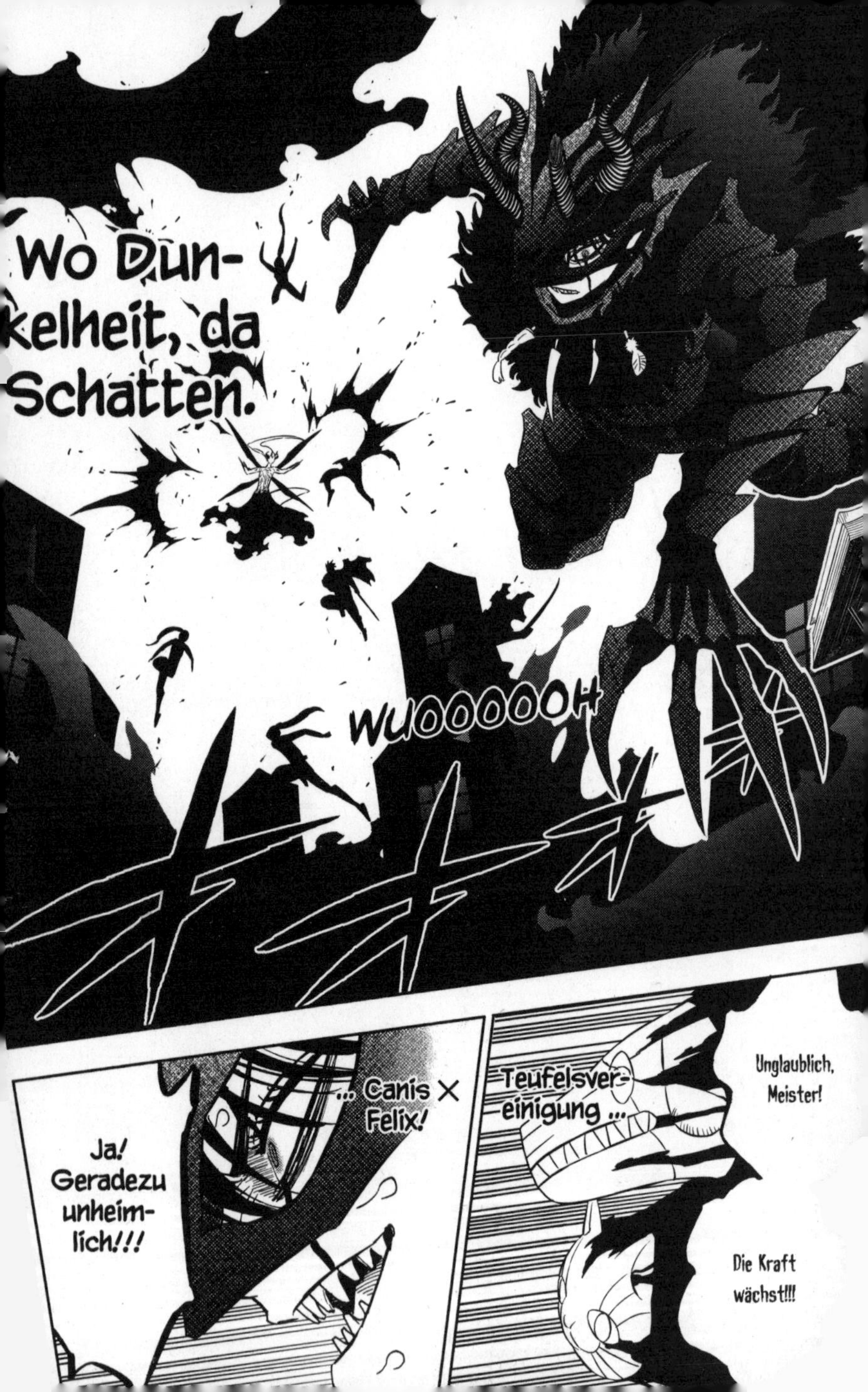
Wo Dunkelheit, da Schatten.
WUOOOOOOH
Unglaublich, Meister!
Teufelsvereinigung ...
Die Kraft wächst!!!
... Canis × Felix!
Ja! Geradezu unheimlich!!!

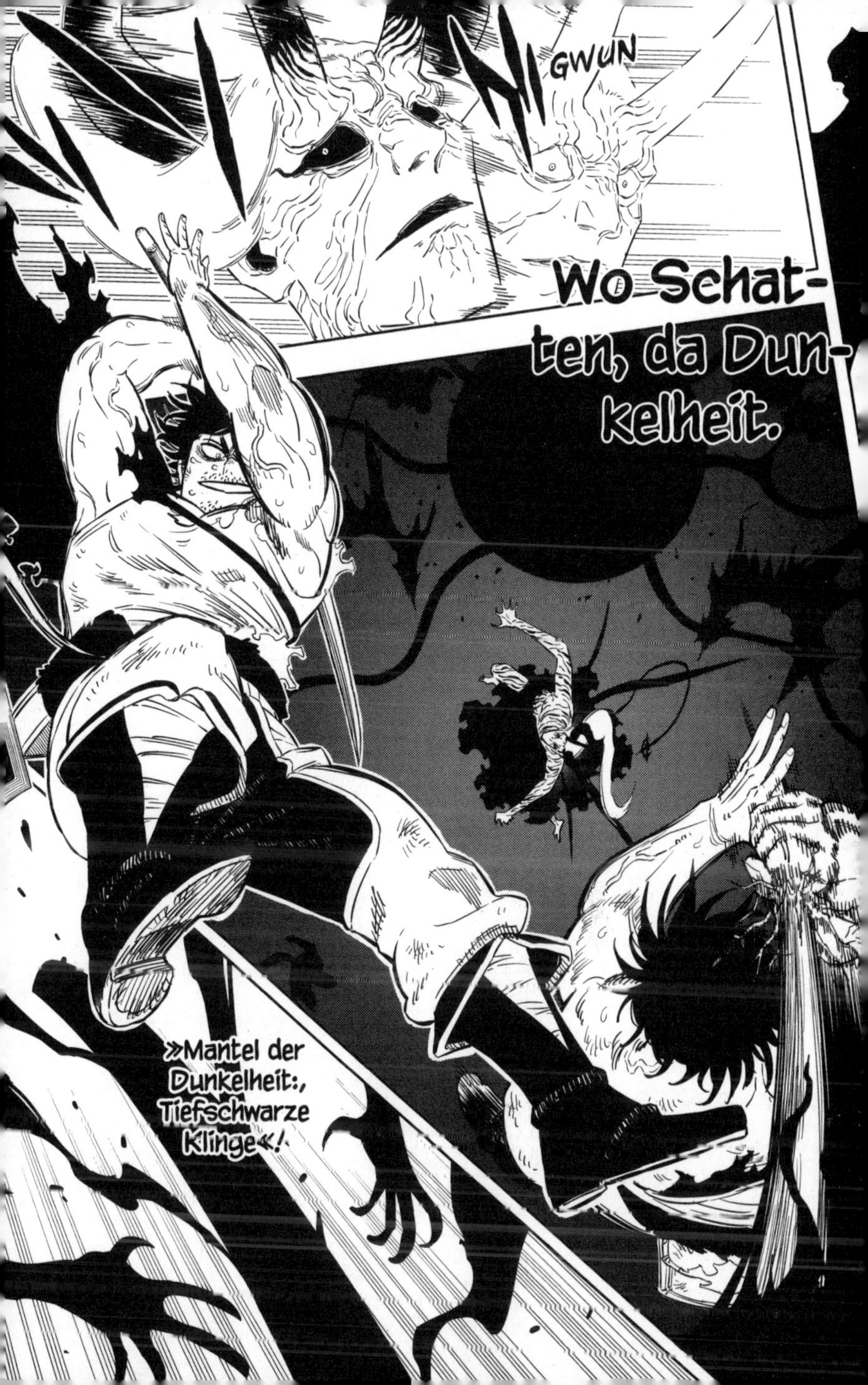
GWUN
Wo Schatten, da Dunkelheit.
»Mantel der Dunkelheit:, Tiefschwarze Klinge«!

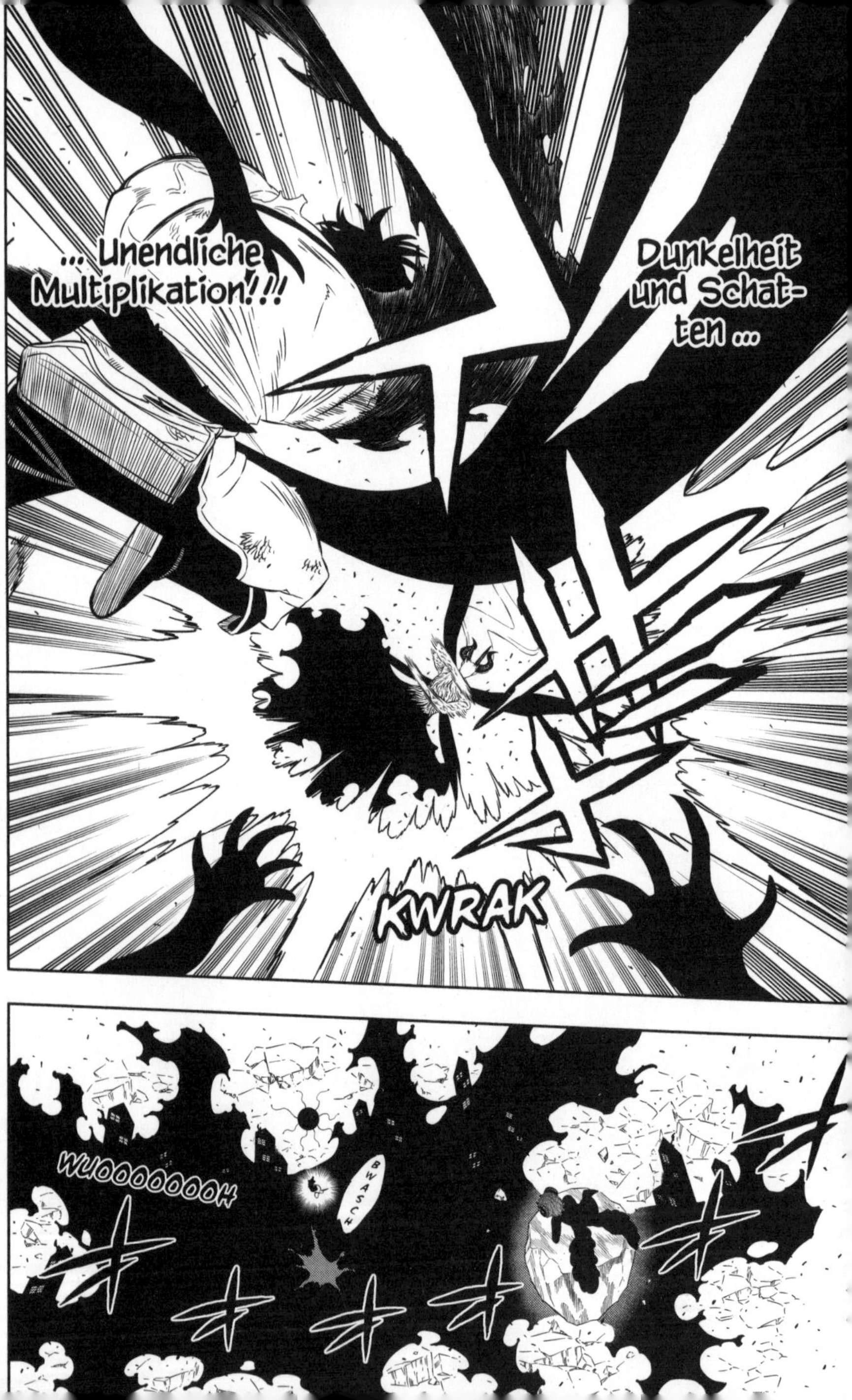
Dunkelheit und Schatten ...
... Unendliche Multiplikation!!!
KWRAK
BWASCH
WUOOOOOOOOOH

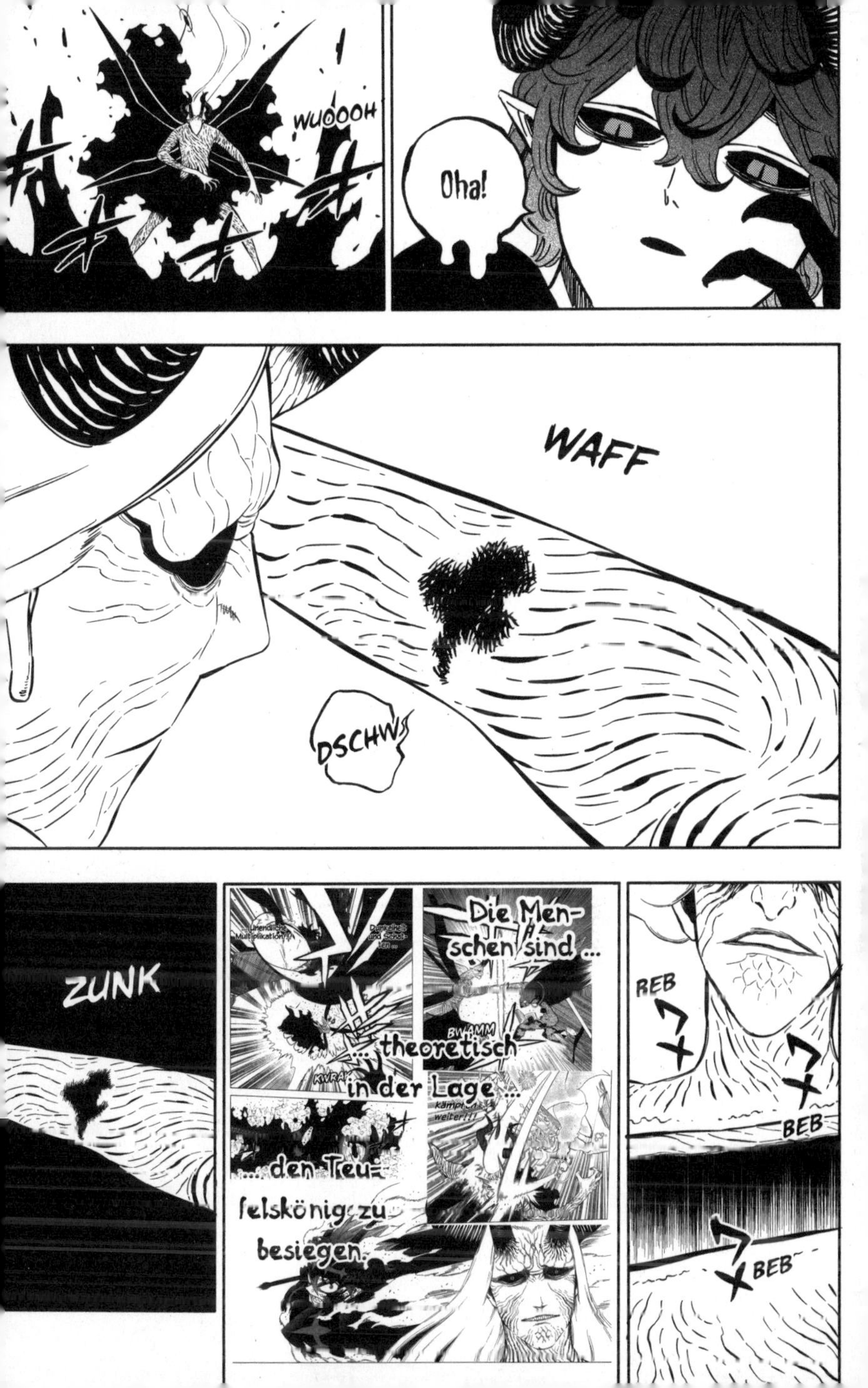
Oha!
WUOOOH
WAFF
DSCHW
REB
BEB
BEB
Die Menschen sind ...
... theoretisch in der Lage ...
... den Teufelskönig zu besiegen.
BWAMM
ZUNK

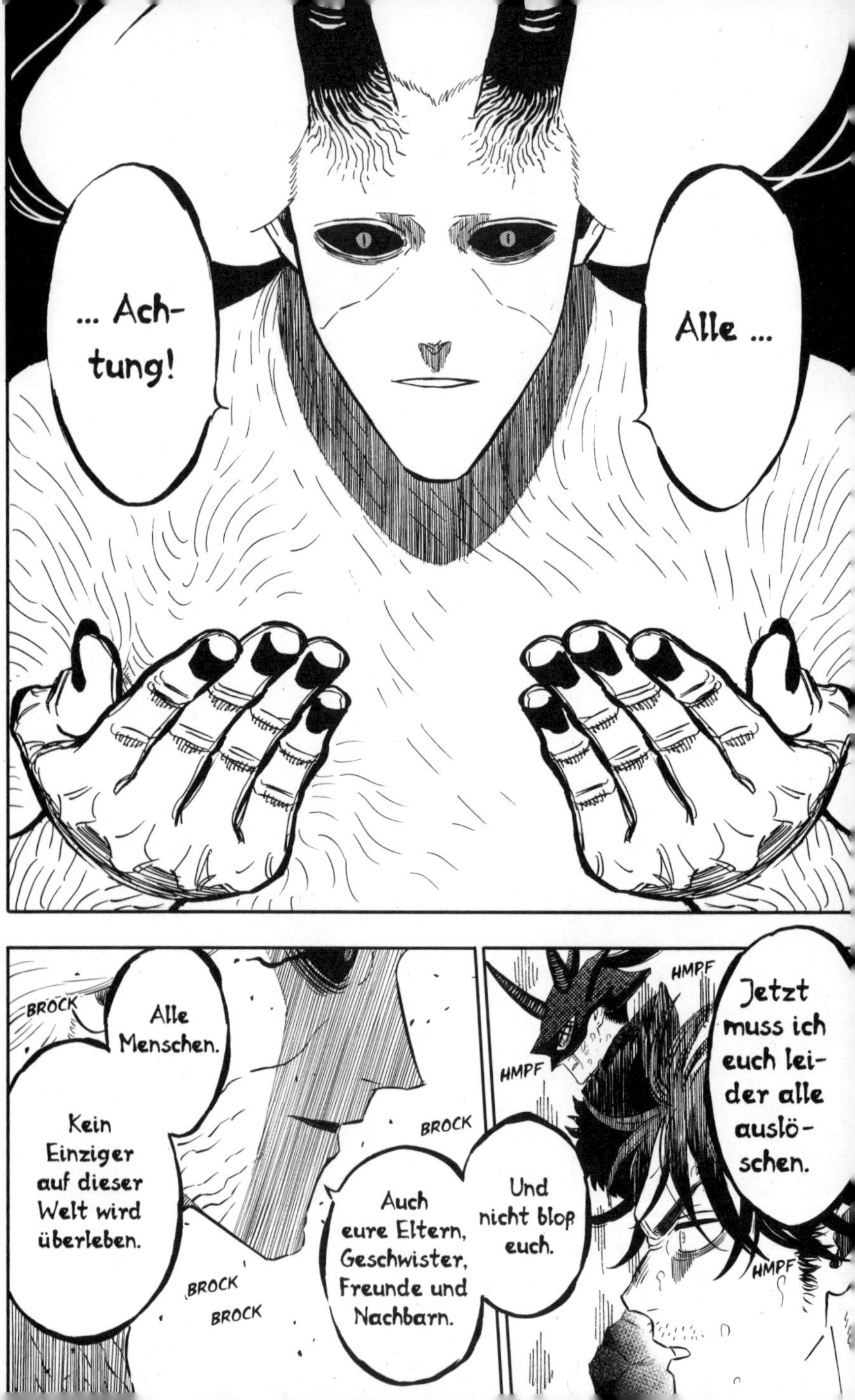
Alle ...
... Ach-tung!
HMPF
HMPF
HMPF
Jetzt muss ich euch leider alle auslöschen.
Und nicht bloß euch.
Auch eure Eltern, Geschwister, Freunde und Nachbarn.
BROCK
BROCK
BROCK
BROCK
Alle Menschen.
Kein Einziger auf dieser Welt wird überleben.

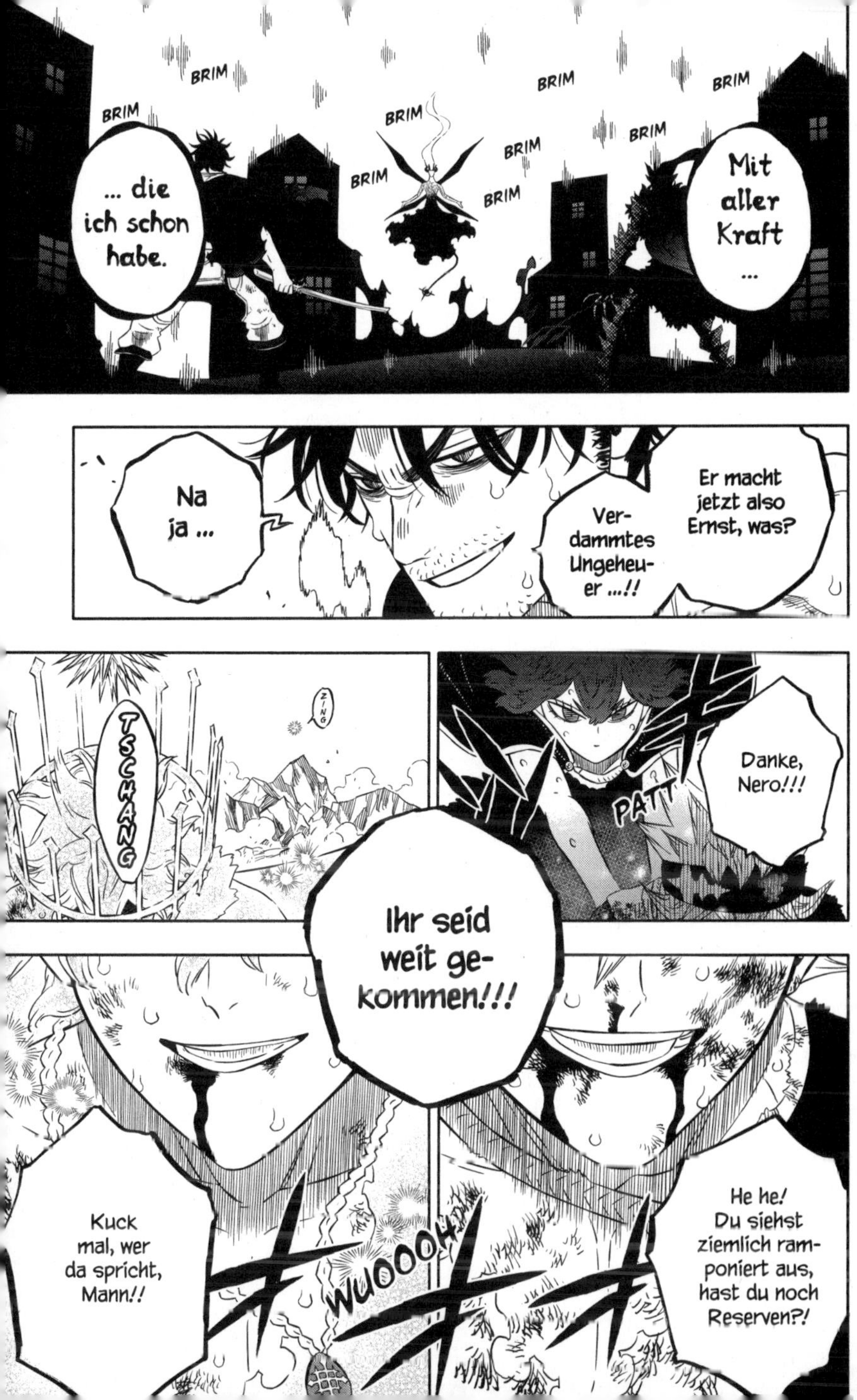
BRIM
Mit aller Kraft ...
... die ich schon habe.
Er macht jetzt also Ernst, was?
Verdammtes Ungeheuer ...!!
Na ja ...
Danke, Nero!!!
PATT
ZING
TSCHANG
Ihr seid weit gekommen!!!
He he! Du siehst ziemlich ramponiert aus, hast du noch Reserven?!
WUOOOH
Kuck mal, wer da spricht, Mann!!

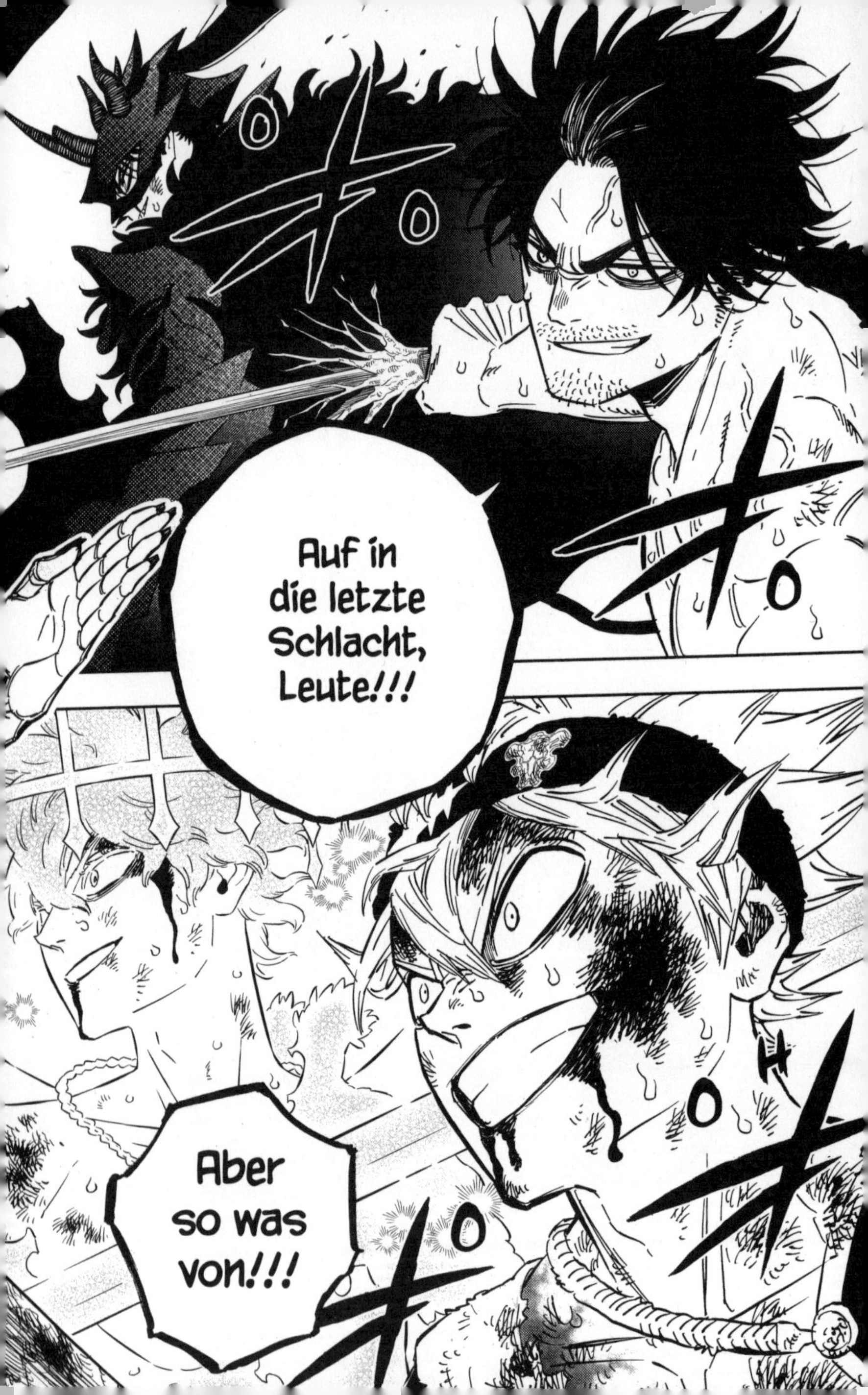

Auf in die letzte Schlacht, Leute!!!
Aber so was von!!!

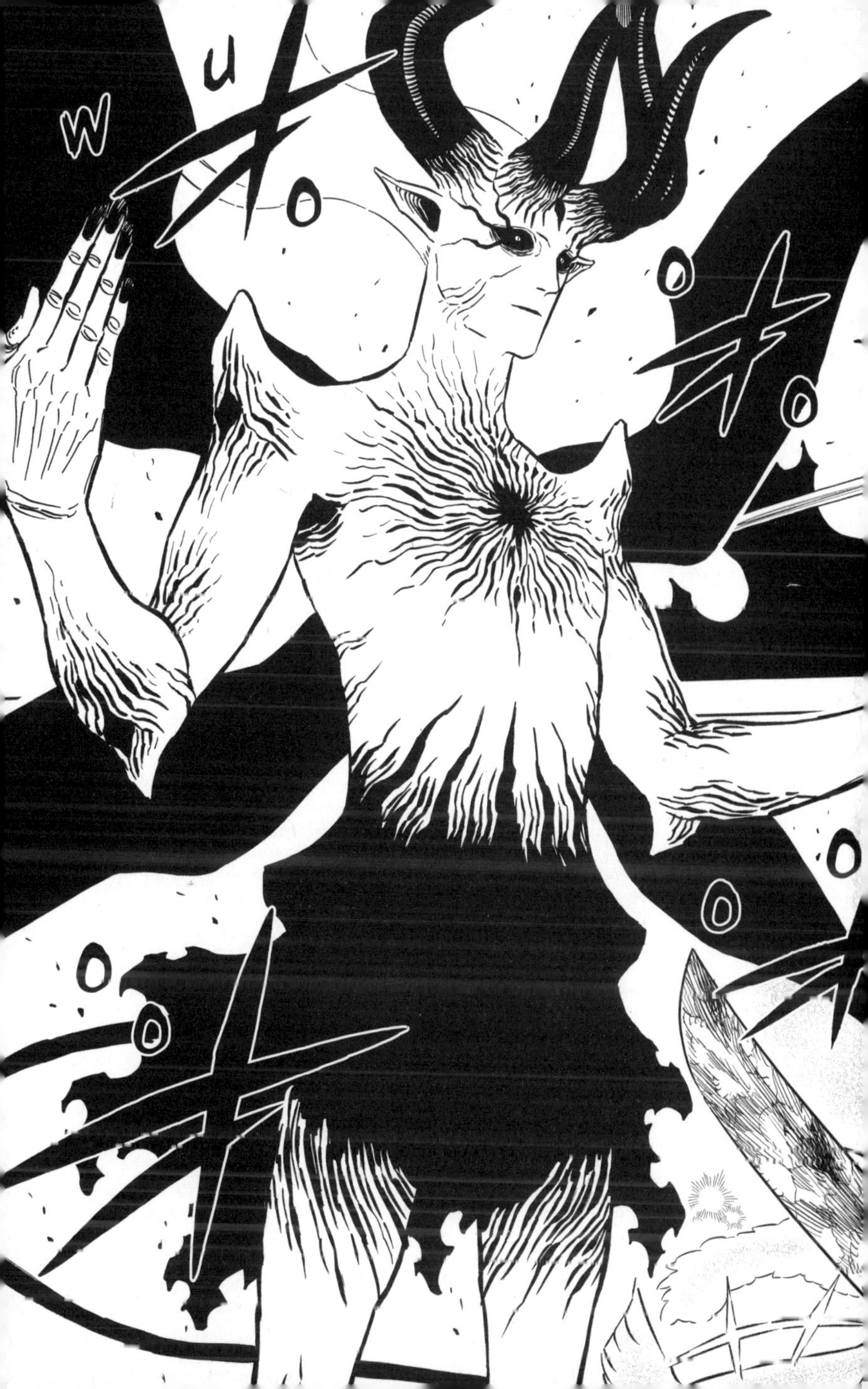
WUOOOOOOO

DER MANGAKAORDEN »UNBESCHRIEBENES BLATT«

Thema diesmal: Worauf freut ihr euch gerade am meisten?

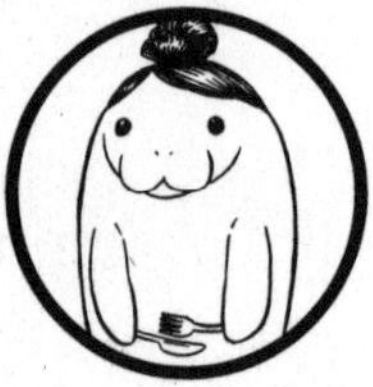

Yuko Higuchis Ausstellung!

©

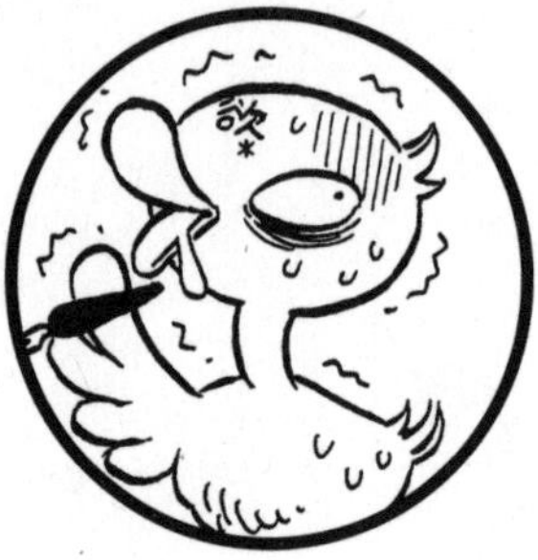

Winter 2022: *Pokémon Scarlet & Violet!*

Anführer Tabata

*»Verlangen«

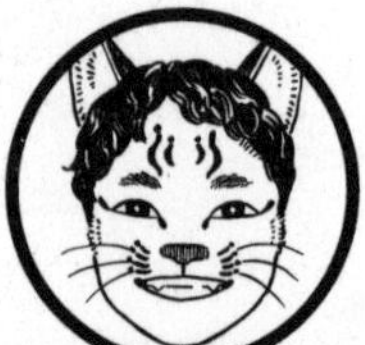

Auf den neuen Bereich 2023 im Tokyo DisneySea Resort!

Redakteur der Comicbände Chiba

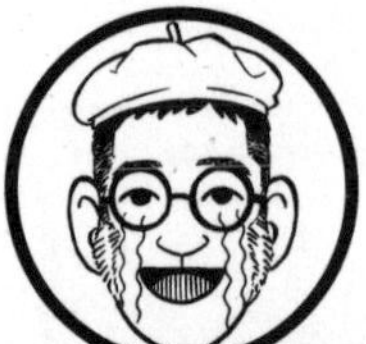

An freien Tagen mit meinen Pokémon-Karten zu spielen!

Redakteur Fukuda

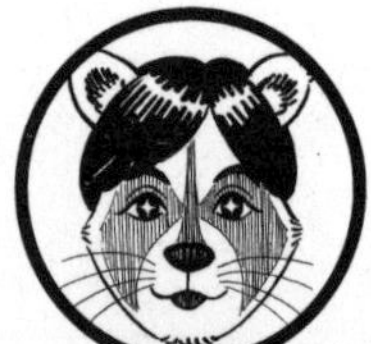

Auf den *Black Clover*-Film!

Medienbeauftragte Takahashi

AUFGEPASST!

Liebe Leser, auch im nächsten Band wird es einen Bereich mit Illustrationen geben. Ich präsentiere wieder Fanarts zu Black Clover!

Danke für eure Unterstützung!

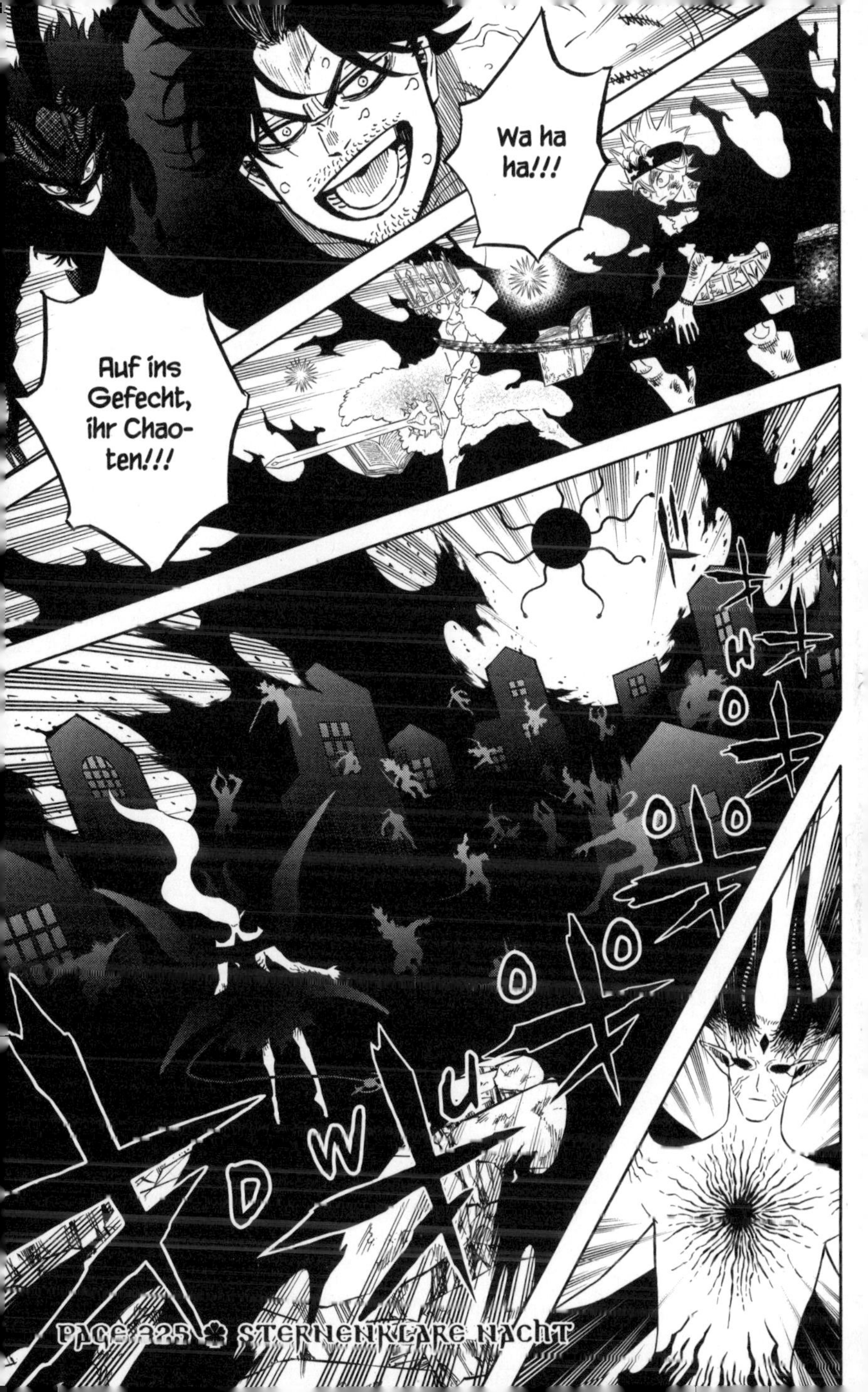

PAGE 225 ✿ STERNENKLARE NACHT

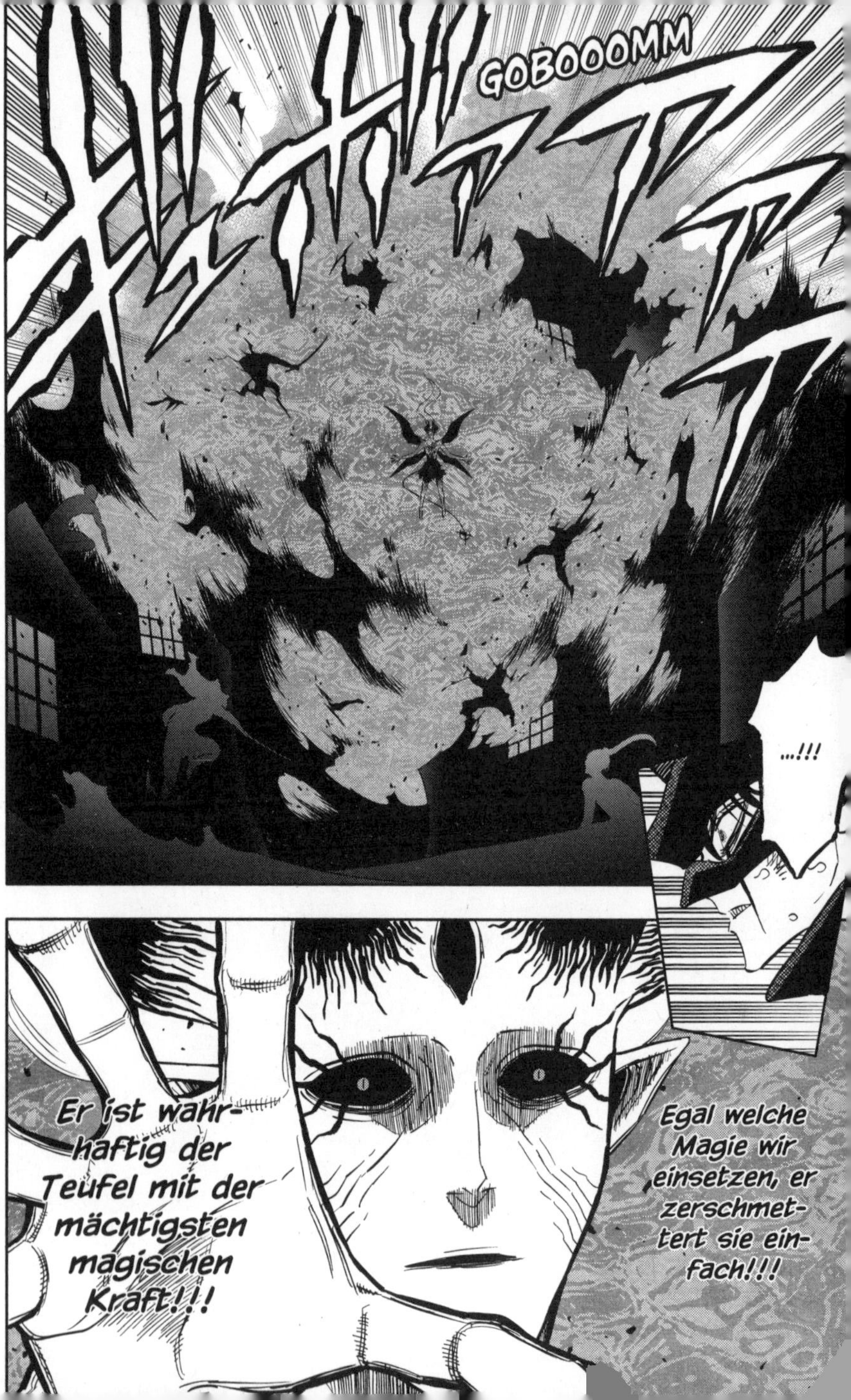
GOBOOOMM
...!!!
Er ist wahrhaftig der Teufel mit der mächtigsten magischen Kraft!!!
Egal welche Magie wir einsetzen, er zerschmettert sie einfach!!!

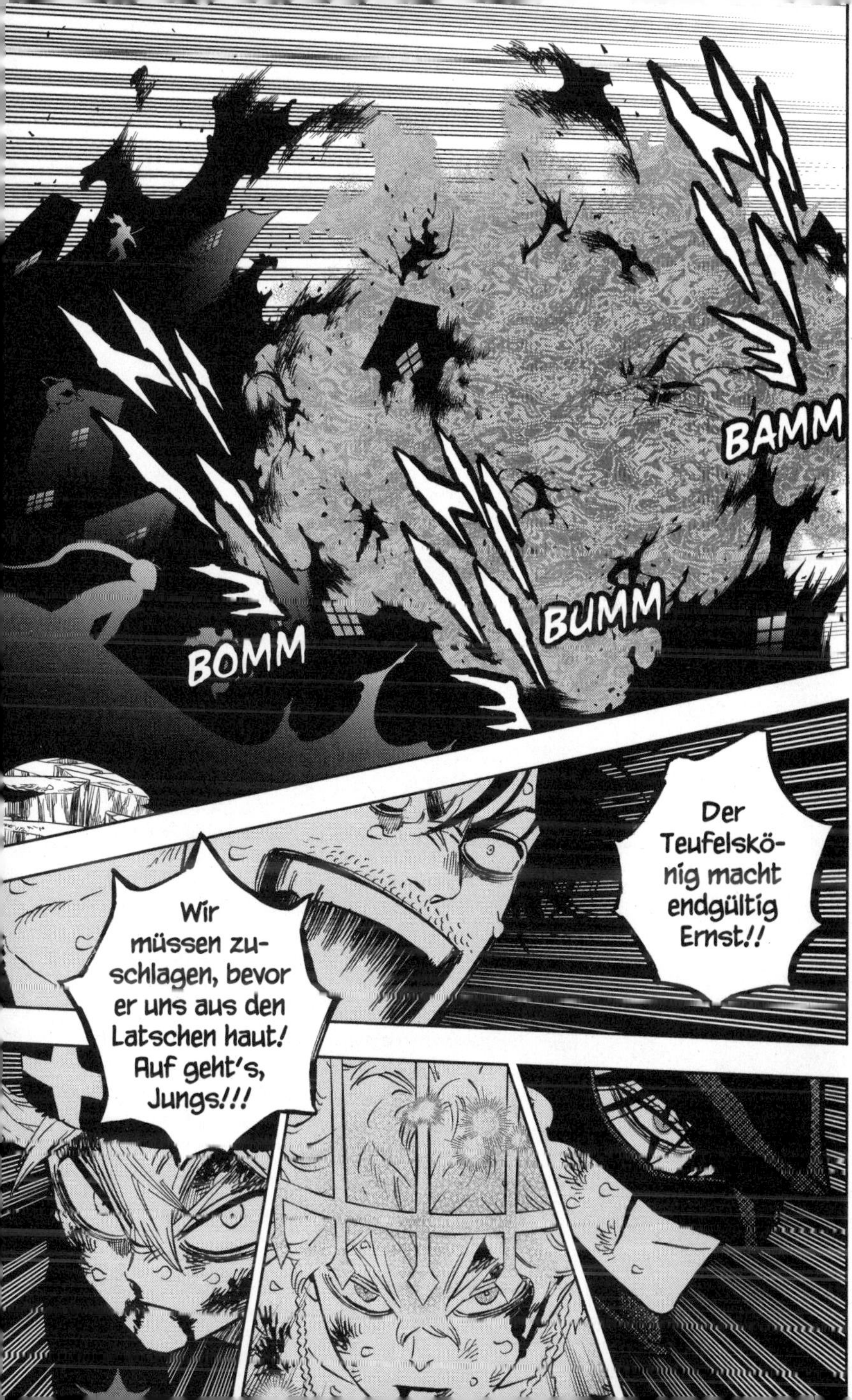
BAMM
BUMM
BOMM
Der Teufelskö-nig macht endgültig Ernst!!
Wir müssen zu-schlagen, bevor er uns aus den Latschen haut! Auf geht's, Jungs!!!

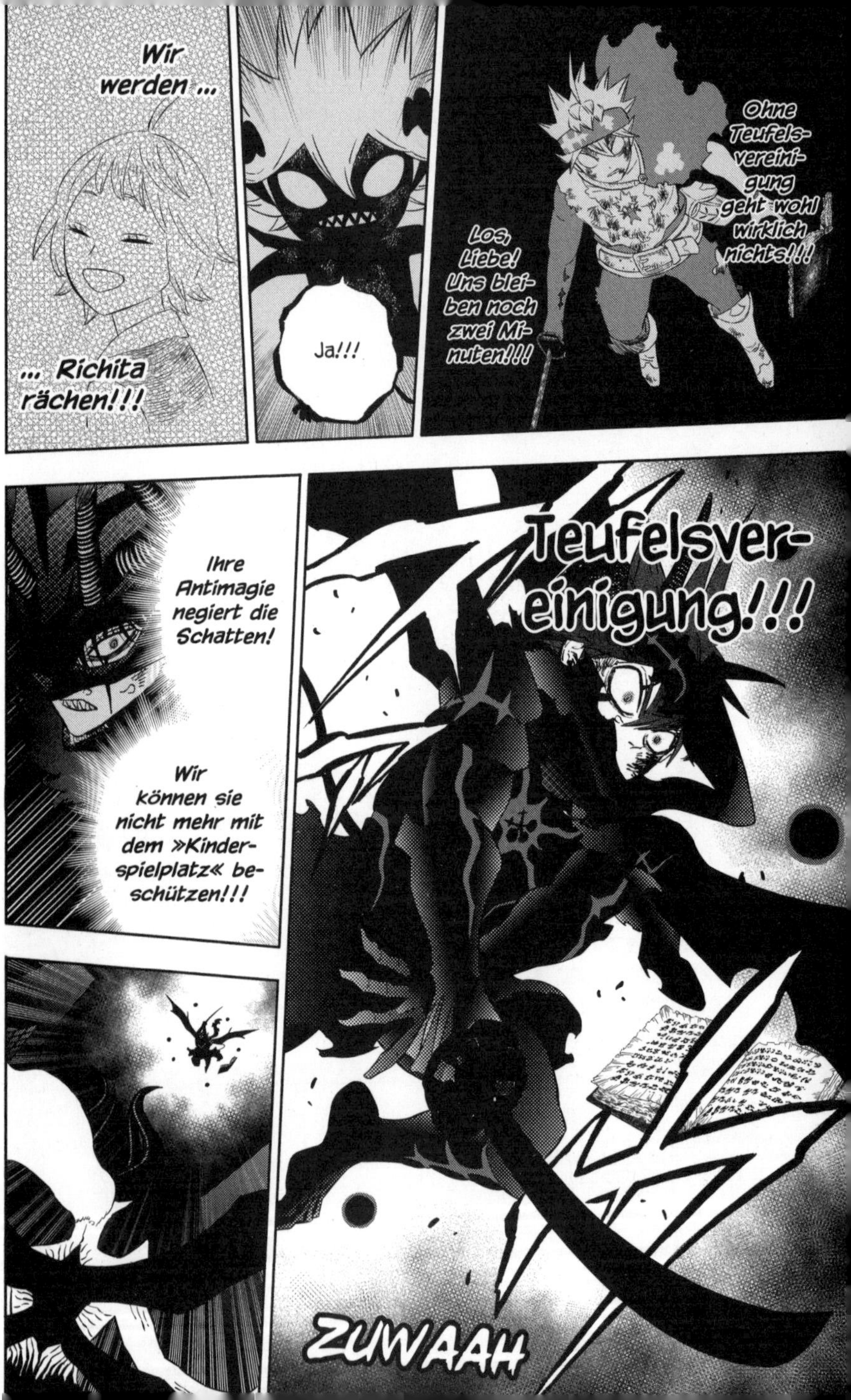
Ohne Teufels-vereini-gung geht wohl wirklich nichts!!!
Los, Liebe! Uns blei-ben noch zwei Mi-nuten!!!
Ja!!!
Wir werden ...
... Richita rächen!!!
Teufelsver-einigung!!!
Ihre Antimagie negiert die Schatten!
Wir können sie nicht mehr mit dem »Kinder-spielplatz« be-schützen!!!
ZUWAAH

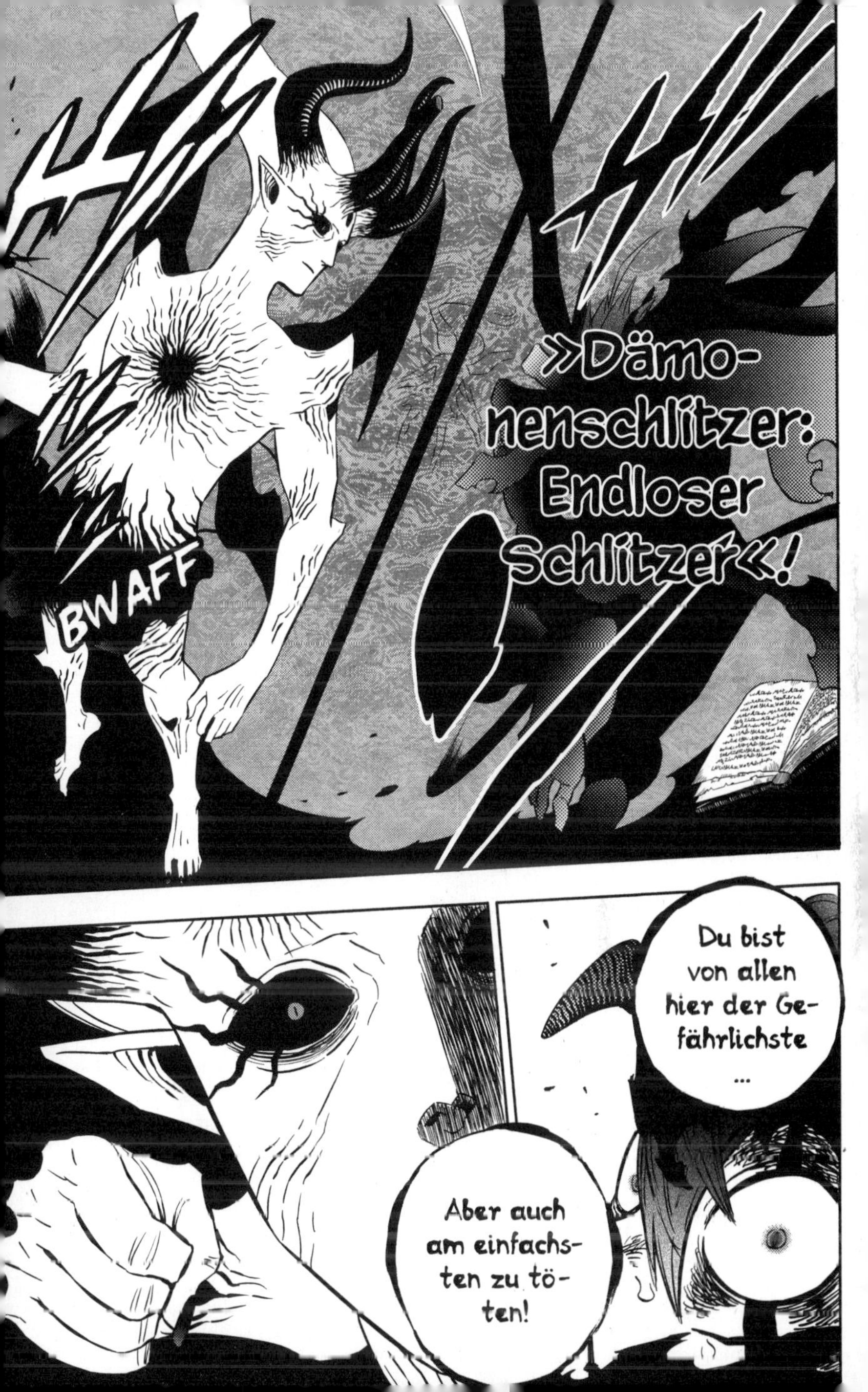
»Dämonenschlitzer: Endloser Schlitzer«!
BWAFF
Du bist von allen hier der Gefährlichste ...
Aber auch am einfachsten zu töten!

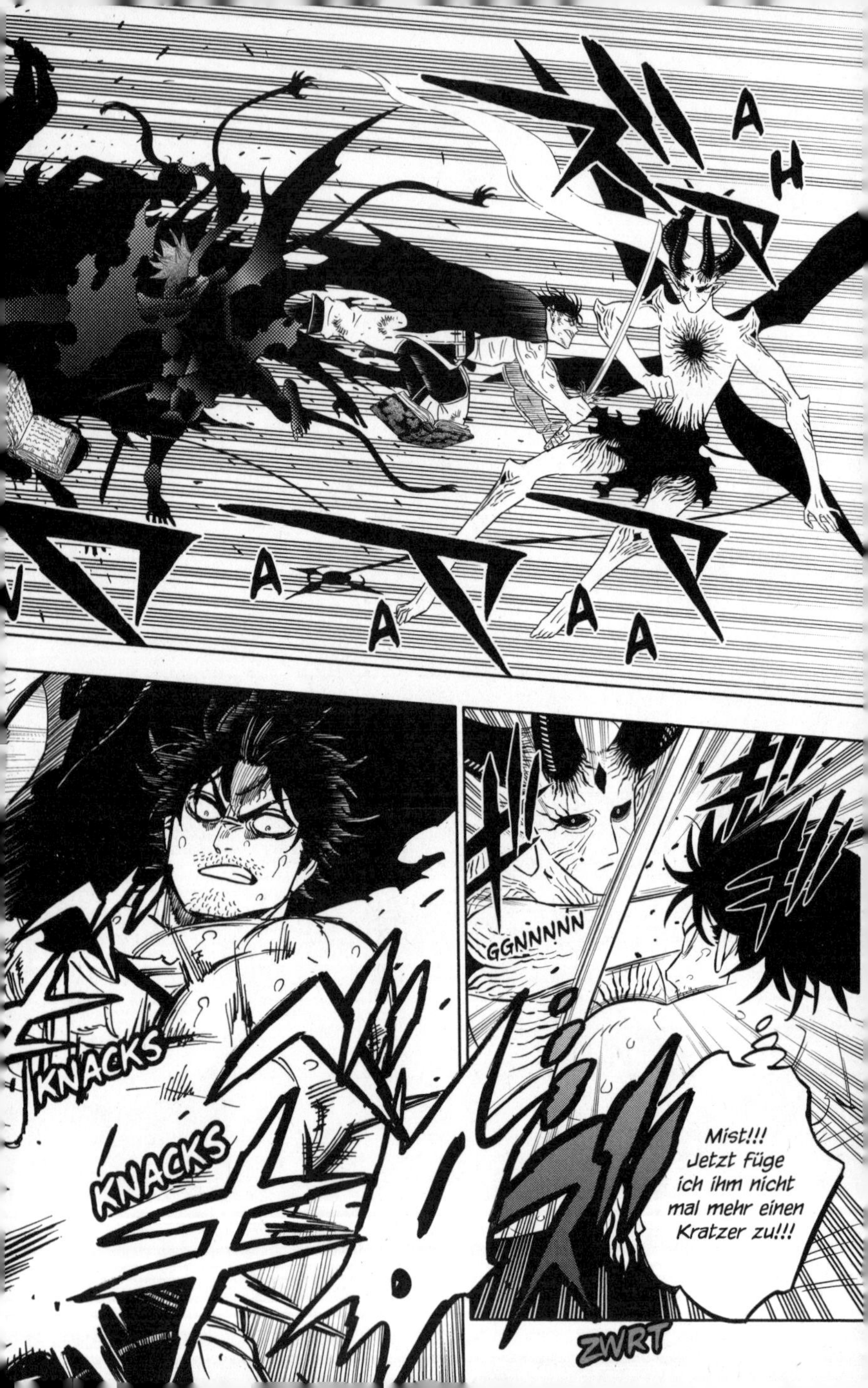
AH
AAAAA
GGNNNNN
KNACKS
KNACKS
Mist!!! Jetzt füge ich ihm nicht mal mehr einen Kratzer zu!!!
ZWRT

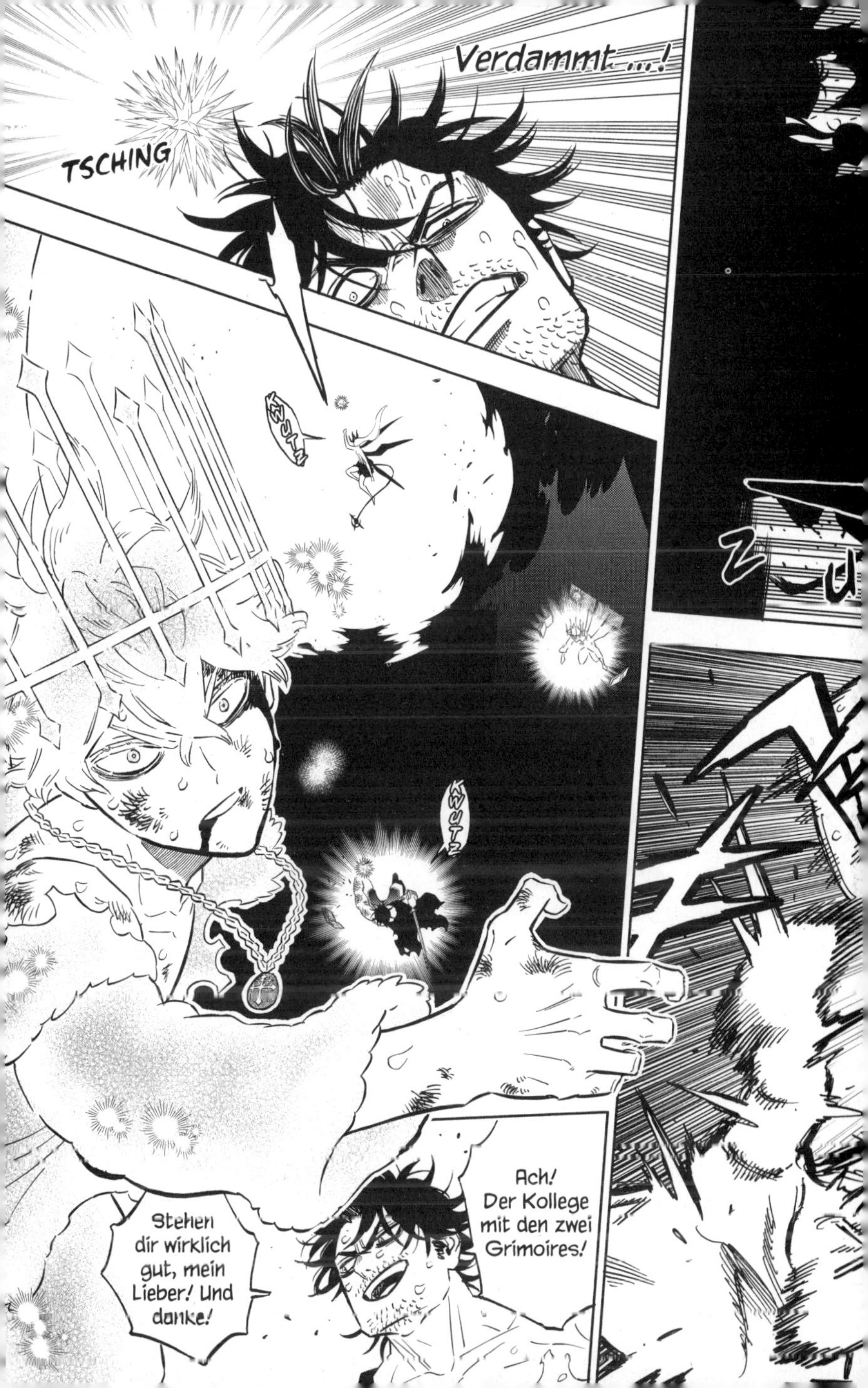
Verdammt ...!
TSCHING
Ach! Der Kollege mit den zwei Grimoires!
Stehen dir wirklich gut, mein Lieber! Und danke!

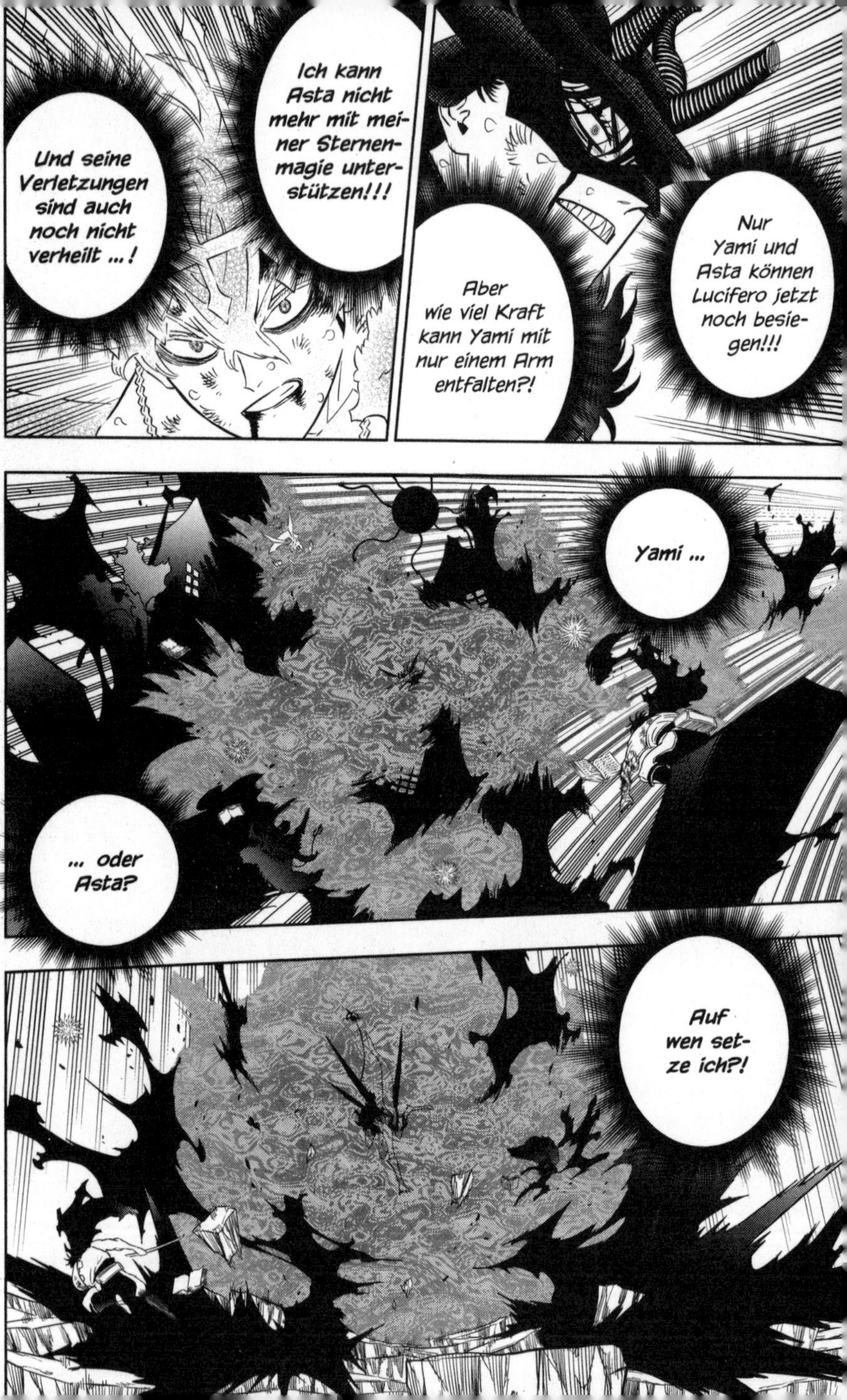

Nur Yami und Asta können Lucifero jetzt noch besiegen!!!
Aber wie viel Kraft kann Yami mit nur einem Arm entfalten?!
Ich kann Asta nicht mehr mit meiner Sternenmagie unterstützen!!!
Und seine Verletzungen sind auch noch nicht verheilt ...!
Yami ...
... oder Asta?
Auf wen setze ich?!

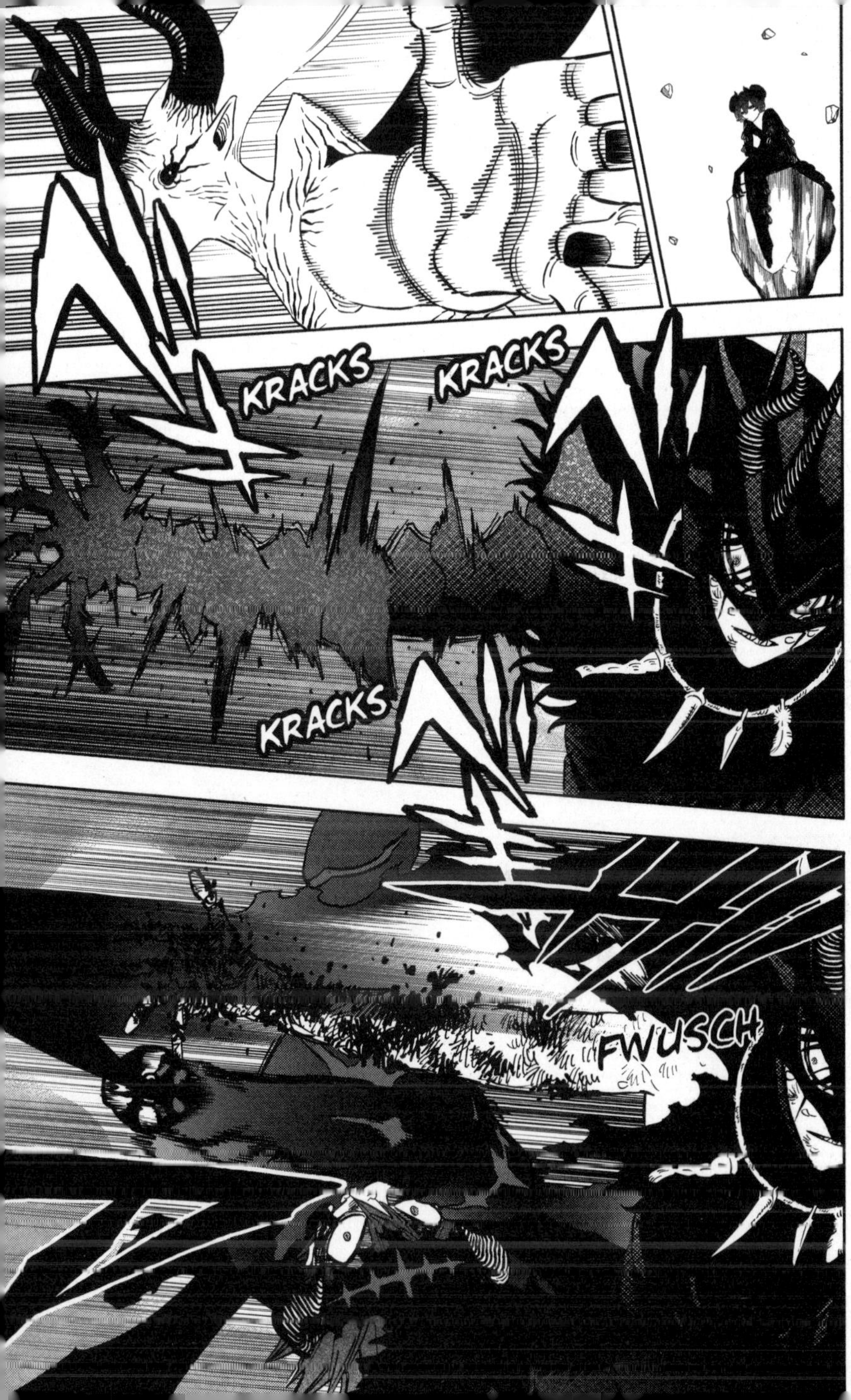
KRACKS
KRACKS
KRACKS
FWUSCH

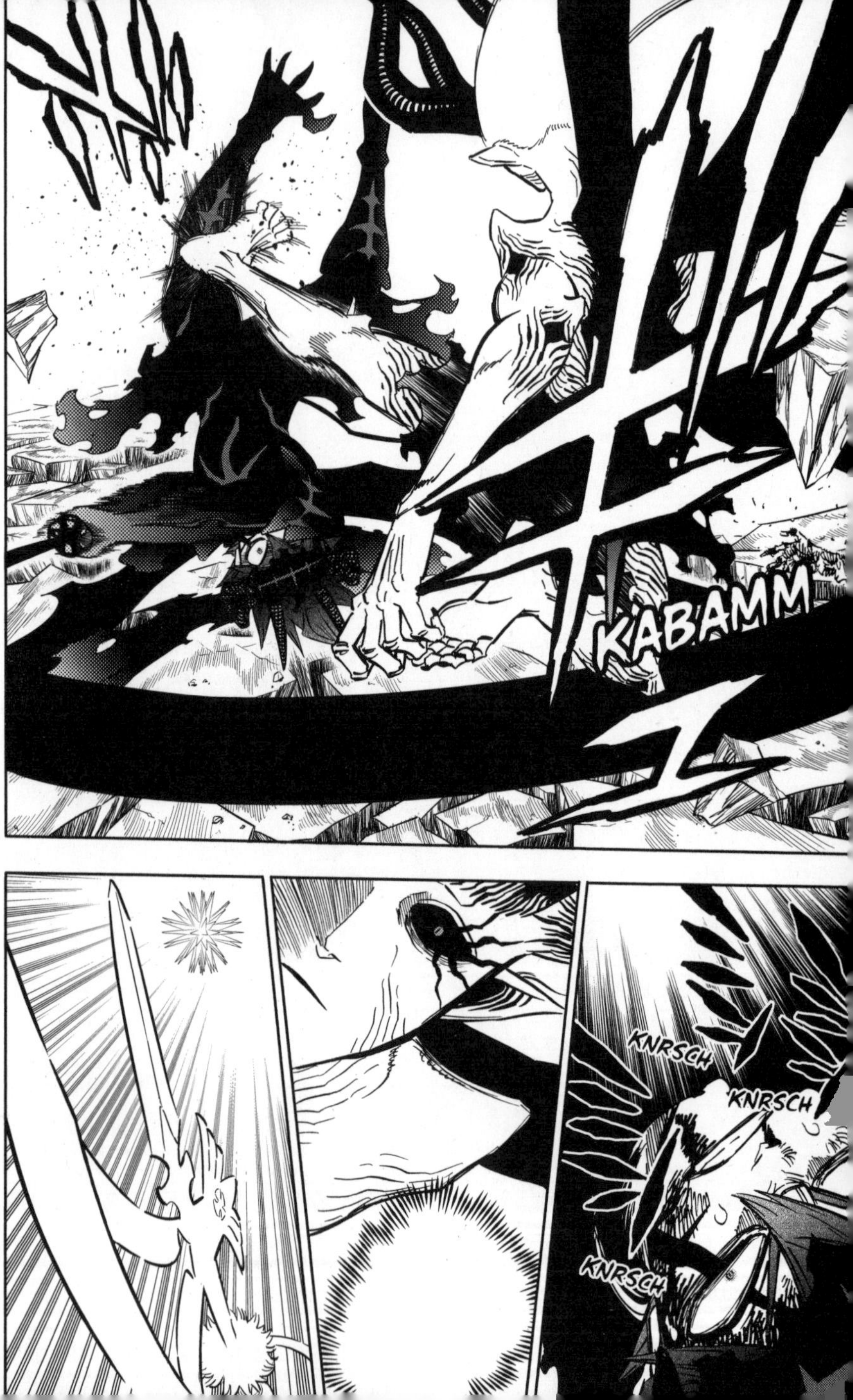
KABAMM
KNRSCH
KNRSCH
KNRSCH

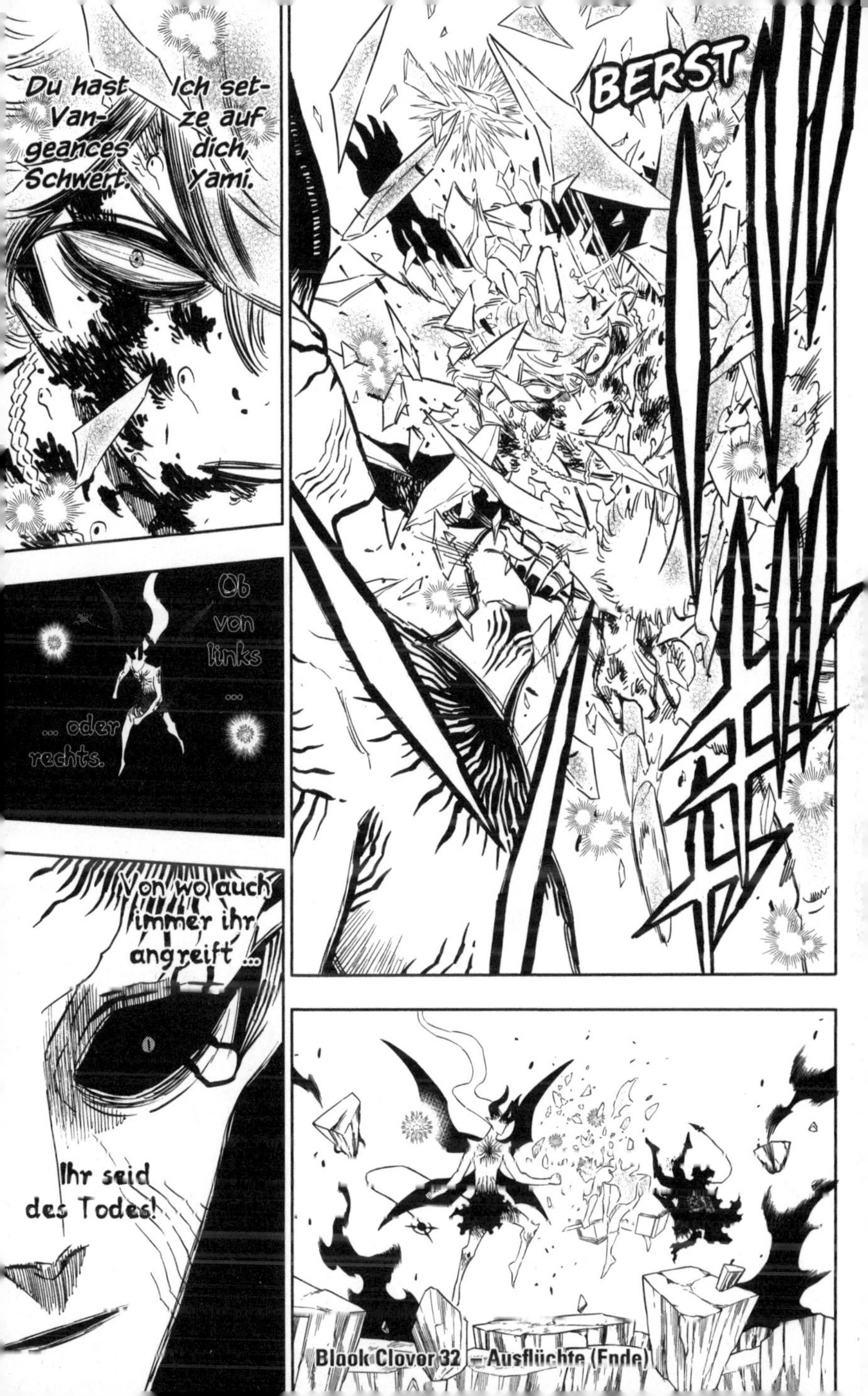

Black Clover 32 – Ausflüchte (Ende)

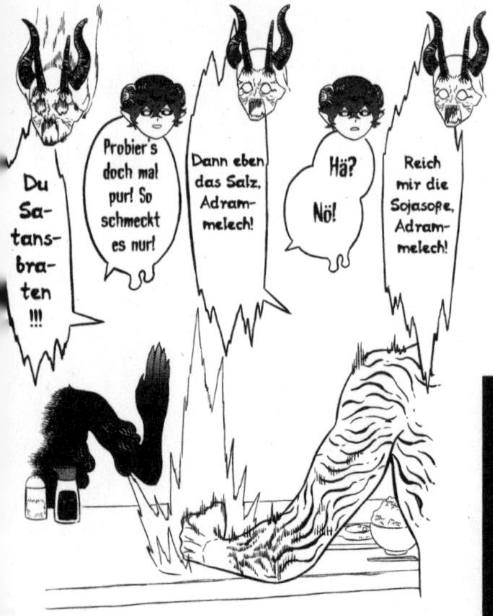

Auf die 1,5 kg Lachs-Bauchfleisch, die ich für meinen Beitrag zur Heimatstadtsteuer zugeschickt bekommen habe!!!

Yotaro Hayakawa

Hayao Miyazakis neuesten Streich

Seiya Miyamoto

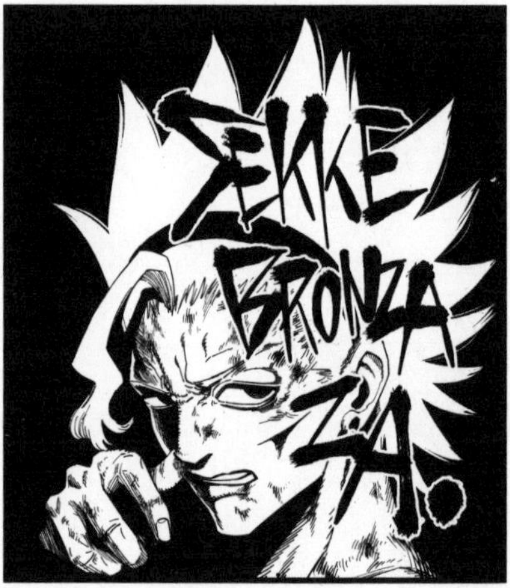

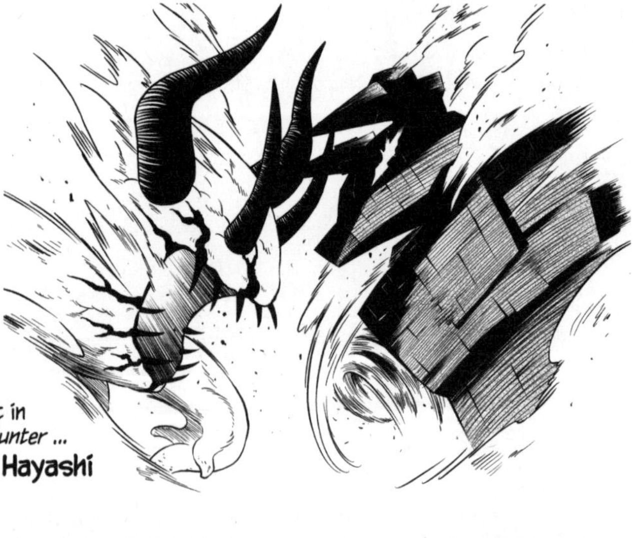

Demnächst in *Monster Hunter* ...

Tatsuya Hayashi

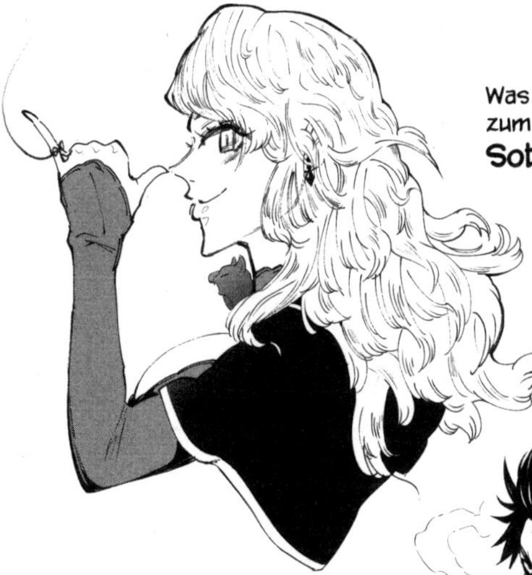

Was Leckeres
zum Feierabend!
Sota Hishigawa

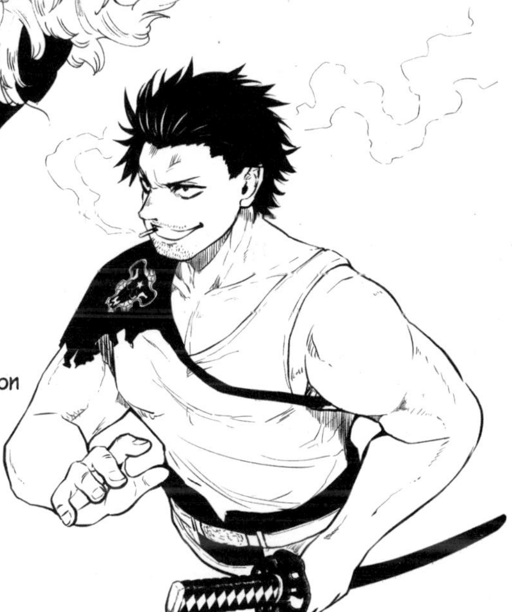

Die Feier des
Saisonbeginns im Nippon
Professional Baseball!
Ajinayu

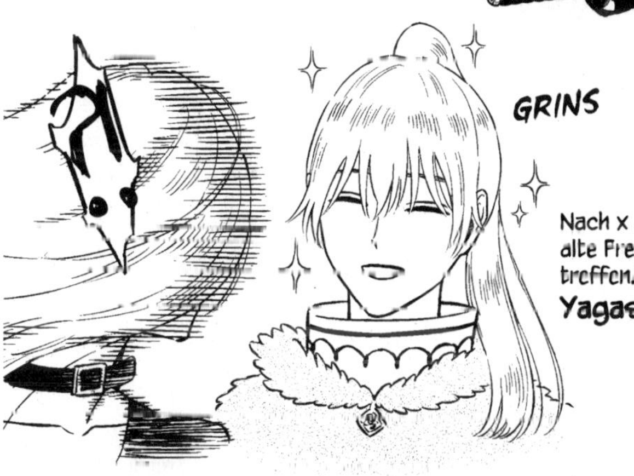

Nach x Jahren eine
alte Freundin zu
treffen!
Yagasa

BLACK CLOVER 32

Ausflüchte

Kleiner Zusatz!

Nachwort

Irgendwie arbeite ich nur noch mit jüngeren Kollegen zusammen, manche der Mitwirkenden an *Black Clover* sind ganze 17 Jahre jünger als ich. Das bringt mich oft in Verlegenheit, denn alle sind längst auf digitale Arbeitsformen umgestiegen, während ich immer noch im analogen Zeitalter stecken geblieben bin.

Ich habe aber keine Lust, bei der digitalen Revolution mitzumachen. Die Mitarbeiter kommen in der Regel nur am ersten und letzten Tag der Woche ins Büro, den Rest der Zeit arbeiten sie im Homeoffice. Und das scheinen sie auch zu genießen: In Pausen spielen sie gemeinsam Onlinespiele oder zeigen sich gegenseitig ihre Mangaentwürfe … Auf mich wirkt es oft so, als sei der digitale Alltag aus ihrer »Jugendzeit« nicht mehr wegzudenken, und als wollten sie das auch gar nicht anders.

Wenn ich an meine Assistentenzeit zurückdenke, war es ganz normal, auch mal mit den Kollegen am Arbeitsplatz zu übernachten, was uns zusammengeschweißt und ein intensives Gemeinschaftsgefühl erzeugt hat. Doch jetzt, wo mehr und mehr auf Homeoffice gesetzt wird, frage ich mich manchmal, ob wir nicht in einer Zeit leben, in der dieser Zusammenhalt langsam verloren geht?

Yûki Tabata

Aber vielleicht liege ich damit auch falsch, denn wenn ich sehe, mit wie viel Spaß diese jungen Menschen zusammenarbeiten, komme ich nicht umhin mir einzugestehen, dass das vielleicht auch nur ein Generationsproblem sein könnte.

Übrigens, ich weiß nicht, ob ihr's wusstet, aber ich bin ja Pokémon-Fan. Meine Frau hat sogar *Pokémon Sonne* und *Pokémon Mond* mit mir zusammen gespielt. Sie unterstützt also meine Leidenschaft. Um mir eine Freude zu machen, hat sie mir neulich eines Morgens eine Newsmeldung auf dem Handy gezeigt und feierlich verkündet, dass bald eine neue Pokémon-Edition rauskommt. Ich war noch ziemlich verschlafen und murmelte ihr nur zu: »Hä …? Die Remakes von *Pokémon Diamant* und *Pokémon Perle* sowie *Pokémon-Legenden: Arceus* sind doch gerade erst rausgekommen, da kann doch nicht so schnell schon wieder was nachkommen … Das muss eine Fake News sein. Selbst Pokémon bleibt davon nicht verschont, oh Mann!« Kaum hatte ich das ausgesprochen, waren mir böse Blicke meiner Frau sicher!

Wie das jetzt mit meinen wesentlich jüngeren Kollegen zusammenhängt? Ganz einfach: Die meisten von ihnen sind genauso große Pokémon-Fans wie ich und wir haben uns schon reichlich darüber ausgetauscht. Und bei vielen dieser Gelegenheiten musste ich einfach denken, dass unsere gemeinsame Leidenschaft für Pokémon sie und mich verbindet und uns zusammenbringt. Aktuell bestimmt die Deadline für den Band mal wieder komplett meinen Alltag und an eine fröhliche Taschenmonsterjagd ist leider nicht zu denken, aber mein Enthusiasmus für die kleinen Biester ist ungebrochen!

Was ich eigentlich sagen will:

Die Macht ist mit den Pokémon. Sie umgeben uns, sie durchdringen uns. Sie halten das Kollegium zusammen.

TOKYOPOP GmbH
Hamburg

TOKYOPOP
3. Auflage, 2026
Deutsche Ausgabe/German Edition

Aus dem Japanischen von Josef Shanel

First published in Japan in 2015 by SHUEISHA Inc., Tokyo.
German translation rights in Germany, Austria and German-speaking Switzerland arranged by SHUEISHA Inc.
through VME PLB SAS, France.

Redaktion: Sabine Scholz
Lettering: Vibrant Publishing Studio
Herstellung: Shujun Wong
GPSR: produktsicherheit@tokyopop.de
Druck und buchbinderische Verarbeitung:
CPI–Clausen & Bosse GmbH, Leck
Printed in Germany

MIX Papier FSC® C083411

Wir achten auf die Umwelt.
Dieses Produkt besteht aus FSC®-zertifizierten und anderen kontrollierten Materialien.

ISBN 978-3-8420-8106-2

www.tokyopop.de

BLACK CLOVER

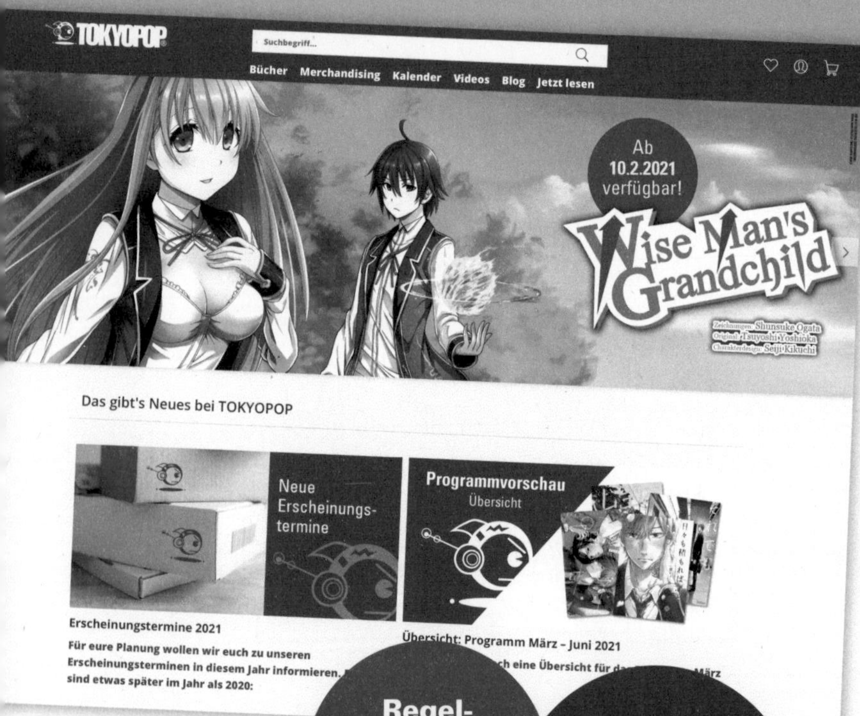

TOKYOPOP
Suchbegriff...
Bücher Merchandising Kalender Videos Blog Jetzt lesen
Ab 10.2.2021 verfügbar!
Wise Man's Grandchild
Zeichnungen: Shunsuke Ogata
Original: Tsuyoshi Yoshioka
Charakterdesign: Seiji Kikuchi
Das gibt's Neues bei TOKYOPOP
Neue Erscheinungstermine
Programmvorschau Übersicht
Erscheinungstermine 2021
Für eure Planung wollen wir euch zu unseren Erscheinungsterminen in diesem Jahr informieren.
sind etwas später im Jahr als 2020:
Übersicht: Programm März – Juni 2021

STOPP!

**Dies ist die letzte Seite des Buches!
Du willst dir doch nicht den Spaß verderben
und das Ende zuerst lesen, oder?**

Um die Geschichte unverfälscht und originalgetreu mitverfolgen zu können, musst du es wie die Japaner machen und von rechts nach links lesen. Deshalb schnell das Buch umdrehen und loslegen!

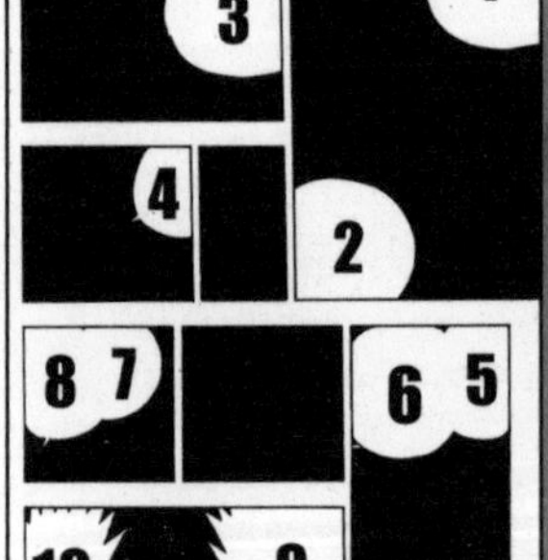

So geht's:

Wenn dies das erste Mal sein sollte, dass du einen Manga in den Händen hältst, kann dir die Grafik helfen, dich zurechtzufinden: Fang einfach oben rechts an zu lesen und arbeite dich nach unten links vor.
Viel Spaß dabei wünscht dir TOKYOPOP®!